未來，一直來一直來

◉林正盛／著

聯合文叢 237

目錄

目錄

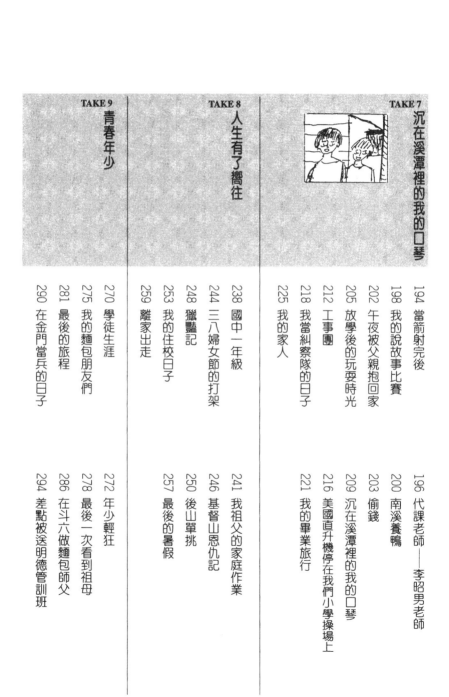

目錄

TAKE 10 尋找一個出口

TAKE 11 船艙般屋子裡的我的貧窮年代

TAKE 12 妹妹妳大膽的往前走

TAKE 13 一個陽光明亮的午後

自序

林正盛

年輕時在他日記扉頁上抄錄下這首詩的我父親，卻在遙遠遙遠的許多年後面對著我這兒子離家出走時留給他這樣一張寫著同樣一首詩的字條……

男兒立志出鄉關，學若無成誓不還
埋骨豈唯墳墓地，人間到處有青山
不孝兒　正盛叩別

留下這樣一張字條離家出走的我，那時十六歲，國中畢業。而當年在日記扉頁抄錄下這首詩的父親，剛移民台東，大約十七、八歲。

或許是因爲小時候翻看過父親這本日記，而對扉頁上這首詩留下了記憶，而讓我在十六歲離家出走時以這首詩叩別父親，也向父親宣告著我跟他當年年輕時心境一樣的就往自己未來人生走去了。我跟父親間隔著遙遠年代的各自處在青春年少裡，對自己的未來人生懷抱著懵懵懂懂的想像，且都以這同樣一首詩的心境望向人生未來。在這首詩裡宣洩了我們一份青春年少的寂寞，同時也年少輕狂的宣示，擺出一種橫豎不管就要往未來人生走去的初生之犢姿態。

昭和十四年，也就是民國二十八年，這年父親開始擁有這本筆記，從此一路寫，年輕寫到老，寫了一輩子。

父親最後一篇日記是民國七十七年三月二十八日夜裡寫於鶯歌大哥家。在這篇日記裡開頭一行他這樣寫：「去年三月二十九日，林正盛和柯淑卿結婚。」跳一行他接著寫起我三姊、二姊、大姊、大哥，一個個父親寫下他子女們的目前人生狀態，寫到最後又回到寫我，跳一行，父親寫下簡單幾個字：林正盛結婚後，分家在新店，一切狀況不明。」這麼簡單幾個字，父親寫下他當時擔憂我們夫妻生活的心情。

然而隔了這許多年後，突然在父親日記本上看到這簡單幾個字，迎面觸目驚心動我心魄，心頭一震猛然回首……「……一切狀況不明。」這簡單幾個字，卻異常清晰準確的標示著我當時身處的人生境況。當年我跟柯淑卿是這樣面對未來。未來，當時我們放眼望去正是一切狀況不明。

在父親日記上這簡單幾個字裡回首望去看著的，是彷彿看著遙遠多年前我跟柯淑卿彼此結伴壯膽的一路走進狀況不明的未來，彷彿看著我們那往前一路走來的初生之犢樣子……一直走來，如今還再繼續走著，往未來走去。

人生其實是在造化魔法撥弄裡經歷漫長時間的雕刻，而刻畫出每個生命的人生光影。我在父親日記本裡看到父親的人生光影，而我在這本書裡書寫自己的人生光影。

寫完這本書後，回鶯歌大哥家想找些家人過往的照片，卻意外再次看到父親這本日記，像是又回到小時候在倉庫間翻看父親日記時心情。重見扉頁上這首詩時，才驚見自己竟是如此深受父親之影響。我十六歲離家出走時給父親的留言，留的竟就是父親日記扉頁上的這首詩。

父親，我以你日記扉頁上這首詩，以及你晚年寫下的人生最後一篇日記裡的簡單幾個字：「……林正盛結婚後，分家在新店，一切狀況不明。」來延伸寫出我這第一本書的序言，紀念我們在一份造化因緣裡所成就的今生父子一場……。

父親，人生的冒險我仍繼續著，但請別為我擔憂。

「……一切狀況不明。」但，人生漫漫，凡造化走過必留下痕跡。

未來，它一直來一直來……

好，來吧……

從我開始拍第一部電影起，大抵給大家一個印象，這個林正盛還運氣眞好啊！這是我幾乎每年有一部電影拍，且也得了些獎，而讓大家對我有運氣眞好這樣的感覺。

運氣其實是一種造化弔詭所攤派下來的人生機遇。在此我且不想去談我拍電影以來的人生機遇。我想談的是從我出生活到太陽底下以來的人生機遇，也就是說我是如何在一份攤派下活成今天的樣子。

但畢竟我是拍了電影，當了導演，所以我就先來說說，我當初是怎樣的開始我第一部電影的拍攝。

一九九四年，是我跟柯淑卿很特別的一年。因爲多年的電影夢想就要成眞。

這一年我們完成了兩個電影劇本，且把先完成的《春花夢露》劇本，寫成企劃案，透過和李道明老師的多面向公司合作，送了輔導金。

而在等待輔導金公布的無聊期間裡，剛好有當時的公共電視找我寫一個單元劇劇本，題材不拘。在柯淑卿建議下，就以我們一部紀錄片《美麗在唱歌》爲發想，想像發展成兩個都市少女的青春私語的故事。「兩個女孩都叫美麗，她們互不認識，卻都在同個晚上醒在月經來的感覺裡……。」故事是這樣開始的。寫完後捨不得給公共電視拍成電視劇，就留下來當電影劇本。後來拍成了《美麗在唱歌》這部電影。

《美麗在唱歌》劇本寫完後，輔導金仍未公布，卻意外被陳玉勳導演找去當演員，在《熱帶魚》電影裡演一個傻傻的綁匪。意外的，在還沒當成導演之前，卻先當了演員。演出《熱帶魚》是我一個意外又有趣的經驗。

整個夏天到秋天，都跟著拍戲劇組到處拍戲。這對沒跟過戲，沒片場經驗的我來說，是個很重要的學習。除了演戲外，也同時看著導演是如何跟工作人員互動，如何激勵演員，給演員信任，讓演員有勇氣跟自信站到攝影機前表演。「不要怕，你就演，你演的一定對……」陳玉勳常跟不會演戲的我這樣說，讓我有勇氣繼續演下去。

能在當導演前，有這樣一個機會參與一部電影，眞是難得的機遇。

當《熱帶魚》拍到尾聲時，輔導金公布，《春花夢露》入選四百萬輔導金。這是我們第一次送輔導金，沒想到眞的就通過了。造化又給了我一次美好的人生機遇。

在李道明、徐立功的支持下，我們開始了電影籌備工作。

戲裡那個家是主場景，是在我一趟返鄉掃墓的旅程裡意外地看到的。是前一年爲了拍攝短片《傳家寶》而找到的景。《春花夢露》是《傳家寶》短片的延伸，加上我很喜歡這個場景，所以也就繼續沿用。

當時拍《傳家寶》時，起先在北部看了許多景，都一直不滿意。卻在一次回台東掃墓時看到那些我熟悉的黑瓦、石頭牆，加上水泥牆，又加上木板牆，這樣拼拼湊湊起來的房子。看著這些房子，童年記憶裡的熟悉感情立刻回來了。「我爲什麼不回來台東拍呢？」當時我這樣想。

可能是初生之犢不畏虎吧！回到台北，我們又坐上葉如芬（也是初次當製片）的車，一股傻勁的千里迢迢往台東看景。我們走蘇花公路經花蓮，再走花東縱谷區，一路到鹿野、關山、池上附近看景。最後在關山跟池上之間的寬闊稻田中央，找到一戶農舍，黑瓦，前面是學日本人用木板釘起來的木板牆，後面是學山地人用石頭疊起來的石頭牆。屋後一排竹林，屋前一個小庭院，庭院邊繞過一條小水溝。接近我想像中電影裡的那個家。

《春花夢露》沿用了這個場景，但是決定更進一步，用一種經營生活的態度來經營場景。農曆過年前我們就租下這個場景，租下後就開始住進工作人員。一個當過船員的朋友，想改變生活而加入我們拍電影工作，他從《傳家寶》就參與幫忙，且還請他演出男主角。我們都叫他宗仁。就是宗仁一個人先住進了那個場景，開始養雞、養火雞，甚至養狗、養貓。

且同時把竹籬笆做起來，讓它在自然陽光日晒，風吹雨淋裡做舊，也就是眞眞實實的生活痕跡。也挖了菜園子，把種子撒下去，種下絲瓜、南瓜，讓它們開始長大。

整個籌備工作在一種從容狀態裡進行，整個場景花了將近五個月時間慢慢經營，經營出一種接近生活的狀態。等到電影開拍時，絲瓜已爬滿棚架，且開滿了黃花，菜園子裡菜也長大了。而雞、火雞也都養大，且養出一份對環境的熟悉。要拍時隨傳隨到，且生活在場景裡長大的這些雞、火雞，很自然的在電影裡透露出熟悉融合在環境裡的感覺。

春花夢露是在一九九五年夏天拍攝的，一群工作人員頂著大太陽在關山、池上之間的農田裡拍攝，汗水淋漓，很辛苦。

開鏡那一天，記得是五月初，大約是中午的班。

開鏡拜拜後，我看著一群工作人員們在準備開拍第一個鏡頭，一群人忙來忙去。我突然心神茫然，有一種置身事外的荒謬感。茫然看著眼前忙來忙去要跟著我完成這部電影的工作人員們，突然懷疑起自己是否有能力帶領他們，懷疑自己會拍出一部怎樣的電影，一部大爛片吧！這樣想的我，對眼前正在忙碌進行的事，產生一種無能爲力的感覺。

於是，我騎上一部腳踏車，往農田小路騎去。毫無目的的在農田裡繞來繞去，騎著騎著突然想到我祖父跟我父親，他們當年移民台東時，曾經在池上山上燒石灰賺到錢，而站穩腳步，安定了一個家。甚且創造了屬於他們的人生繁華風光。

我停下腳踏車，環視著繞著池上綿延的層層山頭，猜想著祖父當年是在哪座山燒石灰。

我猜想不到，但我知道就在那連綿成片的層層山頭裡，其中有一座是祖父當年燒石灰的山。我這樣想著，心裡暖暖的。

環視著一層層的山，心情慢慢平靜下來，回頭望向身後遠方的拍攝現場，一片綠油油稻田中央黑瓦農舍，竹林在風裡微微晃動著竹尾，屋前屋後移動著像小點般的工作人員，忙碌著……

我心情平靜的慢慢騎著腳踏車，往拍攝現場騎回去。

慢慢騎著，心裡想著在我還沒出生以前，我的家人就在池上、關山這一帶土地上活動，留下了屬於他們的痕跡。如今我在這裡要開拍我第一部三十五釐米電影，要在這裡留下屬於我跟一群人共同努力過的痕跡……

慢慢騎著，我心裡想著祖父六十歲敗光家產，人生一切重新來過。他把被他敗破了的家重新建立起來，讓我們這些小孩仍有個家成長長大。

「……真是想不到啊！想不到電影會救回我兒子，讓他活得像個人。」慢慢騎著，我心裡想到父親這句話。想著說這句話時，父親臉上那寬容諒解的神情，一如當時的午後明亮陽光般明亮。

慢慢騎著，我心裡浮現十六歲離家出走時的樣子……。浮現二十六歲跟父親一起站在法庭時的樣子，我是被告，父親是原告……。

慢慢騎著，我心裡浮現《東京物語》電影裡那對老夫妻，浮現那個在電影裡感動著的那個二十七歲的我。

我對父親的理解是從小津安二郎的《東京物語》這部電影開始的。

慢慢騎著，想著想著，愈騎愈近拍攝現場，工作人員來來去去，忙碌著，不時傳來工作中的吆喝聲……。

慢慢騎著，我繼續想到……許多年前那個遙遠梅雨季節裡的一個難得有陽光的晴天，我休假閒晃在台中街道上，晃著晃著突然興起上台北的念頭，當我跳上往台北的中興號時，我的人生轉了彎。造化就這樣讓我上台北，讓我莫名看到一張編導班招生簡章……

要不是當年跳上那往台北的中興號，照說我是不會成爲一個導演的。

「來哦！現場準備……請安靜……好，來……聲音……」副導演穩穩的喊著。副導秀如身經百戰，是她幫我穩著拍片現場。

「Speed。」錄音師小湯大聲一喊。

「Rolling。」緊接著攝影師泰哥一喊，場記葉如芬打板，大聲報板……

「……好，來吧……」我喊完後，屏息般凝視著正在攝影機前演出的戲……。

就這樣的開始了我三十五釐米劇情影片的拍攝，慢慢學著適應跟著一群工作人員拍片。

序場幕開

小水溝流水潺潺的漾動著穿透竹林枝葉縫隙灑下來的白花花光點。沙……的一陣微風吹過竹林，水面上白花花光點微晃閃動。

而我，一個約四、五歲的小男孩，光著身子泡在小水潭裡玩水玩到靠著小水溝的攔水牆睡著。攔水牆是石頭壘起的，矮矮的，溢出沖流著那深山裡來的水，清清涼涼沖流在我肩背上。

突然，一條水蛇，油綠綠竄游在水面上，竄游逼近……

小男孩清醒，瞪大著眼睛看著那水蛇油綠綠逼近，看呆了，沒有害怕，只覺得美。油綠綠竄游著，水蛇……。

如果我要拍一部自己故事的影片，開場序幕將是這個樣子。

瞪大著眼睛看著在水面上油綠綠竄游逼近的綠蛇，肩背上清清涼涼的沖流著從深山裡來的山水。這是我最初的記憶之一。

記憶裡不記得有害怕的感覺。記憶裡是那陽光穿透竹林枝葉縫隙灑成水面上的光點，在潺潺而流的水波裡漾動，白花花的在微風裡輕輕晃著。記憶裡是那綠蛇油綠綠竄游水面，逼近……

而那山裡來的水，清清涼涼的沖流滑落我肩頭背脊上。

另外，有一個關於一顆熟透芭樂的記憶，也是我最初的記憶之一。

也是我四、五歲時的記憶。

記憶裡我是自己一個人在菜園子邊的小山坡玩，意外看到垂下來的芭樂樹枝條上掛著一棵熟透黃綠的芭樂，垂下來的高度剛好是我腳尖一踮伸手一摘，就摘得到的摘下來了。這是我第一次親手摘到芭樂。

「阿ㄇㄚˋ，阿ㄇㄚˋ……芭樂芭樂……」高興大叫，捧著剛摘下的芭樂往在菜園子裡工作的我祖母跑去，像獻寶一樣的把熟透芭樂捧給祖母看。祖母看著，開心，淡淡地笑著。

熟透近黃淡綠的芭樂捧在我小手心裡，祖母淡淡笑著。記憶裡就只是這樣，不記得有吃芭樂的感覺。

祖母的臉上經年累月都是寒霜，少有這樣的笑容。在我愈來愈大愈懂事後，我很少看到祖母臉上有笑容。

這是我人生最初的兩個記憶，難以分清哪個先哪個後。

隨著歲月成長，那芭樂在我心裡愈長愈大，帶著我祖母的笑容長大。

至今，那綠蛇仍油綠綠竄游在我腦海裡，而我背脊上清涼的山水仍清清涼涼沖流滑落著。

怕生

小時候，我很怕生。每當在屋子附近玩，只要聽到我們家的狗一叫，就趕緊找地方躲起來。來得及就往屋裡躲，來不及就往屋後或水溝邊的竹林裡躲。躲起來又害怕又好奇的看著陌生人遠遠走來，大部分只是路過我家，偶爾總有些是來找我們家大人的。

遇到家裡有陌生客人來，通常我都往房間裡躲，躲在門後又害怕又好奇的偷偷看那陌生客人，有時不免會有客人比較親切，或比較調皮，會靠近逗我玩，這時我會躲得更厲害，躲到沒地方躲，就往衣櫥裡躲。

所以在進小學之前，我看陌生人的角度，幾乎是永遠從門縫裡，或從衣櫥縫裡看。從這樣的角度裡，我看著進出來去我們家的陌生客人，甚至一些西部來的陌生親戚。

偶爾有西部的親戚來，一路那麼遠來探望我們，總是手上大包小包的，也總會住上個幾天，敘敘舊。而這幾天就是我最彆扭不自在，又同時是最有糖果餅乾吃的時候。

我記得有一次，是我第一次看到我斗六的姑婆。照例我趕緊跑去躲起來，姑婆一直想抱我，我一直躲，躲到鑽進衣櫥裡躲。姑婆沒辦法，只好拿餅乾來哄我，想騙我出來。而我從衣櫥門縫裡瞪著姑婆手上的餅乾，心裡想吃，但就是怕生不敢出來。姑婆只好餅乾愈拿愈近衣櫥門邊，我記得我是突然伸手，幾乎是用搶的拿過姑婆手上的餅乾，拿進衣櫥裡吃。餅乾吃完，姑婆還是沒抱到我。

最後是我祖父硬把我從衣櫥裡抱出來，抱給我姑婆，但我緊緊死命抱著我祖父，說什麼就是不肯鬆手。

姑婆住我家那幾天，我老是睜著大眼睛遠遠看她，跟她保持著一種當她靠近時，我隨時可以跑開的距離。

「沒看過那麼驚生份（怕生）的小孩，那麼會歹勢（害羞），像是女孩子咧。」我姑婆這麼說我。長大後每當聽到談起我小時候怕生的樣子，家裡大人就總會說到這句當年姑婆說過的話。

最後，我姑婆還是抱到我了。那是在拍照片留念時，聽說是原本把我抱在膝上的我祖母，臨時想到的趕緊把我抱給姑婆，讓我坐姑婆膝上，還警告我拍照不能亂動。就這樣姑婆抱到了我，聽說拍完照，我還讓姑婆抱了好一會兒。

照片是在我家門前拍的。那時只要有遠方西部的親戚來探望我們，我祖父就會到相館裡找來拍照師傅，拍下合影照片留念。這是我們家過去那繁華富有時期養成遺留下來的習慣。

後來，我父親只要去台東鎮上辦事，幾乎就會帶我去。去了鎮上，看多了熱鬧，我的怕生才慢慢有了些改變。一直到進了小學，也就沒得怕生了。

沒得怕生，但也不敢跟人親近，也就沒朋友，而常常孤獨一個人。

進小學後，我們家從河對岸搬過來，搬到靠公路這邊。住在公路邊，經過我們家的陌生人也就多了。最多的是一個個都腰間掛著番刀的 AMIS，AMIS 是他們話，國語叫阿美族。

小時候，我羨慕他們可以有把番刀背在腰間，看起來很神氣。

我童年的地方

TAKE 1

未來，一直來一直來……

（右圖）約五、六歲時，常隨父親或祖父上台東鎮上。這張照片是在大哥工作的百貨行前玩時，不經意間被大哥的老闆拍下。照片裡看得出當時我已挺著大肚子，肚子的瘤正跟著我一起長大。

（上左圖）約是六歲時，斗六的姑婆（左三）、姑丈公（左二）來探望我們時留下這張全家福照片。照片中獨缺我大哥，那時大哥應該是在當兵，也就無法回來。由右到左，站立著的分別是我大姊二姊三姊，而站立著戴帽子的就是我父親。摟著我的是我祖父，祖父右邊是我祖母，祖父左邊是我姑婆、姑丈公。照片裡每個臉上都共有著嚴肅神情。

回台東隨身訪談時，蔡逸君在谷谷台地拍下這張茅草屋照片。小時候我們家茅草屋就大約是這個樣子。

隧道口

「……出了隧道口再往前一點點，轉個彎，就到我家了……」如果你從台東鎮過來，我會這樣告訴你。如果你是從泰源裡面出來，那我就要這樣告訴你：「……經過登仙橋，繞出狹谷往前走，在還沒到隧道口之前，有個快轉彎的地方，就會看到我家……。」

隧道口是當我們家有客人來時，做為地標用的。那時還沒開通東河橋邊那條通往泰源的公路，隧道口是唯一的通路，進出泰源必經。

小時候，當我坐車還不用花錢買票時，我父親或我祖父每要出門去台東或成功街上，都會順便帶我去玩。那時的公路局巴士是有車頭的，是那種車頭往前凸出的。坐上這樣的巴士，當車子駛進黑漆漆的隧道，一片漆黑，只見遠遠前方那隧道洞口的小小亮光，隨著車子前進，亮光愈來愈近也就愈大，駛入亮光車子出了隧道，出隧道隨即轉個彎，轉個彎迎面是遠遠碧海藍天的太平洋。在陽光裡一波波海浪湧動著，熠熠生輝。就這樣，我感覺到開始進入一個新鮮好玩的世界，這個世界一路新鮮好玩到熱鬧城鎮裡，除了眼睛裡新奇熱鬧看不完，通常總還會賺到一碗麵或一碗冰，至少還會有一根冰棒吃。

那時候，我大哥大姊二姊都在台東鎮分別做不同的工作，他們總會帶我去吃些新鮮東西。

回程，不管是從台東或成功，一路沿著太平洋走，在窗外的碧海藍天裡一直前進，天氣好還能看到綠島像條大船般浮在海面上。就這樣到了隧道口三叉路，然後轉入往泰源方向……轉個彎駛進黑漆漆隧道裡，又是漆黑一片的往前方洞口那遠遠的小小亮光前進，駛入亮光出隧道，一出隧道迎面又回到四面環山，我熟悉的山野。車窗外望去是隔著一條溪的谷谷台地，有頭巴士駛在山路裡彎繞，轉個彎就看到我家。這時我父親會拉車鈴，然後有頭的巴士停在一個叫橘子園的站牌，我們下車，下車後掩鼻口，瞇著眼看著那開走駛遠在自己車屁股捲起的風沙塵土裡的有頭巴士。下車後，往向泰源走的方向，往前再走個四百公尺左右就回到家了。我家就在公路邊。

更早之前，我家在河對岸的谷谷農田裡。回家要涉水過一條小溪，再爬一段山坡路，爬上小山坡上。那是我五歲以前的家。

對我來說，小時候的隧道口，它像是時光隧道般的區分了兩個不同的世界。

坐上有頭巴士通過隧道口，一直往前一直往前走去，迎面不斷看到的一切，都是愈來愈新奇熱鬧，都是新鮮美好。而回程時，坐在往家走的有頭巴士車子裡，一路上總覺得好像這一天裡所經歷的美好都一直在消失，消失在車後捲滾著的風沙塵土裡。一直到進了黑漆漆的隧道內，像是宣告今天的一切結束了。

但，同時我心裡又開始期待起下一次跟大人們出門的日子，期待著趕快到來。

隧道口裡面，是我童年的家，隧道口外面，是我童年嚮往的地方。

谷谷

谷谷，是當地 AMIS 給這個地方取的名字。

我一直不知道「谷谷」在他們 AMIS 的稱呼裡是甚麼意思，也從來沒去問過。但我喜歡這個名字，它在我心裡有一份我自己的想像。也就在我這份想像裡，把它翻譯成這「谷谷」的國語稱呼。因爲它有河谷有山谷，一谷連過一谷。

谷谷的農田，幾乎都在台地上。谷谷台地是背靠著一座大山，由山丘邊延伸下來的一塊高台平地。馬武窟溪出登仙橋狹谷之後，就順著谷谷台地地形繞了個大彎，繞了一圈谷谷台地，轉向東河橋流去，出海。

馬武窟溪繞著谷谷台地走，一邊台地一邊是繞著山勢走的公路。

谷谷四面環山，像個迷你小盆地。

谷谷台地有多大，我無法用數字來說明。但我這樣說好了，至少有二十幾戶人家在谷谷台地裡種田討生活。而大部分是世代在這裡耕種的 AMIS，只有少數幾家是像我家這樣外來的平地人。在谷谷耕種的人家，不管 AMIS 或平地人，他們的住家都不在谷谷裡，都是白天來工作，天黑就回家。他們家都住在東河、小馬、隧道口三岔路一帶，住泰源的很少，一、二個而已。所以整個谷谷只住著我們一戶人家。

谷谷幾乎淸一色都稻田，一年兩季水稻。除了我們家例外。因爲我祖父充滿實驗精神，老會種些谷谷人沒種過的東西。而我父親特別鍾愛番茄、地瓜，所以我們家是很固定的種著番茄種著地瓜。

因爲谷谷裡大部分是稻田，需要很多水來灌溉。谷谷灌溉的水是從深山裡引來的。聽說這條通向深山裡的渠道，是他們 AMIS 很久很久以前的祖先們敲鑿出來的，順著山崖通向深山裡一路鑿開鑿成溝渠，把深山裡的泉水都一一引進溝渠裡，流出深山流進谷谷的農田裡，灌溉。

溝渠把山泉水從深山裡一路引出來，引出到山腳邊壘起石頭築成小小攔水牆，積起水來成了小水潭，然後在這裡分流，分成好幾個支流，流向各個不同方向，流去灌溉谷谷所有的農田。

我極小時，我們家住谷谷農田裡，門口就是這個石頭壘起，積水分流的小水潭。山水一路從深山裡流來，剛好在我家門口流出深山，且積成小小的水潭。繞著水潭沿著水溝有一叢一叢的竹林。

小小的水潭，是我夏天消暑的樂園。

夏日，陽光白花花，大人們頂著豔陽在田裡工作。而我泡在有竹林遮蔭的小小水潭裡，常常一泡就是大半天，泡在水裡看著蝌蚪、小魚游來游去，有時在水溝裡跑來跑去圍堵想捉蝌蚪、小魚。有時玩累了，泡在水潭裡睡著，醒來時感覺到屁股大腿癢癢的，原來蝌蚪、小魚輕輕啄著我的屁股大腿，但當我伸手要捉時，卻都一哄而散，讓我一隻也沒捉到。

就這樣，把一整天的時光都消磨在小水溝跟小小水潭裡。

想起來，好像小時候，我一整個夏天都是光著身子的。

或許是因爲我是家裡最小的小孩，而且哥哥姊姊們都大我很多，大哥大我十三歲，離我最近的三姊也大我七歲，所以就從小一個人玩玩慣了。

「那其實是一個非常小的水潭。」很久很久以後，當長大結婚再回去看時，才知道它有多小，小到像我當年那樣四、五歲的小孩子，頂多泡個四、五個就客滿了。「還好那時我們家是谷谷山裡唯一一戶人家，沒別的小孩跟我搶著泡，才讓那小小水潭完完整整的屬於我。」長大回去看時，我是在這樣的心情裡看著小小水潭。

但，小時候總覺得它很大，大到它是我一天時光裡的全部。或許更準確的說，不是水潭的大小，而是人心的大小。長大了，走更遠看更多，也就往更大的世界走去。於是那個在兒時眼裡就是全世界的大水潭變小了。變小了，成了一種像鄉愁般的懷念。

泡在小小水潭裡的日子，大約是我四、五歲的時候。那時我們家吃的喝的煮飯燒菜，用的都是這深山裡來的水。

靠著這深山裡來的水，是足夠灌溉谷谷的農田，只要天公作美雨水正常。但萬一遇到大乾旱，嚴重到連深山裡來的水都幾乎乾枯時，這時就要裝幫浦抽馬武窟溪溪水來灌溉。幫浦的聲音很大「砰！砰！……」規律而單調的響在乾旱季節裡，響過一整個夏天。「砰！砰！

砰……」

在我進小學前，我們家搬到谷谷農田對岸的公路下，靠河床邊，住沒幾年就又往上搬，搬到公路邊。屋門面向馬武窟溪，背靠著屋後一條公路。那時的公路路面是鋪著細沙石，每當車子經過就會捲起滾滾風沙，等車子走遠，過了會才風沙落定恢復平靜。

童年時，我很喜歡站在對岸谷谷台地上看向我家。隔著河，遠遠看著我家，尤其當一陣風吹過，吹動我家屋前那些竹林，在風裡搖曳生姿。有時看著那有頭巴士拖著一屁股滾滾風沙的繞行在山路裡前進，彎來繞去的經過我家。

馬武窟溪

我家搬了幾次，但都面對著馬武窟溪。

馬武窟溪是發源於北源、美蘭再進去，一直進去的深山裡。它從深山裡一路流出來，在流經過泰源時，南邊流來一條叫南溪的溪流匯入。馬武窟溪跟南溪匯流在泰源國小操場後面的山崖下。匯流後，經過泰源橋，順著山勢繞在泰源這小村莊的外緣走，出了村莊流向山谷去，流進狹谷裡變成湍流，流經登仙橋，在狹谷裡順著山勢往左回身轉繞了個大彎才走出狹谷流進谷谷，進谷谷後溪面變寬水勢緩下來了些。順著谷谷溪水緩緩而流，接著就流過我家門前的山坡下。在我家附近，馬武窟溪流得最緩，且形成一個大水潭。流經我家，在流過去一點點的地方，馬武窟溪順著山勢往右回身又轉了個大彎，繞谷谷台地彎向東河橋，流向大海。

我們家的生活，一年四季都離不開馬武窟溪這條溪。我們家男人幾乎經年累月都在溪裡洗澡。從我懂事開始，就跟著我祖父我父親在溪裡洗澡，我父親深秋後就怕冷，不敢再去溪裡洗澡。而我祖父就連冬天也不怕冷的繼續在溪裡洗澡。在我祖父的訓練下，大約小學四五年級以後，有好長一段時間，我跟著祖父每天到溪裡洗澡，春夏秋冬一年四季都在溪裡洗澡。

在溪裡洗澡的不只我們家的男人，很多在谷谷種田的 AMIS，傍晚收工涉水過溪回家時，常常就順便洗個澡。他們可就不分男女了，很多女人也都很自然的在溪裡洗澡。很小的時候，沒什麼性別也很自然。大約是從小學五年級起，慢慢對異性好奇起來，且看到女人的身體會產生隱隱約約的興奮感。從那時起，當看到有 AMIS 女人洗澡就趕緊轉頭避開眼光，避開後卻又心裡癢癢的偷偷想看。

這大約是我最早的，懞懞懂懂的慾望感覺。

馬武窟溪，除了洗澡，它更是夏天泡水游泳的地方。也更是 AMIS 捉魚捉蝦的好地方。

整個夏天沒事的時候，我幾乎跟一些 AMIS 小孩整天泡在水裡游泳。有時家裡有事，聽到我祖母大聲叫我，我仍然繼續游我的泳，游到我祖母拿著細竹枝跑到溪邊準備打人，我才心不甘情不願的回家工作。

跟 AMIS 小孩玩，最刺激的事就是找蜂窩捅。手上拿著長長的竹竿找蜂窩，找到後就用長竹竿把蜂窩捅下來，有時 AMIS 小孩會用彈弓去射蜂窩。怕被蜂叮，通常只要竹竿一捅，就趕緊往溪裡衝，跳進水裡一頭鑽進水底，潛在水裡趕緊游開。等過了好一會，大家才慢慢回去看蜂散了沒？蜂散了，就過去撿起被我們捅掉在地上的蜂窩，撿起拿過來。然後一群小孩泡在水裡七手八腳的捏取蜂窩裡的蜂蛹吃，津津有味。

泡在水裡吃著蜂蛹，是炎炎夏日裡我們小孩子最好的點心。

小時候，我還喜歡看 AMIS 捉魚捉蝦。有一種是用撒網的，他們把網披開撐在手臂上，然後用力往外畫個圓把網用力撒出去，過一下慢慢收起網來，就會看到有些魚在網子裡掙扎跳著，有大有小，最大的我看過有五指寬的鯽魚，最多的是大肚魚，及一種叫溪哥的苦花魚。

我常常坐在我家門前，看著 AMIS 男人撒網捕魚。看著他們沿著溪岸一路走走停停的撒網。如果看他沒什麼停頓的一直撒網，就知道他的網沒捕到什麼魚；如果看到他收網後停了好一陣子，且伸手翻著網翻好一陣子，就知道網子裡有魚了。停下來網子翻愈久，那他這次可是網到不少魚了。

印象中，他們 AMIS 尤其喜歡在那種雨要下不下，下也下不大的天氣裡出來撒網捕魚捕蝦。

AMIS有另外一種男女老少集體出動的捉魚捉蝦方式。通常他們會找個溪流較窄的地方，然後出動男女老少搬石頭把溪流堵起來，且用稻草把石頭縫隙堵住。然後把一種汁液有麻醉效果的樹藤切成一節一節，男女老少人手一節的繞圍著堵起來的水，拿著石頭用力把手上的樹藤搗碎，搗碎後往水裡用力攪，把汁液攪進水裡。不斷搗碎不斷往水裡攪，重複著，直到溪面上浮起像喝醉酒般歪歪斜斜的魚，一尾一尾大大小小歪歪斜斜的浮著，像吃了迷幻藥般的遲鈍緩慢了游動。這時開始下水捉魚，醉酒般的魚呆呆的很好捉。通常都挑大的捉，小的留著讓牠長大，日後再捉。所以AMIS們一直有魚蝦捉。

每隔一陣子就會看到一群AMIS男女老少，在溪裡搬石頭堵起小溪、搗碎樹藤，把汁液攪進水裡的讓魚吃迷幻藥。通常在豐年祭快到時，最常看到這種出動男女老少的大場面捉魚捉蝦。

這樣捉魚捉蝦是很自然的。直到有一天，AMIS也學會了平地人的電魚。當他們也揹起了蓄電池在溪裡電魚電蝦時，馬武窟溪的魚蝦就注定要愈來愈少了，少到後來，連我祖父也不再去溪裡放蝦籠捉蝦。

我祖父的蝦籠很特別，是用削得細細的竹枝編成的，竹枝跟竹枝之間都編留著空隙，是一種讓小蝦子跑掉的空隙。

每天到了傍晚時候，我祖父就把炒得很香的米糠跟飯揉在一起，揉成一小粒一小粒飯團，每一個蝦籠裡放進一粒米糠飯糰，通常把米糠飯糰放進蝦籠是我的特權，歸我放。放好，我祖父挑著蝦籠，我跟著他走。沿著溪流，祖父在大石頭坑縫溪底裡放進蝦籠，一個一個把蝦籠放完時，通常已是近晚時分，我會跟著祖父順便洗個澡才回家，回到家祖母在廚房忙著，飯菜已開始上桌。

隔天，我會起個一大清早，怕會跟不到祖父出門收蝦籠。通常我負責提個水桶，祖父收起蝦籠，就把蝦籠裡的蝦往水桶裡倒，蝦子在水桶裡蹦來跳去。隨著蝦籠一個個從水裡收起，也就往水桶裡愈倒愈多。大部分是蝦子，也會有一些魚或螃蟹，螃蟹是一種腳上有毛的毛蟹。

我祖父喜歡生吃蝦子，他自己吃也叫我吃。伸手往水桶裡捉出活跳跳的蝦子，把殼一剝就往我嘴裡送，我就這樣的生吃了很多活蝦。很多年後，我開刀從肚子裡拿出一個大瘤，醫生說，這跟我生吃蝦子有關係。

除了放蝦籠，我祖父還發明一種釣鰻魚的方法。他用釣鉤鉤住活蝦子的尾巴，把鉤在釣線裡的蝦子放在溪裡游，然後釣線綁在竹棍子上，竹棍子插進河灘裡固定住。同樣也是隔天一大清早去收釣線。放二十個左右的活蝦餌，通常總有個二、三尾，運氣好，常常都有個四、五尾鰻魚。當然也有運氣不好，一尾也沒釣到的時候。釣到的鰻魚，大多是自己吃的。釣多了，自己吃不完，就拿去送人。

小時候，我們家燉鰻魚是把活鰻魚放在鍋子裡，然後餵牠一大瓶米酒，讓鰻魚在醉醺醺裡慢慢加熱，燉熟。

馬武窟溪流經我們家附近，剛好形成一個溪潭，是小石頭跟細沙泥組成，很適合蜆仔生存繁殖的溪潭。到了夏天，想吃硯仔的時候，常常我跟我三姊就拿著圓篩子往溪潭裡走，走進溪裡把泥沙挖進篩子裡，在水裡篩一篩就篩出一粒粒的蜆仔，大約篩個一個鐘頭左右，晚餐時就會有小粒的蜆仔湯喝。而大粒的蜆仔就拿來醃醬油，加蒜加點辣椒，最好再加點米酒，味道會更好。

在我童年那物質貧乏的年代，馬武窟溪給我們帶來的豐富，是今天這個物質富有的年代所不能想像的。

後來，當我們家開始養鴨後，馬武窟溪給我們的就更多了。在那條溪上我們家鴨母游來游去的覓食著豐富的魚蝦水草，才能生出蛋黃特別紅的鴨蛋，做出來的鹹鴨蛋，一個個蛋黃油油的，特別香。

農忙時的流籠頭

自從搬到公路邊後，我們家曬穀場左側前有兩棵大苦苓樹。這兩棵大苦苓樹樹幹被當作大柱子般的綁著大鋼索，當做是流籠頭。

平常季節裡，綁在樹幹上的這條大鋼索孤零零地橫越過河面，往對岸延伸吊往對面谷谷的另一棵大樹樹幹上。孤零零的這條鋼索成為鳥群們駐足嬉戲的地方，不時會看到班鳩、伯勞、麻雀、烏鶖，甚至烏鴉停在鋼索上。

到了稻子收成時，這流籠頭就熱鬧了。

谷谷所有的稻子，裝在布袋裡，一包包都靠著這條流籠鋼索從對面吊過來，然後再各自運送回家。小時候，我喜歡看AMIS們放流籠，這邊響亮的口哨聲一吹，傳向對岸，這時對岸流籠頭上的人，就把一包稻子放進粗鐵圈環套裡套住，然後掛上吊在鋼索上的滑輪，接著居高臨下用力一推，一布袋稻子飛越過河面，快速衝到眼前，撞上流龍頭「碰」一聲到達停下。

隔著一條溪，AMIS們用口哨聲互相連絡，做爲放流籠的訊號。他們把食指一拗放進嘴裡，舌頭一捲用力一吹，就吹出口哨聲音響亮，響遍山野，山谷裡傳來回音。

稻子收成，一年兩季，流籠頭忙碌熱鬧，響亮的口哨聲不時響著。讓我童年裡有些熱鬧的聲音。

收成過後，那條流籠鋼索又孤零零地橫在河面上，又成了麻雀、班鳩、烏鶖，駐足戲耍的好地方。

當雨季洪水來臨時，有時流籠頭會有一點作用。比如在突發大雨裡河水暴漲，有人走不及被困在谷谷台地上出不來。或者雨下久了，有人不放心非要過去谷谷田裡巡巡不可。出來跟過去都只有靠這條流籠鋼索。這時，就會看到AMIS們是怎樣勇敢的坐上兩條粗鐵鐵線圈成的環套裡，然後吊上滑輪，雙手用力拉著流籠鋼索，慢慢的往前拉，越過底下黃沙滾滾洪水的河面，往對岸拉。不管是拉向對岸，或從對岸拉過來，都同樣辛苦。拉到對岸是上坡，要用很大的力氣往上拉；從對岸過來是下坡，要用全身的力氣像煞車般的挺住，慢慢前進。挺不住會一下子衝出去，一衝出去就會像失去煞車般的快速撞向苦苓樹樹幹，這一撞上，大約是沒命了。還好這樣的事，一次也沒發生過。倒是有一次看到一個 AMIS 青年被對面快速衝來的一布袋稻子掃過手臂，整個人給摔在地上躺了好久一段時間。後來，我還看到這個人仍然生龍活虎的在谷谷農田裡工作。

愛發呆幻想的小孩

其實從小我最常做的一件事，是發呆，一來是怕生，二來是無聊。

我愛發呆這件事，讓家裡大人們很擔心，常覺得我是不是頭腦有問題，很笨。加上我小時候說話會大舌頭，尤其是一緊張急起來，就會一句話像是哽在喉嚨裡，明明知道要講什麼，但就是結結巴巴說不出來。

發呆加上口吃，讓家裡大人們傷透了腦筋。

可能是講話口吃會讓人笑，我變得愈來愈不喜歡講話，就算心裡想到什麼，也就是自己在心裡想，想在心裡發呆，不說出來。

小時候發呆都想些什麼，現在想起來很模糊，不大清楚。在一份沒得到滿足的親情上，我發呆最常想的是我母親。因爲小時候，家裡大人們一跟我說起我母親的過世，都跟我說你媽媽去蘇州賣鴨蛋了啦。所以讓我常想著蘇州多遠啊?在什麼地方?我媽媽賣那麼久的鴨蛋，幹嘛還不回家?我那時總覺得有一天我媽媽會賣完鴨蛋回家，不管蘇州有多遠，總會有賣完鴨蛋的一天。直到長到更大些，才聽我那天天賣鴨蛋的三姊跟我說，去蘇州賣鴨蛋就是說人死掉的意思。那之後我知道我母親已經死掉了，可是我母親死掉跟蘇州，跟賣鴨蛋有什麼關係，我想不通。

到後來長大，我看過《孤雛淚》這本童話時，就覺得自己像童話裡那個主角一樣可憐，於是在一份自憐情境裡，幻想著我母親有多美好。甚至有時候，當聽到同學們的母親在喊他們回去洗澡或吃飯時，我心裡總是想說如果我有母親這樣喊我，我一定立刻就跑回家。現在想起來，如果眞的讓我有個母親這樣喊我，我不見得會立刻跑回家。一定還跟我那同學一樣，能賴皮就多賴皮多玩一會兒。

小時候我有一個很虛榮的幻想。我幻想著日後我一定會是個有成就的人，有朝一日衣錦還鄉。當我衣錦還鄉時，我要把谷谷這個地方全部買起來，然後在靠近東河橋的地方建一個大水壩，讓整個谷谷環繞在像日月潭一樣的湖光山色裡。最重要的是，我還要在谷谷台地背靠著的那座山的山頂上，蓋一座機場。所有來到谷谷的人，都要坐飛機在山頂上降落，然後再坐纜車下到谷谷。

那座山的山頂上，我跟幾個 AMIS 朋友們上去過。站在山頂上居高臨下，不只俯瞰整個谷谷，而且它夠高，往東看去是東河，及蔚藍的太平洋；往西望過一座山可以看到泰源村。而東河橋、登仙橋，以及馬武窟溪都在腳下。幻想中我要在那裡蓋一座機場，讓所有到谷谷的人都先到這裡，站在這裡才可以眞正看到谷谷的美。

其實童年這衣錦還鄉的虛榮幻想，是在對我父親做一種沉默的抵抗。「等著吧！有一天你會知道……」跟自己這樣說。那段時間是我父親對我最失望，打我打得最厲害的時候。這使得我自卑感愈來愈深，而同時在這極深的自卑感裡反彈生出強烈的自尊心來。靠著自尊心我武裝起自己的心理，發呆幻想活在自己的想像世界裡，得以沉默的抵抗我父親。

現在想起來，不免帶著黑色幽默，像一齣荒謬劇。

但，都過去了。只是我是這樣學會了發呆幻想。

繼續發呆，繼續幻想。

山裡唯一的一戶人家

小時候我們家是谷谷山谷裡唯一的一戶人家。

谷谷農田裡有一些簡單搭起的茅草屋工寮，當做放一些笨重不想帶來帶去的農具，也當做中午吃飯休息的地方。乾旱季節時，當水田要輪流灌溉時，這些工寮就可以當做晚上顧水時的休息地方。晚上要顧水，是怕水會被堵到別人的田裡。乾旱季節搶水灌溉是常有的事，所以輪到有水灌溉時，輪到的人都會在夜裡起來巡視幾次田頭田尾，顧水。

所以眞正住在谷谷山谷裡的就只有我們一家人。

在我極小剛有記憶時，我們家住對岸谷谷台地的山腳邊。那時我整天光著身子在水溝裡玩來玩去，玩累了就泡在水潭裡睡著。沿著水潭沿著水溝，有一叢叢好長一排的竹林，每到傍晚時，竹林裡就會傳出竹雞歸巢的叫聲，很響亮。這時我祖母就會拚命叫我回家，因爲這時候的蚊子最多也最凶。

在我還沒記憶前，我三姊爲了帶我，還休學了一、二年。對此，我完全沒記憶，完全不記得。

一直到我進小學前，一方面是我上下學過溪不方便，一方面也因爲家裡開始養鴨，所以就搬到對岸公路的山坡下，靠近溪邊。在那裡住了好幾年。後來我大哥要結婚時，就在坡上公路邊蓋了間小瓦房，且在小瓦房旁邊拼拼湊湊圍繞著蓋一圈茅草屋。從此我們家就這樣住下，一直到我十六歲離家出走，一直到我祖父母相繼過世，一直到我父親把我們家田產賣掉，離開谷谷投靠桃園我大哥……。

不管住河對岸或住公路這邊，我們家始終是這山谷裡唯一一戶人家。每天上學的路我要走將近六公里，放學也是。走六公里回到家以後，就好像被關在家裡，附近沒有任何一個小孩子玩伴，當然我是不可能再走六公里的路去找我的同學們玩。

唯有到夏天放暑假時，才會有一些 AMIS 小孩跟著上田裡工作的父母來，才讓我有了些玩伴。通常他們父母在田裡工作時，就是我們小孩在溪裡游泳玩水的好時光。比跳水，看誰膽子大跳的高；比潛水，看誰厲害潛的久潛的深潛的遠。常常就這樣一整天泡在溪裡。隨著暑假結束，也就結束了我有玩伴的日子，又進入只有我一個小孩的日子。

我三姊年紀大我七歲，我上小學時，她已快進入青春期，我只是她愛哭又愛跟路的麻煩。我小學一年級時，雖然我三姊是小學六年級，可是比她班上同學都要來得年紀大。尤其是過一年後，她畢業還變成我們學校校工，理所當然她就離我愈來愈遠了。

也不知道爲什麼，小時候叫我三姊，我一直是直接叫她名字，從來不叫她姊姊或三姊，會叫她姊姊是她開始賣鴨蛋以後的事。當她賣鴨蛋，就或多或少會有一點私房錢，也就是會有自己的零嘴吃。如果我想吃吵著要，她就一定要我叫她姊姊，才肯給我吃。一開始我彆扭不肯叫，但爲了吃最後還是得叫，叫一次叫兩次，叫久叫習慣了，很自然的就從此叫她姊姊了。到我小學五年級，還是四年級時，我三姊也出去工作，我就更是一個人了。

谷谷的白天很安靜，除了遠遠偶爾傳來農人犁田趕牛的吆喝聲，再來就只剩下大自然的聲音了。無聊時，一個人坐在苦苓樹下那粗大竹竿架起的流籠頭上，底下是馬武窟溪潺潺流著，頭上是蟬聲鬧叫著的苦苓樹枝葉。而苦苓樹上最多的是天牛，有時爬上苦苓樹抓天牛，抓到後用縫線綁住天牛的腳，線綁長長的，把線牽在手裡像放風箏般的任由天牛飛在半空中。有時天牛大約是累了飛不動，或根本就是不想飛，我就用竹枝撥牠逗牠飛，或是拉著線把天牛懸空旋轉，不斷旋轉，旋轉到天牛不得不飛起來。這樣玩天牛可以玩個大半天，直到把天牛玩死了才甘休。

最無聊的日子是下雨天，就只有坐在屋簷下看著雨發呆。

有時候雨一連下個幾天，溪水會變濁開始漲起來。有些歇雨雨變小的時候，就會有一些AMIS在溪裡撒網捕魚，這算是雨天裡唯一好看的風景。有時我會忍不住冒雨跑到溪邊看他們網魚，網到多少或多大多小的魚、以及都網到甚麼樣的魚。

如果雨下的大下的急，又下的久，那小溪就暴漲成濁水滾滾的洪流，很嚇人。小時候總覺得所謂千軍萬馬，大概就是這個樣子吧。

滾滾洪流帶來大量深山裡的木頭，洪水過後，我跟祖母還有三姊就把河床上洪水帶來留下的木材撿起來，撿成一堆一堆，曬乾了就成了我們家灶孔裡的柴火。如果雨不停下更久，洪水更大，那就不只看到洪水帶來深山裡的木頭，還會看到不知是誰家家具，誰家屋頂，誰家的豬牛羊，甚至是誰家的人，都被滾滾洪水帶著走流過，遠去。

上小學後比較有玩伴，但也只是在學校跟同學一起玩，回到家也還是只有我一個人。久了，就學會自己跟自己玩，拿條手帕或花布巾，打個結，把食指穿進結裡撐開手掌，撐起手帕當布袋戲木偶般，口中唸唸有詞的演起布袋戲，一手一個打殺得天昏暗地日夜無光。常常就這樣一玩就玩半天，玩到被大人們看到而彆扭，自己不好意思起來。

有時更無聊，比如說剛好看到綁在屋簷柱子上的鐵線，鐵線尾巴地方剛好翹起形成一個半弧形圓洞，我就拿著小石子去瞄準那圓洞，非要丟進那個圓洞才算數才肯停。像這樣無聊的事，有一大堆，但我寧願這樣無聊，就是害怕被大人抓去田裡工作。通常我會騙父親說要寫功課，但功課沒寫多少，都把時間花在這樣無聊事情裡度過。

到了更大時，讀了幾年小學，識了一些字。無聊時就開始會東翻西翻，翻擺桌上的那些我祖父的中藥書，及歷史演義小說。也翻我父親長期訂閱的那些雜誌，《豐年》、《今日世界》、《讀者文摘》。我父親這些雜誌比較吸引我，因爲裡面會有一些小故事和笑話。《今日世界》印象最深，因爲照片很多。照片裡大多是名人，要不就俊男美女。我最喜歡看的是美軍打越戰的黑白照片，一個個都像是擺好姿勢拍的，拍出他們雄壯威武身手矯捷的樣子。《今日世界》裡面，佔很大的篇幅都是在刊登美國消息。而美國在我祖父心目中只是一隻紙老虎，只會裝裝樣子嚇人而已。

「那隻紙老虎啊……」或「美國帝國主義……」我祖父總是這樣開始說起美國。而我卻喜歡看我父親的美帝紙老虎雜誌。

當翻完這些書後，翻到沒東西翻，就對我父親箱子裡的東西起了好奇，於是開始去翻，結果翻出了我父親以前的日記，及一些書。日記是用日文寫的，我看不懂，但因爲裡面有漢字，就好奇的亂看亂猜。最讓我感興趣的是那些出現我母親名字的篇幅，但除了名字，及少數一些漢字外，我沒看懂甚麼。應該都是寫對我母親的稱讚吧！當時我是這樣想的。

唯一看得懂的是我父親寫給我祖父的一些字條或明信片。我祖父是讀漢學堂的，我父親只好用漢字寫信給他。在那些字條明信片裡，我父親很嚴厲的警告我祖父，如果他再不回頭，還要繼續搞政治，繼續把錢花在結交朋友上面，那他就只好忍痛斷絕父子關係。看到明信片上我父親的嚴厲用詞，震驚了我幼小的心靈，我看到了不該在那個年齡看到的東西。看到了，讓我從此懵懵懂懂的又多懂了一些所謂人生的複雜。

總覺得那些木箱子裡藏著許多我不知道的秘密，所以常常去偷翻，但除了那些字條明信片之外，就再也沒翻出什麼秘密來。倒是翻出了許多我父親的書，書裡密密麻麻都是字，引不起我太大興趣。一本《愛麗絲夢遊仙境》是最早吸引我的書，吸引我的不是愛麗絲，而是兔子。後來又看了本《愛的教育》，《老人與海》翻最久，想弄清楚老人爲甚麼拖回一條只剩魚骨頭的大魚。其他書就只是無聊時去翻翻，眞正認眞會看這些書，是到了讀國中時的事。

國中時，老師多少會提到一些文學作品或文學家，尤其是一個愛講故事的地理女老師，更是從她口中知道了我父親箱子裡的書，原來有許多是世界文學名著，於是在一份虛榮心裡產生對我父親的尊敬，同時也虛榮的尊敬起我父親那些書，也就翻的更勤了。

我父親那些世界名著，我是從不懂翻起，翻到似懂非懂，整本看完的沒幾本，大部分都是跳著看些有趣或看得懂的片段。

在我更小，還沒進小學時，我常常一個人抱著我母親遺留下來的裁縫盒玩。裁縫盒裡紅紫藍綠五顏六色的各種樣式鈕扣，還有各種裁縫尺，有剪裁用的木尺，有直有彎，也有量身材用的布尺，還有畫線用的粉餅，粉餅有白有紅有藍。我最喜歡把母親的裁縫盒搬到榻榻米床上玩，玩得一床上五顏六色……。這時我祖母看到就會罵我說：「你實在手有夠賤，連你老母的死人骨頭也搬出來玩。」

我們家是谷谷裡唯一的人家。谷谷四野安靜，只有風聲、溪水聲、鳥叫聲，偶爾遠遠傳來田裡工作的人幾句大聲吆喝聲。安安靜靜，連我們家大哥小弟這二隻狗，也習慣了這份安靜，偶爾有人經過，牠們也總是懶懶的叫幾聲，算是盡了牠們做爲狗的義務。

到了晚上更安靜，四下漆黑。我們家一直是點煤油燈，因爲是山裡唯一一戶人家，且電線杆距離我們家很遠，牽電到我們家，一拉就要十根左右的電線杆，要花很多錢，我們家花不起錢牽電，也就一直點著煤油燈。一直到我十六歲，國中畢業離家出走時，我們家還是點煤油燈。

通常到了晚上，我父親跟我祖父都會騎著腳踏車去村子裡晃一晃，坐到雜貨店門前的長板凳上，跟些村子裡的人聊聊天，茶餘飯後說些閒事，然後回家。所以到了晚上，常常家裡就剩我跟我祖母兩個人。祖母早早就上床，但總是在床上翻半天還是睡不著。而在煤油燈下讀書寫作業的我，卻總是常常寫著寫著就趴在桌上睡著，然後被睡不著的祖母趕我上床睡覺。所以我作業很少寫完過，通常隔天到學校就準備給老師打手心。

晚上安靜，睡夢中常在祖父從街上回來時的咳嗽聲裡醒來，醒來等著看祖父是不是會叫我起來吃點心，一聽到叫聲就開心的翻個身跳起來，如果沒聽到祖父叫聲那就不免有些失望。

至今，還懷念著祖父夜裡回來時的咳嗽聲。

泰源那條街

我們家離泰源街上，大約六公里遠。用那時我小孩子邊走邊玩的走路速度來算的話，從我家到泰源街上，至少要走四、五十分鐘。對小孩子的我來說，泰源街上是除了成功、台東以外最熱鬧的地方。

從我家方向走進泰源街上，首先，我會走過村子口的公墓，再經過一座土地公廟。土地公廟平時很孤單，一座小小的廟和一棵大大棵的榕樹，靜靜地在那裡。可是一到了拜拜時，土地公廟會突然熱鬧起來，村子裡的人都來這裡拜拜，戲棚子搭起來，連演著三四天的大戲。大戲通常演的是布袋戲，有時會演歌仔戲，記得有一次，還來了一團新劇團，演了二三天的話劇，造成村子裡不小的轟動，少男少女們都喜歡看，可是也就只演過這一次新劇團話劇。對我們小孩子來說，還是比較喜歡看布袋戲，喜歡金光強強滾瑞氣千萬條，喜歡驚動武林轟動萬敎。看布袋戲，我們小孩子通常都爬到大榕樹上看。有時偷偷跑到後台，看布袋戲師傅操作木偶如何飛天，如何遁地，看他們敲打火藥「砰！砰！砰……」廝殺激烈氣氛炙熱，再加上把殺蚊劑往點了火的報紙一噴，噴出火光熊熊，眞的就金光強強滾……。小時候，看布袋戲幾乎是我們聽收音機以外的娛樂。

過了土地公廟，會經過幾戶人家，其中有一戶是專門幫人刻墓碑的，當然也會擺著一、二口棺材賣。上學經過時，總不免要看一下他們在一塊石板上敲敲打打的刻出圖案人名。可是當後來水泥模板的墓碑盛行後，用石板刻墓碑的人少了，他們生意不好，就轉行做空心磚。後來我們家豬舍重建時，空心磚就在他們這家店買的。

過了這家店，往前走沒多遠，就是個分叉路。直行的是主要道路，通向村子裡最熱鬧的地方。左邊往上是條繞著村子外圍的斜坡道路。我每天上學都走這條路，因爲路底就是我們學校。

往左走上這條斜坡道路，走上斜坡是我一個同學家。他們算是有錢人，我經過時，總會喊幾聲叫我同學一起上學，通常這時他母親會很親切地問我，早餐吃了沒，我當然是吃了，但她幾乎每天都會問。他家對面有棟日本式瓦房，也是他們家的，但住著他爸爸的小老婆，他爸爸這個小老婆，是有經過他母親允許的。但是印象中沒看過幾回他爸爸的小老婆，她是很少出門的人，大部分時間都關在屋子裡，很像跟周圍的世界沒什麼關係。在我看過她幾回的印象裡，她臉很白，沒什麼表情，給人一種冷冷的感覺。我同學他爸爸，從事一種很特別的行業，這是一種只有在平地人跟山地人雜居的村莊裡才會有的行業，這個行業的名稱叫「換番」。他爸爸常常帶一些平地製造生產的生活用品，到很深山的山地部落裡，拿這些生活用品去跟山地人交換他們種的養的任何農產品。這種換番行業其實滿賺錢的。小時候曾聽我祖父說過，在他剛到台東時的日據時代尾期，曾經有人換番是用一根縫線的針去換到山地人養的一隻雞。換番的人一手拿著根針，同時一手拿著根鐵釘，然後跟山地人說，你看像這麼粗的一根鐵釘，要磨成像這麼細的一根針，就已經很不容易了，中間還要打一個小小的洞，你看有多難，所以我一根針換你一隻雞，沒佔你什麼便宜。這是我從我祖父口中聽到的。

當很久很久以後我在梨山做果園時，聽到說平地人如何透過喝酒跟山地人建立關係，再利用他們愛喝酒的天性，等他們喝得醉茫茫，想繼續喝又沒錢買時，平地人就在這時提出了一瓶米酒換一棵果樹的交換，就這樣很多山地人果園被平地人交換走了。這也是一種換番，跟我祖父說的那種拿針換雞是一樣都在換番，只是手法翻新了些。

經過這換番同學家，往前走會經過好幾家茅草屋，是AMIS們的住家。其中一家是我同學，我這同學很會做彈弓，最好的彈弓是用芭樂樹的枝椏作成的。很會做彈弓同學家的前面是天主堂，天主堂前一塊大空地，是我們彈玻璃珠打橡皮筋玩樂的地方。有時候我走得快早到了，看到天主堂前空地上圍著一群我的同學玩伴們在彈玻璃珠打橡皮筋，這時我就趕緊加入，先玩一陣子，玩到非趕著快去學校不可時，我們一群小孩才用跑的往校門口衝，衝進學校裡去。

走過天主堂後，會經過左邊一家我同學家的小雜貨店，他們家雜貨店賣的東西，我倒是沒買過幾次。但對他們家天井裡那個手用力一壓就會冒出水來的汲水器，倒是印象深刻。尤其是夏天時，在天主堂前玩得滿身是汗，又口渴時，就往他們家天井衝，雙手抓住木把用力一壓，水一冒出來雙手捧著水洗臉，水沒了又趕緊用力一壓，又趕緊捧著水洗臉以及喝水，眞是消暑解渴。

過了我們同學家小雜貨店，爬一小段坡路上去，就到了我們小學校門口。校門口前一條大馬路，上坡往山裡去是通往南溪南坑，下坡是往村子裡最熱鬧的街道。往前走就走進校門口，關進學校裡上課再也出不來，一直到放學時，才又像小鳥出籠般衝出校門口……。

放學衝出校門口，我通常是下坡往村子裡最熱鬧的街道走去。下坡走沒多遠就遇到一個分叉路，直走是往下連接泰源橋往美蘭北源深山裡去。往右手邊走，是一條村道，村道旁一家文具店，是我們學校一個老師家裡開的。這老師還是我們學校的棒球隊教練。四年級時，我曾經被他挑選參加校隊，擔任捕手。可是參加不到一個學期，我父親跑去跟這個棒球教練老師說：「我兒子是要到學校讀書的，不是到學校玩的。」就這樣我離開學校棒球隊。我記得有到都蘭國小參加過一次東河鄉棒球比賽，我那時是預備球員，只有在一場已經篤定贏了的後半場球賽裡上場，打了二局，擔任捕手，我記得我表現得還不錯，有被教練讚美。

那段時間大約是紅葉少棒隊打贏日本，或者是金龍少棒隊打了世界冠軍時的這段時間，正對棒球充滿熱情。

走過文具店順著街道往下走，二邊瓦房、茅草屋雜處，雜居著 AMIS 和平地人。在我小學三四年級時，街道右邊有些房子拆掉，蓋起一間用木板牆拼湊起來的露天戲院。那時台語片已很少看到，大部分是武俠片跟黃梅調電影。還有日本的盲劍客電影，聽音辨位刀出見血，很厲害。

右邊是露天戲院，過去一點的左邊是一家基督教教堂。這家教堂的神父常在路上遇到我，就停下來順便載我一程，神父喜歡種花，而我常偷他的花，偷回家裡種。

我父親一直是個基督教徒。聽說在我出生前，在我們家最有錢時，鹿野的基督教長老教會，我父親是創辦人之一。但是從我懂事後，沒看過他上教堂。直到晚年住在桃園鶯歌我大哥家時，他才又恢復每個禮拜上教堂的習慣。那時我大哥也跟著他上教堂，變成一個虔誠的基督徒。而我一直沒跟父親上過半次教堂。

或許是常坐神父的車，或許知道父親是個基督徒，也就對那間基督教堂有一種親切感。放學時，有時會跟著一些AMIS同學們進教堂，學著他們樣子的跟主耶穌膜拜禱告一番。現在想起來，那禱告好像是在跟主耶穌打個招呼的感覺，打個招呼禱完告，我就順便偷挖些神父的花花草草，挖回家種在祖母的菜園旁邊。

經過基督教教堂後，往下走一小段路，就會看到左邊一家百貨行，百貨行隔壁一家撞球間，撞球間是我國中以後才會去的地方。而我要去的是右邊街角的郵政代辦所。每天我固定要到郵政代辦所，看看有沒有我們家的信，至少要拿報紙回家。郵政代辦所其實是一間雜貨店兼著的，在雜貨店店面隔壁的騎樓下，擺著一張又厚又重的大木桌，大木桌旁邊是寄信的郵筒，桌子上放著一個木框玻璃櫥，玻璃櫥裡擺著些信封、信紙、郵票，要賣的。我拿信時，喜歡看看櫥窗裡花花綠綠的各式郵票，而信是放在一個鐵盒子裡，我在那個鐵盒子裡翻看看有沒有我們家的信。我們家的信是沒有地址的，都只是寫著台東縣東河鄉泰源村，再加上我父親或我祖父的名字，這樣信就會寄到這個郵政代辦所，然後我來把它拿回家。鐵盒子裡裝著許多像我們家這樣沒有地址的信，沒地址讓郵差無法送到家。

這個郵政代辦所，是我一個同學的祖父在管的。而我這同學的父親是我們學校的教導，他是對我人生有某些影響的人之一。當我在畢業旅行的車子上被我父親罵下車後，這教導畢業典禮後的謝師宴上，拉我去坐他旁邊，對我說了些鼓勵話，讓我不再對自己懷著丟臉的心情。

郵政代辦所旁的雜貨店，是我小時候最喜歡的雜貨店，也是我那同學家經營的。或許是因為拿信的關係，而常在那裡出入，但總覺得就他們家的糖果最容易抽到，而且種類花樣最多。尤其是史豔文布袋戲流行時，那段時間這家雜貨店是我們村子裡最早引進的。不只抽糖果，最大幾個獎還可以抽到布袋戲偶，但我從來沒抽到過，可能是我沒有太多錢抽的關係吧。我們班上就有同學抽到一尊哈麥二齒，但是帶到學校玩，玩沒幾次就被老師沒收了。

直到讀國中時，跟一個家裡在隧道口開小雜貨店的同學，我們倆合夥拿糖果到學校偷偷給同學抽。要給同學抽之前，他很有經驗地把要抽的牌對著亮光看的檢查出大獎號碼，把這些大獎號碼先抽掉，再給同學們抽。同學們永遠抽不到大獎，大獎歸我們分，而且還有點錢賺。

經過雜貨店之後，又是一個叉路，要往哪邊走就看當時有甚麼好玩事情吸引而定。玩伴們這邊喊那邊叫，哪邊好玩哪邊去。

先說往右邊走，因為這是我最常走的路。右邊一走過雜貨店，是我一個家裡種蘭花的同學家。我常去他家玩，尤其是在我讀書成績很好的那幾年，我被歸類為好學生，就很受他爸爸媽媽歡迎。他們家玩具特別多，尤其是玩具槍各式各樣，玩一個下午的打仗遊戲，怎麼玩也玩不膩。那通常是星期六下午，我總是玩到近晚天將黑時，才趕緊回家。回家就皮繃緊緊的準備挨罵，挨打。

過了種蘭花同學的家，又是一個叉路，右轉是條村巷，通往農會通往村里辦公室，這條路我很少走。往前是一個坡道，坡道旁是一家碾米廠，也是我們班上一個女同學家開的。碾米廠是住家連著工廠，工廠是有點日本式風味的大鐵皮房子，住家是二層樓的洋房，外觀是水泥方柱框成一框一框像窗格子般，看起來很有造型。小時候總覺得它是我們村子裡最漂亮的房子。我這個女同學的爸爸，還有種蘭花同學的爸爸，都做過泰源村村長，後來，還輪流當我們村子裡的縣議員。

碾米廠是我小時候常去裝粗米糠的地方，粗米糠在我們家並不是拿來燒的，而是做鹹鴨蛋的時候用的。小時候，很討厭裝粗米糠，因為會被粗米糠刺的全身發癢，到現在想起來，還感覺得到那種刺刺癢癢。

碾米廠旁邊，是我們村子裡接電話打電話的地方。是成功電信局在我們泰源村設的辦事處，辦事處主任也是我們同學的爸爸。當有人打電話來找村子裡的人時，近的地方他就大聲透過廣播，叫那人來接聽電話。廣播聽不到比較遠的地方，他就趕緊腳踏車騎的飛快，去找那人來聽電話。或者是村子裡有人要打電話出去，他就拿起話筒，然後一手搖著電話機搖桿，搖幾下，頓一下，接著又搖幾下，循環的搖了幾次，電話就通了，這邊的人就可以跟很遠不知道在哪邊的人說起話來。小時候，每當看著他這樣搖通電話時，就覺得很神奇。直到我生病到台北開刀時，我爸爸從台北打電話回泰源村子裡，且經由我這同學的爸爸去把我祖父叫來接聽，我父親讓我在電話裡跟我祖父講了幾句話，到那時我才第一次在電話中跟人講話，還是覺得神奇。

走過接打電話的同學家，之後就接上主要道路，一邊是回我家的路，一邊是通往泰順旅社最熱鬧的地方。在這個叉路口正前方，是小糖廠。小糖廠是我們玩捉迷藏或者打棒球的地方。這裡是我星期六下午的另外一個玩樂地方。

還沒到甘蔗成熟製糖期的平常時間，糖廠裡冷冷清清的。有時我們會從一些小洞鑽進糖廠裡，像冒險般的在糖廠裡鑽來鑽去，看那些把甘蔗砍碎壓扁的機器，大大小小的齒輪一個連接過一個，像一種很奇怪卻又搞不清楚的甚麼東西，總覺得它隨時會動起來。所以我不大喜歡待在平常時間裡冷清空洞的糖廠裡。我喜歡在糖廠的廣場玩，在我玩得最過分的那幾年，常常在廣場裡被我父親追著打，有時甚至還追到街道上去。

當製糖一到期，糖廠會給我一種幸福的感覺，這種幸福感覺是經由鼻子聞到的味道而來的。每當進入製糖期，整個泰源小村莊的空氣中會瀰漫著一種焦焦甜甜的香味。就在這香味裡幸福的忍不住跟一群玩伴們偷偷潛進糖廠裡偷挖黑糖吃，吃得滿嘴滿臉，然後跑給糖廠的人追。

從糖廠前左轉往泰順旅舍走，二邊房子都是瓦房，這裡幾乎都住著平地人。首先走到的是左邊一家叫龍飛的理髮店，我大姊曾經在那裡當過理髮師傅。我小時候幾乎都在那裡理髮，也是我們班上同學家開的。他們家理髮店，吸引我的不是那些模特兒髮型照片，而是他們家牆上掛著的那幾隻大龍蝦、大紅蟳的標本。在我還不知道那是龍蝦和紅蟳時，總是覺得我祖父的蝦籠裡，怎麼從來捉不到這麼大的蝦這麼大的螃蟹。直到後來才知道那叫龍蝦跟紅蟳，且是生長在海裡面的。

理髮店過去二、三家，是一家牙醫，也是我們班上同學家開的。這個同學的父親是個軍醫，他在清溪監獄裡當醫官，也順便在泰源家裡開了家牙科。他們家跟種蘭花同學的家，吸引我的地方不一樣。

他父親是外省人，母親是本省人，都是很開明的人，給家裡小孩買很多童話書。我在他家看了〈白雪公主〉、〈灰姑娘〉、〈賣火柴的女孩〉、〈孤雛淚〉……等等西洋童話，也看過諸葛四郎與眞平這類的武俠漫畫。在我同學裡，我父親唯一高興我跟他們交往的，就只有這個家裡做牙醫的同學和那個種蘭花的同學。尤其是這個做牙醫的同學家，我父親最喜歡我去，甚至有時還同意我在他們家過夜。如果我在他們家過夜，隔天，我父親總會拿些家裡的鴨蛋或番茄之類的農產品去送他們。這個同學的媽媽，是我很尊敬的人之一。現在想起來，倒是想不出她有怎樣對我特別好，只是我在他們家進進出出，翻找童話書看，從來也沒聽她說過我甚麼，總覺得她好像隨時歡迎我去他們家似的。

在我結婚後沒多久，有一次接到我這同學的電話。那時他們也已經從台東搬到台北石牌住。很有趣的是，我那同學也做了牙醫，而他母親看到我很開心，很熱情。

牙科過去，往前是一家小麵館，最早是本省人開的，賣的是放一、二塊薄薄很香肉片的那種麵，印象中跟我祖父吃過幾次。只有我一個人經過時，就只能忍不住張望一下。一直到我從台北開刀回來，家裡大人爲了讓我身體恢復的快一點，就沒讓我帶便當，讓我每天中餐在這家麵店吃。我父親跟麵店老闆說好，我每天必須拿一塊有蓋著我父親印章的紙板給老闆，老闆就會煮一碗比較有料的麵給我吃。月底結帳時，就依照老闆手上集了多少蓋著我父親印章的紙板來結帳。

記得像是進國中前後，那家麵店換了個外省人老闆。從此就有了陽春麵、水餃、酸辣湯……及一些滷味。印象中沒進去吃過幾次。

麵店對面，是龍飛理髮廳他們開的一家旅社以及百貨行。到後來我進國中時，百貨行變成一家麵包店，是村子裡唯一的麵包店，是我國中時期常去光顧的地方。倒也沒想到自己後來會變成一個麵包師傅，且還因爲做多了麵包而不喜歡吃麵包。

麵店旁是一家豬肉攤，老闆是個客家人。小時候我們家養的豬，有些會賣給他們殺，每次賣豬時，我父親總會跟這豬肉攤老闆拌嘴吵幾句。「我們養豬的，一隻豬養到這麼大隻能殺，要養那麼久，但是賺到的錢永遠比不上你們一刀把豬殺了，擺在豬肉攤上賣，就賺的比我們多。」幾乎每次賣豬，我父親就會這樣抱怨。

肉攤旁邊，是一條斜坡道路，上了斜坡就是郵政代辦所。斜坡道路邊有一家做饅頭包子的。每天傍晚時，從窗口裡就會看到個中年男人在屋子裡揉麵，經過時我們小孩子總不免要好奇看上好一會兒。

斜坡的正對面，就是泰順旅舍，泰順旅舍是二層樓的洋房，樓下一邊是旅社入口，一邊是雜貨店。旅社入口旁邊就擺著一個小攤子賣檳榔，賣些有的沒的，攤子老闆偶爾會坐在攤子裡磨藍寶石。雜貨店店面滿大的，它跟隔著廣場空地的對面那家利泰行是泰源村最大的兩家雜貨店。而他們這兩家雜貨店中間的廣場，有兩攤賣菜的，跟一攤賣魚的。

泰順行雜貨店是公路局賣車票的地方，所以不管從那裡來的人，都要在這裡買票才能坐車回他們來的地方。因此這裡聚集了最多的人氣，大約是生意最好的一家雜貨店。這雜貨店老闆娘對人極親切，每當看到我們小孩子在附近玩或經過時，如果剛好有些賣久了有傷口的水果，她總是削掉傷口爛了的地方，送給我們這些小孩子吃。從小到大吃過她不少水果，吃最多的應該是香蕉。印象中她有一張白白素淨的臉，看起來總是似笑非笑。我對這老闆娘留下一個極深刻極特別的印象，這印象牽涉到她在我童年留下的一段記憶，我將在後面用一個篇幅來說。

泰順行對面，是一家信用合作社。這是村子裡唯一存錢領錢的地方。信用合作社旁邊，是一家冰果室，那是我們夏天手上一有錢就往那邊跑的地方。小時候最常吃的冰是清冰，什麼料也沒加，只是冰跟糖水，就吃得清涼過癮。一直到幾乎是國中時，才比較有錢吃四果冰。往泰源橋的方向，冰果室斜對面是利泰行雜貨店，是我父親最喜歡去買東西的地方。利泰行雜貨店跟泰順行雜貨店，小時候我把它們歸類爲大人們的雜貨店。因爲他們賣比較多生活必需品，比較少賣小孩子東西，尤其是用抽的糖果零嘴。利泰行旁邊也是一家旅社，我已經忘記它叫什麼名字。

我讀小學時，到這裡算是我活動範圍的邊界，頂多就是過去一點的一家腳踏車店。通常都是我父親或祖父腳踏車壞了去修理，每次看到老闆跟他一個小徒弟，總是一頭一臉一手烏漆抹黑，光是看就覺得很辛苦，所以不會有什麼興趣跑去看。直到讀國中才開始往那邊走，走過泰源橋，再往前走一小段路，往右走上山坡路轉個彎，彎進我們國中校門口。

國中時，我才發現在靠近泰源橋的地方，有一家棉被店。我很喜歡看老闆跟老闆娘彈棉被的樣子，總覺得他們手很巧很靈活地在一種節奏裡循環著。給我一種好像他們從很久以前就這樣，而且還會一直這樣到很久以後的感覺。更確實的說，他們以一種永恆不變的姿勢存在我的記憶裡。

從泰順行轉頭走回小糖廠，往我回家的路走。過糖廠的左手邊會經過一間廟，我一直搞不清楚拜的是什麼神。有時候聽到是三太子，又有時聽到好像是五太子，到後來我就搞不清楚到底拜了幾太子，還是拜幾個太子。不過有段時間我喜歡跑去看求神問卜時的扶乩過程，看著乩童在神明附身之下亂跳亂說，有一個叫桌頭仔的人，會拿著硃砂筆把神明附身乩童說的話記下來。最早跳乩童的是我同學的爸爸，到後來有一次我看到我同學也神明附身跳起乩童。從此會對我那同學有一種敬而遠之的感覺，總覺得他是能代表神的人。

我同學跳乩童時，完全變了一個人，變得很神勇，撞牆不痛，拿著鐵棒往自己身上打，也不痛。這種不痛的樣子，像是眞的有神明附身。

過了這間廟，就接上我上學時的叉路，右手邊斜坡道路是通往小學，往前走就是我回家的路。一樣的經過那刻墓碑的，經過土地公廟，經過公墓，公墓前有條小徑往山裡去，裡頭是住著一個喜歡吃狗肉的跛腳拄著拐杖的 AMIS 中年男人。

他單身一個人住，非常喜歡吃狗肉，總是把狗抓回他住的地方殺。他到底吃過多少狗肉很難說明，但我可以這樣說，當村子口的狗狂吠起來，且一家一家的狗都狂吠個不停時，村子裡的人就知道他正拄著拐杖一跛一跛地跛進村子口，往村子裡跛進來了。

小時候偸偸溜到他住的山坡上看他殺狗，是我們這群小孩的樂趣之一。他雖然跛腳，可是殺起狗來是很俐落的，通常是先用繩套套住狗的脖子，往樹頭上一吊，同時立刻一根木棒用力往狗的鼻樑一敲，那隻狗哀叫幾聲，很俐落地就死了。看殺狗的事，我看沒幾次，因爲看了不舒服，可能是我們家養著兩條狗的關係吧。我們家這兩條狗，名字是我祖父取的，一隻叫大哥，一隻叫小弟，從小我就是他們的狗兄弟。

公墓這一帶，照例是我不喜歡逗留的地方。

只有夏天時，有一種有刺的植物，會長出一粒粒小小綠色的果子，很硬。我們都採這種綠色果子當子彈，把它放進小竹筒孔裡，然後拿根筷子削成的棒子用力一推「ㄅㄛˋ」一聲，把綠色果子打出去。拿來打人，尤其是欺負女同學。也可以設定目標比賽誰打得準。通常只有這個時候，我會在上下學時，勇敢地跑進公墓裡採這些綠色小果子。

過了公墓，一路上就在山裡繞來彎去，再也沒有一戶人家。走了將近六公里後，看到路邊一戶人家，那就是我家。

一條路我走了九年

「朝辭白帝彩雲間，千里江陵一日還，兩岸猿聲啼不住，輕舟已過萬重山。」當我小學讀書讀到這首詩時，就在我腦海裡浮現這條每天上學放學走的路。千里江陵是沒有，兩岸猿聲倒眞的是啼不住……。尤其在事隔這麼多年這麼久之後，去回想起這條小時候上學放學走的路，就眞的更是兩岸猿聲啼不住，輕舟已過萬重山了。

「……兩岸猿聲啼不住，輕舟已過萬重山」……當年那個小小的我背著書包打著赤腳，走啊走走在這條路上，走過颱風下雨，走過豔陽高照，也走過風和日麗。而最忠實陪著的是那兩岸啼不住的猿聲。

我是七歲時上小學，那時我那爲了帶我而休學二年的三姊，十四歲還在讀六年級。起初我父親讓我跟著我三姊月票，坐公路局長頭巴士，每天通車上下學。一年級放暑假時，三姊畢業了。

二年級開學，父親還是讓我買月票，繼續通車上下學。一直到我在一種莫名的激情下做了件自不量力的蠢事，因為這件蠢事，造成了我必須每天走路上下學。這件蠢事容我後面再用一個篇幅來說。在這裡我想先來說說我在這條路上學放學走了將近九年的一些種種……

這條路……早上大約五點半到六點之間，我就要從家裡出發。一路上隔著馬武窟溪的對岸是清晨鳥叫聲裡的谷谷台地，起霧的季節，曉霧瀰漫著谷谷。當乾旱季節時，一大清早就會看到已經有人在谷谷農田裡巡田水了，而抽水幫浦已在那裡「砰！砰！砰」的響著。

隔著小溪，有時還會看到我祖父趕著牛往我們家田裡方向走去。有時看到他們已在田裡忙著了。

公路是砂石路，赤著腳走路，怕痛，就都盡量走長滿草的路邊。路邊長的是雜草，有高有矮，葉子上都佈滿著清晨的露水，走在其中露水濺灑在小腿上，涼涼的。冬天時，天冷穿長褲，露水濺灑溼了褲管，冷冷的。偏偏冬天常常腳趾頭會龜裂，踩在砂石路上很痛，尤其是當細砂石跑進龜裂傷口縫隙時，更是徹痛。於是冬天我更是要走在長滿草的路邊。

跟谷谷平行的走了一段路後，會遇到轉彎，轉個彎背後的谷谷就消失了。轉個彎進入狹谷裡，走著走著就看到了登仙橋。還沒到登仙橋前的山崖坡下，長著好幾棵高大的野芭樂樹，夏天秋天時，每天總要去巡一巡，巡看有沒有芭樂成熟。

登仙橋是日本時代建的橋，拱形橋柱橫跨在馬武窟溪上，沒有從溪底豎立起任何一根橋柱。

這裡猴子最多，常看到猴子成群的在橋上跑來跑去。對那時小孩子的我，猴子們一點也不怕，而是我怕牠們。通常我會手上捏著幾粒石頭，遠遠盯著牠們看，隨時準備著只要牠們一靠近就拿石頭丟牠們。有時是走過登仙橋後，才發現從拱形橋墩上冒出猴子們，有些調皮的猴子會追我，我就邊拿石頭丟猴子，邊跑給猴子追。

被猴子追，追到有一天我長到夠讓猴子怕我，猴子也就不追我了。到後來反倒是我調皮的追猴子了。

登仙橋，或許是它名叫登仙橋的關係，總讓村子裡一些人生痛苦，突然受了嚴重刺激的人，想不開就發了神經拿條繩子往橋頭邊一棵大樹上一吊，了結生命。名字叫登仙，死在這裡可能死後容易登仙吧。不少人生痛苦的人在這橋頭邊大樹上了結了他們的生命。

過了登仙橋，公路順著山勢右轉爬著小坡，小坡的盡頭，左邊有條小路，走進去是個經年累月冒出泉水的山崖洞窟。我常在這裡喝幾口泉水，喝完再上路。從這裡開始大約會有二公里左右的平坦道路，不上坡也不下坡的走著。左邊是直陡陡的山崖，右邊往下看是馬武窟溪，隔著馬武窟溪的對岸也是山崖直陡陡。對岸直陡陡的山崖是猴子們的最佳表演舞台。遠遠看去，先是看到樹枝搖來搖去，聽到猴子們呼朋引伴的嬉鬧叫聲，再仔細看就會看到一整群猴子們，大大小小攀爬吊著樹枝的從一棵樹吊過另一棵樹，彈跳在半空中跳來跳去。有時看到抱著小猴子的母猴，身手矯捷一點都不輸其他猴子。

當遇到有這樣的表演看，我總要看到猴子們表演結束，走光了，我才繼續我的路程。每次看猴子們高來高去，心裡總想說如果牠們一不小心失手掉下來，那可是二三百公尺的懸崖啊！但我從來沒看到牠們失手過，那大概只是我那時小孩子的一份杞人憂天吧。

這二公里左右的平坦道路上，路邊野生著很多藤蔓攀爬的有刺野草莓。夏秋兩季結滿鮮紅果子，邊走邊摘邊吃，摘多了捧在手裡，汁液流出來常常弄的一雙手像流血一樣。有時汁液滴在白衣服上，回去就被我祖母罵，因爲很難洗，會留下污漬。

走完這二公里平坦道路，就到了一個居高臨下，可以看到整個泰源村的地方，猴子的叫聲也大約在這裡結束。

這裡開始下坡，走到坡底，轉個彎右邊山坡上是一片橘子園。深秋橘子成熟時，路過時總不免要去摘個幾粒橘子吃。有時候橘子園主人會掛上有骷髏頭的標誌，表示剛打過農藥。起先是會有點害怕，過不久也就不管了，心想橘子反正是剝皮才吃的，也就照樣偷摘，摘了找個有水地方洗一洗再剝開來吃。小時候，我們泰源這附近是種一種叫瓦倫西的橘子，長大離開泰源後，在其他地方，我從沒看過有賣這種叫瓦倫西橘子。

吃過橘子後，順著公路轉了兩個彎，就開始走在靠溪很近的路上。馬武窟溪進狹谷前，在這裡回身轉了個大彎，也就形成了個最適合小孩子游泳嬉水的大彎潭。放學回家時，如果有吆喝到幾個同學，那就一定要往那裡去把衣服脫個精光，往水裡一跳，游個半小時一小時，然後才回家。通常這游泳是不能把衣服弄濕的，弄濕了，回去大人就知道你有跑去游泳，一定挨罵挨打。走過大彎潭，就到了村子外的公墓，再過去轉個彎就到了土地公廟，然後走進村子裡。

這條路，在季節變化裡產生各種新鮮好玩。

大約是立春後，我就開始注意看路上經過的那些樹，看樹上是否有鳥巢，看到有鳥巢就爬上樹，看鳥巢裡有沒鳥蛋，有就拿下來帶回家，讓我祖母在煮飯時順便把鳥蛋放進去煮熟。小小的鳥蛋煮熟後，剝了殼沾一點鹽巴，看起來一口就可以吃掉，但我總是捨不得的慢慢吃，吃半天，吃到後來我祖母就罵人了。

有時爬到樹上，不是看到鳥蛋，而是看到毛茸茸的幼鳥，有的剛孵出來還沒長出毛來。小孩子的我好奇愛玩，就把整個鳥巢拿下來帶回家，在豬舍角落偷偷找個地方藏起來。怕我父親知道會挨罵，幼鳥還會被父親拿去丟掉。幼鳥藏好後，我就很認真的養起鳥來，到菜園子裡捉蟲給幼鳥吃，夢想著養出一隻長大會聽我話的鳥。但結果這些幼鳥要不是被我養死，就是變成蛇的食物。常常上學前還去看過數過，放學回來再去看時，就少了一隻二隻，我想是被蛇吃掉的。

其實小孩子的我，跟很多小孩一樣都與生俱來就有很殘忍的本性，許多小動物都在我手上被活活的玩到死掉，養鳥只是其中一個例子。

到了冬天，天冷乾燥，腳趾頭常會乾裂，上下學走在砂石路上，簡直成了酷刑，而且一路上少了新鮮好玩。冬天，連猴子們都很少出現。

冬天僅有的好處，就是霧多。上學出門時，有時我會倒退著走看著清晨曉霧裡我們家那隱隱約約的屋影，屋前竹林苦苓樹也浸在曉霧裡隱隱約約，且隨著我後退走遠而愈來愈隱約，隱沒在茫茫白霧裡。

隔著小溪的對岸谷台地，也都霧茫茫白成一片，白茫茫裡只見散落著隱隱約約的樹影竹影。

曉霧裡最美的是登仙橋。霧中的登仙橋，飄緲在白霧繚繞裡，它懸浮在白霧瀰漫的狹谷中，狹谷裡白霧茫茫。此時眞讓人有幾分置身仙境的感覺，不辜負它名字叫登仙橋。

這條路，我從小學走到國中畢業，從跑給猴子追，走到變成我追猴子。

……兩岸猿聲啼不住，輕舟已過萬重山。

回望過去不只是時光流失的感傷，且還總是滿目瘡痍，一片荒蕪。

前陣子回去，看舊登仙橋已沒了，蓋了座台灣到處都有的新水泥橋。是拓寬了，但怎麼看怎麼醜。橋邊那棵大樹也被砍了，我想村子裡的人想登仙的話，得另外找地方了，這裡已是登不成仙了。

蛇　蘭花　藍寶石　政治犯

蛇，我從小看到大。

除了極小時看到的綠蛇油綠綠竄游水面上的畫面外，其餘對蛇的印象大都是可怕的。第一次看到我祖父殺蛇時，我有點怕，但還是愛看，睜大著眼睛站在離蛇有點距離的地方看。看著我祖父慢慢剝下蛇皮，剝了皮的蛇還在扭動著。我祖父爲了證明蛇已經快死了，可以不用怕牠，就抓著我的手去摸蛇，我一碰到蛇身冰冰冷冷，嚇一跳趕緊把手縮回來，跳開。從此我對蛇留下一種不喜歡的討厭印象，冰冰冷冷的。

蛇只要被我祖父抓到，就會成爲我們家的食物。

偏偏我們那個地方，只要端午節過後，蛇就特別多，走在路上隨便都會看到。我上小學後，上下學走在路上，常常會看到蛇，有些蛇還被車子壓死在路上，壓爛攤在那兒。

我們家養鴨，當早上撿鴨蛋時，常會看到吃了鴨蛋的蛇，吞進去的鴨蛋圓鼓鼓的在蛇肚上凸出，爬不動爬得很慢。這時的蛇最好捉，通常我祖父會拿根鐵鉤子隨手一鉤，就把蛇鉤起吊在半空中。

我祖父殺蛇，蛇膽通常都往我嘴巴丟，他說蛇膽對眼睛好。吃蛇膽不能咬破，咬破會很苦。所以蛇膽一入口緊跟著灌一杯水，一口氣就把蛇膽吞下送進肚子裡。而蛇肉就剁成一節一節，和著薑片燉蛇湯，味道鮮美。如果蛇捉的多，捉到吃不完時，我祖父就把蛇殺好，用細鐵線串起來，繞成一圈一圈放在炭火上烤，烤得乾乾的，是他下酒的好佐料。蛇多的季節裡，我們家飯桌旁牆壁上就會掛著一圈一圈的蛇乾。

我祖父愛吃蛇，但他從來不把蛇拿去泡藥酒。那時鄉下很多人家，家裡都會泡著幾罈蛇酒。我祖父對這一點就是不能接受，我們家也就從來沒有過有蛇酒。

除了蛇膽、蛇湯、蛇乾之外，最讓我記憶深刻的是每當翻修茅草屋屋頂時，那一隻隻爬出來的蛇。茅草屋屋頂，久了茅草會開始爛，會漏雨，所以要翻修。翻修屋頂前，我父親跟來幫忙的幾個 AMIS 青年，會先拿著長竹竿敲打屋頂，在他們敲打下，屋頂茅草裡爬出一隻隻蜈蚣及一隻隻蛇來，蛇一隻隻落入我祖父的麻布袋裡。當屋頂翻修好時，就有一鍋熱騰騰的鮮美蛇湯，來犒賞那幾個幫我們忙的 AMIS 青年。

想起來，我的童年裡好像蛇是無所不在的。連每天睡覺的屋頂上都有那麼多蛇長期跟我們生活在一起。有好長一段時間，我晚上睡覺時，躺在床上盯著屋頂茅草看，就想像著屋頂茅草裡蛇正在爬著。

但我祖父總是跟我說打草驚蛇，叫我如果怕有蛇，就拿根棍子往屋頂輕輕的敲，就把蛇嚇跑了。他說，蛇都是怕人的，蛇遇到人，牠自己會跑掉，只要你不踩到牠，牠不會咬你。

除了蛇之外，我們那裡的深山裡還長著許多蘭花。而採蘭花的人，最怕的就是在深山裡不小心被蛇咬到。

往美蘭一直進去的深山裡，是最多蘭花的地方，很多西部來採蘭花的人，花錢找個AMIS青年帶路，就往那深山裡採蘭花去。

我有個家裡種蘭花的同學，他父親是我們那裡很有名的採蘭花專家。他父親採蘭花不是立刻轉手賣掉，而是把蘭花採下山養在家裡慢慢培植。他們家搭了一個有我們家三倍大的棚子，裡面種滿了一盆一盆的蘭花。小時候聽我那同學說，只要培植成功了，就會賺很多很多錢。可是我怎麼也看不出這些像草一樣的東西，有什麼了不起，看不出它能讓人賺大錢。而且我也曾經跟我們谷谷那邊的AMIS到山上亂跑過，也在潮濕原始森林裡看到過一種AMIS跟我說叫做白菜蘭的蘭花，葉子很大，但我不覺得像白菜，花開很美，很豔麗。可是，從沒見過種蘭花同學家種過這種白菜蘭。而且他們家蘭花是從來不開花的，可是他卻說有一天他們家會靠這些不開花的蘭花賺很多很多錢。

果然有一天，他們家蘭花的葉子上牽線了。後來聽說是賣到日本去，賣了很多錢，賣多少錢村子裡各有傳說，有人說一株賣好幾萬，也有人說一株賣了幾十萬。在村人茶餘飯後的議論聲裡，他們家平房改建成二樓洋房。小時候我一直想不通，他們家蘭花也從來不開花，爲什麼會那麼值錢？只是葉子牽了幾條線就那麼值錢？小時候看那些線，還總以爲是蘭花的葉子生病了。

那時，聽說牽了線的蘭花都賣到日本去，日本人喜歡，搶著買。

在我小時候，還聽說有人在馬武窟溪河床上意外撿到藍寶石。

泰源街上有家泰順旅社，聽說是老字號旅社，開很久了。旅社門口有個中年男人擺著個小攤子，賣檳榔也賣些小孩子的零嘴，到了夏天還會賣賣冰。小攤子最吸引我的，不是那些零嘴，而是那個中年男人拿在手上慢慢磨的藍寶石。小時候放學時都會經過這個攤子，如果剛好看到有在磨藍寶石，我就會停下來，站在攤子旁看著那中年男人磨藍寶石。中年男人手上捏著小小的藍寶石，神情專注的在磨刀石上輕輕慢慢地磨，而旁邊一個便當盒裡擺著一小顆一小顆已經磨成橢圓形的藍寶石，有時也會有幾顆別種顏色的寶石，像瑪瑙之類的。

聽我祖父說，泰源在很久很久以前的日本時代，曾經是很熱鬧的地方。很多西部人聽說這裡有藍寶石，就像著了魔般瘋狂跑來要挖藍寶石，當然賺到錢的不多，而賺不到錢，賠了錢的，許多就留下來，成了這裡最早的平地人住民。

產藍寶石的地方，聽說是在美蘭附近的山，南坑山裡也開採過藍寶石。當年那些西部來挖藍寶石的人，都以泰源爲居住中心，因爲從這裡到美蘭近，到南坑也近。從小就看到泰源街上有三家旅社，三家沒甚麼人住的老旅社。原來這三家旅社就是藍寶石時期留下來的唯一痕跡。

到後來，大約是我小學四年級時，開始有軍中退下來的外省老兵來到我們泰源，想在泰源這附近找個安身之處。來到泰源還沒找到安身之處前，他們就只好先住進這三家旅社裡。隨著時間過去，愈來愈多退伍老兵來到泰源，讓這三家旅社又恢復了藍寶石時期的生意，有錢賺，又熱鬧了起來。

在我小學五、六年級到國中那段時間，這三家旅社彷彿又恢復藍寶石時期的繁華，安頓了許多到泰源的退伍老兵。

剛結婚時，我帶著妻子回故鄉泰源一趟，看到東河橋旁的新路路口上掛著一個觀光大招牌，寫著泰源幽谷。那時我感覺到泰源正努力要抖掉一身灰塵，把自己妝扮成觀光名勝的樣子。那時，除了這三家旅社外，另外還在村子入口，新開了家現代化的旅社。前一陣子，又回去一趟泰源，村子入口那家現代化旅社早沒了。可原來那三家旅社，還剩下二家，仍然經營著，它們起源於藍寶石時期，走過退伍老兵時期，到如今仍屹立在觀光吃山產時期。

泰源那村子裡的人，還有我那些同學們，一定有許多是當初那些對藍寶石著魔，瘋魔跑來挖藍寶石的那些人留下來的後裔。我常這樣猜想著。

政治犯是我們泰源的另一個特產。

在泰源往美蘭的路上會經過一座監獄，它叫清溪監獄，裡面關過許多鼎鼎大名的政治犯。許多要送到綠島關的政治犯，都會先在清溪監獄關一陣子，當然有些就一直關在清溪監獄裡，關到期滿出獄。

小時候，我們那裡車子很少，尤其是大客車，除了公路局的長頭巴士外，很少會有小巴士進來。看到有小巴士來，就知道又有新犯人載來了。

不知道為什麼載犯人的小巴士，有時會在泰順小雜貨店旁空地上停留一會兒。這時候，廣場附近的人就會大呼小叫，嚷嚷著叫大家趕快來看犯人哦，看叫做犯人的人長什麼樣子，是不是三頭六臂，還是生毛帶角。可是我看了幾回犯人後，不免有些失望，既無三頭六臂也沒生毛帶角，只偶爾有一、二個犯人面相兇一點，看起來比較像犯人。其他大部分看起來大都文文靜靜，跟我們學校老師看起來差不多，可是他們叫犯人。

看犯人，我們小孩子會跟著大人對他們指指點點，一副像是「我終於知道犯人長什麼樣子了」這樣子的得意神情。

當政治犯愈來愈少時，清溪監獄少了政治犯，卻多了管訓流氓。

管訓流氓愈來愈多，就再也沒有在小巴士來時看犯人的事了。管訓流氓不坐小巴士來，到底怎麼來的，村子裡沒聽人說過。

關於看犯人，我看到過叫我終生難忘的一次。

那一次，我記得是早上走路去學校時，走到登仙橋附近，看到山崖邊山徑走來幾個阿兵哥，他們押著兩個衣著狼狽像是逃犯的人。愈走愈近，才看清楚那二個逃犯被阿兵哥用鐵線穿過手掌心，把他們二人手串在一起的拉著走，走過山崖走到公路來。我害怕不敢動，嚇呆站在登仙橋這頭，看阿兵哥牽著穿過兩個逃犯手心的鐵線，牽著往泰源方向走，走了會兒，泰源方向一輛軍車開到，他們上車，軍車掉頭開回泰源方向。

這一幕，讓我對痛留下極深刻的感覺。每當想到那兩個被鐵線穿過手掌心的逃犯，我就心頭一陣抽痛，像是又回到當年看到時那一剎那間的心頭抽痛，張大口沒出聲的心裡喊著：「啊！痛……。」

記憶中的家人肖像

TAKE 2

未來，一直來一直來……

（右圖）祖父競選鹿野鄉長時所拍之照片，那時我還沒出生。

（上圖）父親跟老張在我們家門口合照。老張幫我們家趕鴨，他是湖南人，跟著他我學會且喜歡上吃辣椒。這張照片是大姊夫拍的，是我們家少有的生活照，最能反應出當時我們的生活情況。

（下圖）約是我五歲時拍的照片。照片右邊的女人，應該是我們家親戚，只是我記不得該怎麼稱呼她。那時我們家有養羊，所以照片裡我抱著羊。傻呼呼的把羊脖子捏緊緊的，捏得小羊張大著嘴巴，像是呼吸困難般。背景是祖母的菜園，照片裡看到的是種番茄。

梯田上、演講台上的祖父

當初我祖父買這塊地時，大約一甲多，還不到二甲。是他繼續往山坡上開墾，開墾到變成三甲多。

我們家的田，是傍山緩坡一層一層的梯田。

當年我祖父開山挖出這塊地，且從溪谷裡挑大石頭上來，依著地形堆砌疊起一層一層的坡坎，疊了有七、八層的坡坎，像不規則線條般錯落有致的一層層疊山坡上。

我祖父當年是如何能疊出這一層層的坡坎！當初我們家家產被他敗光，他一無所有，沒牛沒牛車，完全用挑的。他石頭要挑多久，才夠堆砌疊出那七、八層坡坎。

照我祖母的說法，那是一個瘋子做的事，只有瘋子才做得到。

而我父親總認爲我們家梯田是我祖父好大喜功性格下的產物，美觀多過實際。

但每當有人經過，當著我祖父面前讚美我們家梯田時，站在梯田上的我祖父，就會很臭屁的說：「……沒啦！沒什麼……挑了二、三個月的石頭，疊起來的。」

我祖父站在梯田上，有時卻會站在演講台上。

有一個記憶，很不眞實，但卻也因此而更眞實。

大約我小學四年級左右，有一天放學，跟往常一樣，我在郵政代辦所拿了報紙，順著斜坡村道往下走，走著走著，突然聽到有麥克風傳來一個熟悉的聲音，像是我祖父透過麥克風在演講。我走向傳來麥克風聲音的地方，看到眞的是我祖父，他站在一個臨時搭的棚架上演講，底下坐著許多村民，男女老幼都有。那是一場政治選舉的競選演講。對當時小孩的我來說，演講是一件很偉大的事，我祖父竟然還會站在台上演講。

或許是因爲過去曾經有過繁華，多少還遺留著一點影響力，雖然那時我們家已經變窮了，可是還偶爾會有些看起來很有派頭的人，到我們家拜訪我祖父。

從我懂事後，就常聽祖父說他對政治是看破了啦。看破了，卻也總有人情包圍盛情難卻的時候。這時祖父就說他人在江湖身不由己，沒辦法只好出馬了。這時，我祖母還是那一句老話：「瘋子！……」她認爲她丈夫從來就是一個瘋子。

「愛展風神就講一句，不用找藉口……」我父親直接這樣說。

或許眞是不甘寂寞的天性使然，我祖父一輩子脫離不開跟政治的關係。

他的政治熱情源自於他當年年輕時參加過農民組合，也源自於流浪大陸時到過延安朝聖。他一輩子掛在嘴邊的話是：「剝削……帝國主義的剝削……」但他出門時永遠口袋裡兩包菸，一包是自己抽的新樂園，一包是拿來請人的長壽菸。

有一次，跟我祖父去台東。車上我祖父看著一份報紙，車過東河時，上來一個跟我父親同一輩的人。那人上車看我祖父在看報紙，就開玩笑調侃我祖父說，看眞的還看假的……。我祖父看也不看他一眼，就直接唸起他正在看的新聞，唸給那人聽。

他就是這樣一個人，好面子，自尊心極強，但很正直。

祖父瘦瘦小小的，很結實。我祖母形容他是「鐵骨子生」。

菜園裡的祖母

不管我們家搬到哪裡，我祖母都永遠會有一個菜園。

四、五歲時，我們家住對岸谷台地山腳邊，我祖母的菜園在小水潭旁邊。四、五歲的我常跟著祖母到菜園裡玩，祖母忙著菜園子裡的事，我在一旁玩我自己的。

後來搬過來公路這邊時，祖母的菜園愈來愈大，溪床邊有一塊，山坡上也一小塊，最大的一塊菜園是在公路邊。

祖母的菜園裡，隨著季節的變化，種出各式各樣的蔬果青菜。從小我唯一喜歡做的工作，就是幫祖母在菜園子裡澆水，一來可以玩水，二來是總覺得祖母的菜園很神奇，過一陣子沒去看它，突然就會有新的種子發芽冒出頭來，或者突然看到茄子、豆子或金瓜、菜瓜開花又結果了。

在我記憶裡，菜園子永遠歸我祖母管。而她大部分的時間都在菜園子裡忙，好像菜園子裡有忙不完的工作，不管是翻鬆泥土挖成一畦一畦，撒種子播種，撒完種子蓋一層薄薄稻草。澆水讓種子發芽變成幼苗，等幼苗長大了些，有些幼苗是要移植的，她就忙著分株移植的工作。移植後，照顧到幼苗健壯起來，又要開始施肥、除草。

像金瓜菜瓜之類的爬藤瓜類植物，還要摘心，摘了心才不會一直長藤蔓，而不結果。而摘了心會讓瓜藤長出更多新芽，開花結果的就靠這些新芽。種苦瓜就更麻煩了，因爲怕被蜂叮，每一條苦瓜都要用捲成圓筒狀的報紙包起來。

就算是冬天，所有的瓜藤豆藤都乾枯死盡了，她仍然種出滿園子的蔥、蒜、茼蒿……。有一種菜只要種了一次就會永遠長在我們菜園子裡，長大割下來吃，割完它又冒芽繼續長，到秋冬時，還有它的花可以吃，這種菜叫做韭菜。到現在我還是非常喜歡吃快火清炒的脆口韭菜花。

夏天是我祖母菜園子最熱鬧繁華的季節。瓜棚上金黃色的菜瓜花苦瓜花，底下垂著一條一條的菜瓜苦瓜。小山坡的菜園子爬滿了金瓜藤蔓，葉子斗大斗大的，花也斗大斗大的金黃，翻開藤蔓看到裡頭藏著金瓜，還沒成熟的綠油油，成熟的黃橙橙。公路邊菜園子裡，一畦一畦各式各樣的菜，有紫色的茄子，有綠色的青椒也有小小紅色的朝天椒。還有爬在竹架子上的菜豆、四季豆、皇帝豆。當然最多的是那些綠色蔬菜。

繞著菜園子四周，我祖母種滿了金針。七月半過後，會開滿金黃色的金針花，這是菜園子最美的時候。

後來，我把從基督教堂偷來的花，種在菜園子四周。種最多的花是菊花，菊花很好種，隨便種隨便活。茉莉花也很好種，後來繁殖到侵占了祖母的菜園，祖母當然是菜比較重要，她把侵占到她菜園的花，當雜草一樣給拔掉。除了菊花、茉莉之外，我還種過芭蕉花、石榴花、大理花、百合花……。祖母允許我在她菜園周圍種花，但不能妨礙到她的菜園。

我祖母在菜園子裡長期固定要忙的事，是抓蟲。尤其是春天天氣轉暖和變熱，很多蝴蝶的卵會孵化，變成各式各樣的毛毛蟲，這時我祖母會一天到晚在菜園子裡抓蟲，免得她的菜被蟲吃光。

「……颱風吹沒去的，蟲吃剩的才是我們的。」我祖母總是這樣說。她種菜不用農藥。

從我有記憶開始，祖母就一直是駝背，駝著背在菜園子裡忙著，那裡是她的天下。

祖母的駝背是太過操勞的關係，且愈老駝背愈嚴重，幾乎彎著腰走路。

唱著日本歌那天的父親

我父親他一輩子跟他父親玩著一種叫「……的相反」的遊戲。

他父親抽菸，他不抽菸。他父親愛喝點小酒，他滴酒不沾。

他父親交遊廣闊，各行各業朋友一大堆。他生活規律，待人嚴謹，朋友就永遠那幾個。

他父親生性豪放，一生大起大落大悲大喜。他生性拘謹，一生務實穩重，但求安穩不求聞達。

他父親愛面子，常不把錢當錢看，村子裡的人總是對他乞食伯長乞食伯短的。他卻一板一眼，一個錢打二十四個結，村子裡的人背後叫他「鹹魚頭」，就是吝嗇鬼的意思。

他父親像是他的一面鏡子，他一輩子都盯著鏡子看，努力做出跟鏡子裡的人相反的動作，鏡子裡的人是他父親。

他父親也就是我祖父。

從小我看著他們不時翻騰著他們之間那永遠算不完的帳。

印象中父親是很少笑的人。他總是板著臉面對生活。他日子過的單純，總是擺盪在田裡跟家裡之間過日子。偶爾有去街上，也都該買的東西買一買就趕緊回家，不像我祖父總要跟人茶餘飯後一番才回家。

我父親會久久去一趟台東鎮上，是去買養豬養鴨的飼料，或買肥料農藥。買完他也是早早就回家。不像祖父還會帶我到處看看熱鬧。

我父親，他受過嚴厲的日本教育，且把那套嚴厲日本教育奉行在他那些子女身上，他永遠相信「不打不成器」。

除了嚴厲的管教外，從小總覺得我父親跟一般農人不大一樣。每次聽他跟別人講話時，他總是喜歡引述某些書上的名言哲理，或某些偉大人物說過的話，引經據典出一番道理來。常常說到讓大家聽得一愣一愣的。這樣的父親，讓我在害怕他之餘，又對他有份尊敬。

當我長大看過父親口中所說的那些書，且在書裡認識那些父親口中的偉人之後，才對我父親慢慢有份理解。在這份理解裡想起童年時那堆在我家倉庫間角落裡的幾個木箱子，木箱子裡放著父親的書。那些書是他從年輕時代一路買過來的，或許在那些書裡，他曾經寄託過年輕時的夢想。但那些書卻被遺落在倉庫間角落裡。

有一次我意外聽到父親忘情高歌唱起日本歌，歌聲昂揚帶著很男人的感傷。記得那是個下雨天，我跟我三姊跟我父親，從田裡一路淋著雨回家，在雨中走著走著，突然聽到走在前頭的父親開口唱起日本歌來，還愈唱愈大聲，沿路一首唱過一首，唱一唱還會想到的回頭跟我們說些他正在唱那首歌的某些典故，或說唱那首歌的歌星當初是怎樣受歡迎，怎樣的談戀愛、結婚……。不只說風光，也說那些歌星的不愉快人生經歷，有的歌星處在痛苦的婚姻生活裡，痛苦到挺不住了，最後以自殺一死來結束痛苦。父親邊唱邊說，說出一些我不知道是誰的人名，以及一些屬於他年輕時代的歌星典故。其實是說著他內心突然湧起的年輕記憶。一路上，父親邊說邊唱，一首接一首的唱，歌聲昂揚，像是又唱回他年輕時代曾經有過的男子漢心情。一直到涉水過溪時他還唱個不停，彷彿不能自已的忘情高歌。那是我唯一看到過的我父親瘋魔樣子。

爲甚麼我父親突然就歌聲昂揚的唱起歌來，那一剎那間他想到甚麼？或者說不知道是甚麼東西觸動了他那一剎那間的甚麼開關，讓他突然就大聲唱起他年輕時的日本歌，且愈唱愈忘我，愈昂揚起他的一份男子漢心情。「……是因爲下雨嗎？你年輕時有一場令你難忘的雨？」好幾次我這樣問父親時，他總是搖著頭說：「無啦！哪有……」甚至說不記得他有在雨中大聲唱日本歌這樣的事。

對父親來說，平常日子裡他沒有唱歌這件事，頂多就是哼歌，哼在嘴裡給自己聽。就連哼歌也是少有的事，而且當他哼歌時，一看到我們小孩子走近，他就不哼了，收斂起神情，又是一臉嚴肅父親的樣子。

只要想到父親，就會腦海中浮起他在雨中歌聲昂揚唱著日本歌的樣子。在這樣的記憶畫面裡，常讓我不禁猜想著我父親曾經有過的人生可能。或許他原本存在著另外一種人生可能，只是他一直沒機會往那邊走去。他這或許可能的人生，是在他長期跟他父親玩著一種叫「……的相反」的遊戲裡的相反掉了，的相反到走不回去了。

在我還沒出生的很久很遙遠日子裡的某一天，當我父親看著他十幾年來素未謀面的父親踏進家門回來，且從此禁止他繼續讀書，因爲讀的是日本人的書。從那時起就彷彿注定了我父親要在他漫長人生裡，跟他父親進行著遙遙無期的「……的相反」。

「……的相反」是他反抗他父親的姿勢，也是對他父親恨意的延伸。

唱著日本歌那天的父親，後來就再也沒出現過。

在雨中，父親歌聲昂揚，沿著回家的路，他一首唱過一首……。

倉庫間裡的骨灰甕

我對我母親的印象，最早只是一句話：「你老母去蘇州賣鴨蛋了。」說到我母親，家裡大人們總這樣跟我說。

到比較懂事時，才知道我母親被裝在一個封著紅布的骨灰甕裡。而這個骨灰甕一直放在我家倉庫間裡。當年母親過世時，信基督教的父親，採行火葬將母親燒成骨灰，裝在這個骨灰甕裡。也不知道為甚麼不拿去埋葬，而一直放在倉庫間裡。家裡大人們也從沒談起過母親的骨灰甕該怎麼辦，好像理所當然母親的骨灰甕本來就該擺在那裡。

小時候，我最怕去倉庫間。每當萬不得已非進去倉庫間拿東西不可時，只好硬著頭皮，忐忑不安的打開倉庫間的門，站在門口先看好要拿的東西擺在哪裡，同時會忍不住眼光害怕的看向骨灰甕，心裡告訴自己不要怕，但卻害怕到聽得見自己的心跳聲。但東西總要拿啊，只好鼓起勇氣衝進去，拿了東西就往外衝。

更慘的是，我們家的尿桶偏偏就放在倉庫間裡。照一份我祖母種菜的需要，所有人都要在尿桶裡大小便，因為那是我祖母種菜的肥料。通常我都趁著大人們不注意時，隨便找個地方解決。但常常被大人們看到，被看到就難免被唸被罵。如果被我祖母看到，她會打人。每當這時候，我祖父總會說：「奇怪咧！那甕子裡是你老母，你老母她會對你怎樣？就算做鬼做神，有也是保祐你，哪會害你……」祖父這樣的話，我不知聽他說過多少遍，但我就是害怕，就是不敢到倉庫間的尿桶裡大小便。

這種情況，到了小學三年級左右才慢慢有了好轉，漸漸不那麼怕那個母親的骨灰甕。

大約是國中一年級時，有一天午後，我父親突然叫我跟他出門。他把我母親的骨灰甕交到我手上，我一時愣愣的接過抱著，父親拿了圓鍬十字鎬的說：「走，來去把你媽媽埋起來。」就這樣我抱著母親骨灰甕跟著父親走。

抱著母親骨灰甕，跟在父親後面，涉水過溪走上谷谷台地，順著水溝路走，走到我們家那塊微微凸起的丘陵番薯田。父親在番薯田最高的地方開挖，父親挖累了就換我來挖，挖了一個大洞，然後把母親骨灰甕埋進去，填了些土微微隆起，父親搬一塊大石頭當墓碑，面向東河橋方向的放下。埋好母親骨灰甕，我們父子都流了一身汗。我們坐在番薯田上，靜靜看著東河橋方向。「……埋在這裡，你媽媽應該會很歡喜，四面都是山，看出去很開闊，東河橋過去就是海了，你媽媽愛看海。」這是那天我父親對我說的話，我聽了心裡酸酸痲痲的，像是失去甚麼又像是得到甚麼。這種感覺，是從抱著母親骨灰甕跟著父親走時，就隱隱約約有了。一路走著，母親的骨灰甕抱在懷裡，感覺上從沒跟母親這麼親近過。

記憶中，那天我們父子倆好像坐了很久，有個印象是我們離開時，看到太陽已西斜在東河橋那邊的河谷山谷裡，昏昏黃黃的斜著。

母親葬在我們家這個微微隆凸的番薯田裡，至少葬了十年以上，直到我祖父撿骨時，才把她跟我祖父祖母合葬在鹿野隆田公墓裡。

我永遠記得小時候倉庫間裡那個令我害怕的骨灰甕，骨灰甕裡住著我母親。從小我就這麼認爲。

鴨蛋姑娘

鴨蛋姑娘，她一頭長髮披肩。沒事時用個髮箍往額頭一套，任她的長髮飄著。有事忙起來時就用橡皮筋把長髮一束，乾淨俐落。

鴨蛋姑娘，她是我三姊。

我三姊叫鴨蛋姑娘，是因爲她每天要騎著腳踏車，把我們家的鴨蛋送到附近每個村莊的每家雜貨店裡。

每天一大早就會看到三姊忙著把從鴨寮裡撿回來的鴨蛋，分裝到大木箱，大簍子裡。大簍子是用月桃的莖片編織成的。她底下先鋪一層粗米糠，然後再一層鴨蛋一層米糠的把鴨蛋裝進木箱及簍子裡。

鴨蛋裝好，就掛在腳踏車前頭手把，兩邊各掛上一簍滿滿的鴨蛋。大木箱滿滿一箱鴨蛋，就往後座綁好固定。就這樣，我三姊踩著腳踏車出發，去把鴨蛋送到每個雜貨店。她鴨蛋送最遠，往北會送到成功，往南會送到都蘭。她騎著腳踏車，一趟大約要兩個多鐘頭的路程。所以她早上一出門，回到家就剛好是煮午飯的時間了。

三姊自從賣鴨蛋以後，就有私房錢了。

那時剛開始有雞絲麵，我三姊常趁大人不注意時，偷偷煮雞絲麵吃，通常我多少能分到一些吃。在那時吃雞絲麵算是莫大享受。尤其是背著大人們偷吃，吃得很緊張，這讓雞絲麵感覺更加好吃。

三姊因爲到處賣鴨蛋，所以人緣很好，大家也都讚美她是做生意料子。在她十六七歲時，就有一些買我們家鴨蛋的雜貨店老闆或老闆娘，希望能娶我三姊做他們家媳婦。因爲還小，就都只是說說，沒眞正認眞過。只有一次，東河一家麵店雜貨店兼著開的老闆老闆娘，他們很認眞的來提過親，我們家大人們也還認爲不錯。後來三姊也就跟他們家兒子交往過好長一陣子。到後來他們家兒子去當兵，還跟三姊有情書往來。那陣子，我還參謀過我三姊的情書，幫她出過意見。

三姊這件事，是結束在她後來認識一個推土機司機的情況下。

更早之前，我三姊在我們學校當工友時，常會有一個男孩子拿信叫我轉交給她，三姊從來沒回那男孩子信。但那男孩子斷斷續續，大約透過我轉交了一年的信給三姊。

燙髮學徒的二姊

在我極小的時候，因坐車不用錢，而常跟著父親或祖父去台東玩。

通常一到台東，父親或祖父就把我放在二姊或大哥工作的地方，然後趕著去辦他們的事情。等事情辦完了，再來接我。

二姊工作的地方是美髮院，老闆娘人很親切，總是笑臉迎人。美髮院裡，進進出出都是時髦女人。她們一個個都一身穿著打扮光鮮亮麗，踩著高跟鞋……篤、篤、篤的走進來，往美容椅一坐，或洗頭或吹髮或修指甲……或把她們頭髮捲成一捲一捲，往一個玻璃罩底下一坐，把上滿一捲捲捲子的頭放進玻璃罩裡，燙起頭髮來，慢慢的燙到玻璃罩冒著熱氣……。而那時當學徒的我二姊，就看到她忙著遞毛巾收毛巾，忙著掃地，忙著整理燙髮捲子，雜七雜八有忙不完的清洗整理工作。

在二姊美髮院裡，我總是吃喝不缺。老闆娘很會逗小孩，忙碌中走過坐在長椅上小孩子的我，總不忘逗我一下，伸手拍拍我臉頰，或用手指搔我脖子、腋窩，搔癢讓我笑不停。而且任何時候只要店門口有叫賣的小攤子經過，不管是豆花、杏仁茶、麵茶……她都一一買來招呼我。除了吃的以外，二姊美髮院是在比較熱鬧的地方。印象中在他們店外街角的地方，有一家戲院，畫著一幅幅很大的看板，看板上每個人看起來都很好玩很有趣的樣子。記得我二姊有帶我進去看過電影，黑白的，好像是台語片，是喜劇，因爲戲院裡都是觀衆的笑聲，至於劇情就一點也不記得了。

長大後，聽二姊說，才知道那時當學徒是很辛苦的，不只要掃地洗毛巾圍巾，還要洗老闆娘一家人的衣服，同時還要幫老闆娘帶小孩。還好老闆娘對她很好，雖然辛苦但也一直做下去，學成出師後還留下來繼續做美髮師。一直做到結婚後，二姊才跟她丈夫回台中夫家。

二姊當學徒的美髮院裡，牆上貼著一張張時髦髮型的東洋明星照片，磨石子地板上來來去去踩著高跟鞋聲音……篤、篤、篤的交錯著時髦女子們那款款輕擺的腰身，或輕盈或急促，但都往美容椅一坐，就有美髮小姐服侍著。而電唱機裡不斷流洩著流行歌歌聲。此時，角落裡我二姊或掃地，或遞毛巾收毛巾，或整理著燙髮捲子的忙碌著……。

「……未出嫁的小姐，嗯、嗯、行動淡薄帶風騷，也若有也若無……可比思戀春天的黃櫻桃……你有趣味不用客氣 one……拿入嘴裡就在氣味 two……酸澀酸澀甘甜甘甜 three……one two three 春天的黃櫻桃……」電唱機裡流洩出的那時代歌聲，我最記得這首紀露霞唱的〈黃櫻桃〉。幾年前意外又聽到這首歌，舊版翻製成CD，還是紀露霞唱的。

在歌聲裡，我想起當年二姊當學徒時的忙碌樣子，那時她十三、四歲……。

會理頭髮的大姊

從小我的頭髮都是我大姊在理的。從我懂事有印象開始，大姊在我們泰源村子裡，一家叫龍飛的理髮店裡當理髮師傅。

大姊是個性很強的人，她是我們家裡最早跟我祖父到泰源的人。跟著我祖父種泰國麻，種玉米。山坡邊新開墾的土地，土壤肥沃，種出來的玉米，長的漂亮健壯。莖桿粗壯葉子肥厚深綠，眼看豐收有望。可是就在開花結穗時，來了個大颱風吹平了所有的玉米。我大姊看著被吹平的玉米田，哭著說她不要做了，她一輩子都不要種田了。長大後，每當回憶起這段記憶，大姊就會這樣說：「……就一直哭一直哭啊，整片玉米被颱風吹得平平平……都沒了，我就邊哭邊跟阿公說，不做了不做了……我永遠不要做田啊！……」那時大姊十三、四歲，我祖父送她回鹿野父親家。

回鹿野，我父親跟我母親商量讓她去當學徒學個手藝。我母親在附近一個叫瑞源的地方，找到一家理髮店，說好按月送個二三斗米，才讓老闆娘答應收我大姊當學徒，學理頭髮。就這樣，大姊當起學徒，跟那時代所有學徒一樣，要掃地、洗毛巾圍巾，還洗衣煮飯樣樣都做，像女傭一樣做了那一家人大大小小的家事。大姊沒二姊的好運，她遇到的是刻薄老闆娘，碎嘴愛唸人，遇到大姊什麼事沒做好，或做的不如她意，她就伸手往大姊腿上一捏。大姊每當講到這段她當學徒的日子，都還隱約有著一份不甘心。

大姊學徒做了將近一年左右，我們家才不用再按月送米去。那時我母親過世，全家搬去泰源跟祖父住，大姊繼續留在瑞源那家理髮店當學徒。且慢慢的有了微薄的薪水領，做足三年四個月終於出師。

出師後，大姊立刻就離開那家店，回到我們泰源龍飛理髮店當理髮師。到這時，大姊終於可以很大聲的說我會理頭髮了。

一直到她離開泰源，去台東鎮上工作前，我們家男人的頭髮都是我大姊理的。

百貨行裡的大哥

大哥百貨行裡，琳琅滿目甚麼東西都有。

那時的百貨行幾乎甚麼都賣，舉凡針線、鈕扣、拉鍊、白花油、明星花露水……拖鞋、雨衣、雨傘、及各種男裝女裝，包括帽子、頭飾衣飾……林林總總眼花撩亂。而百貨行裡的大哥，永遠臉上帶著微笑的努力把貨品賣給每個上門的顧客，不管男女老幼一視同仁。

小時候對大哥，及對他工作的百貨行，就是這樣的印象。

大哥是被僱請在百貨行裡當店員。因爲當店員所以他永遠一身乾淨整齊，頭髮抹油斜分梳成油亮亮的西裝頭。襯衫加西裝褲是他永遠不變的穿著打扮，天氣熱，襯衫會變成短袖的，天氣冷，就穿長袖襯衫，再冷就加件夾克外套。到後來卡斯米龍流行，才看到他冬天偶爾會穿上套頭毛線衣。大哥是行爲嚴謹，個性溫和的人。話不多，除了做生意招呼客人以外，其餘時間都很安靜。

大哥的老闆是個中年人，印象中老愛捏我鼻子，說常常這樣捏，鼻子才會長得又挺又尖，長大才會變成帥哥。可是那時小孩子的我，就是不喜歡被捏鼻子，都會閃他跑給他追。但他總趁我不注意時，就動作迅速的捏一下我鼻子，眞是防不勝防。有時候店裡生意忙，大哥跟他老闆沒空理我，我就自己玩自己的。我老是喜歡搬出一張張合著靠在騎樓牆壁上的木椅，搬出來一張張打開，然後輪流在每張椅子上坐一下，這張坐坐那張坐坐的自己玩著。有一次還被大哥的老闆拍下一組照片，把我搬椅子玩的整個過程都拍下來，算是我最早，也是唯一一次的寫真集。

照我父親的計畫，在我大哥初中畢業時，原本他有機會擁有一家以他名字命名的腳踏車行。但不巧，那時我們家突然很快從富有變成窮困，讓我父親再也沒能力開一家腳踏車行給我大哥。但父親那時的心情是很希望家裡能出個生意人，所以也就安排我大哥去百貨行當店員。從我有記憶開始，大哥就一直在百貨行當店員，一直當到他入伍當兵。

大哥一身光鮮，乾淨整齊的站在百貨行裡，永遠嘴角掛著微笑的迎來送往著客人，這是我大哥在我心目中留下的最初也最鮮明的印象。但那樣的大哥終究還是沒做成生意人。

退伍後，他進入我們泰源國中做了幾年幹事的工作。那時我還沒進國中，還讀小學五、六年級。那時才剛實施國中教育沒多久，學校剛建立，正是百廢待舉事如牛毛。大哥職務是幹事，但還身兼出納管帳，加上他生性嚴謹，凡事都要做得清清楚楚，而且他人善良，不懂得拒絕，就總是攬了一堆事在身上。那樣的大哥，常常加班到深夜拖著疲憊的身影回家，且在工作壓力下，開始胃痛起來。結婚後，又做了一陣子，做到實在是撐不住，他簽了三年半的志願役，選擇再去當兵。由於事先沒跟我父親、祖父祖母商量，讓他們很生氣。自做主張簽志願役的事，算是我大哥鬧過的一次不大不小的家庭革命，也是唯一的一次。

志願役當完，退伍後，大哥帶著妻子女兒到桃園住，夫妻倆都進工廠上班。大哥進入美商RCA電子公司，從此一做就做到RCA撤離台灣，而陷入中年失業。那年，他四十七、八歲，而剛入RCA時他才二十七、八歲吧。RCA說台灣工資太高了，他們要去另找便宜勞工。但撤離時，給予的資遣費，微薄。我大哥領到約三十出頭萬。他在RCA工作了將近二十年。

「……別想太多，單純就好，一世人能夠單單純純過日子，就萬幸了……」我大哥常這樣說。至今，他花一輩子的力氣要的只是一份單純過日子。

這時，我忍不住想學我祖父說一句：「剝削！資本主義社會……」

我聽說……

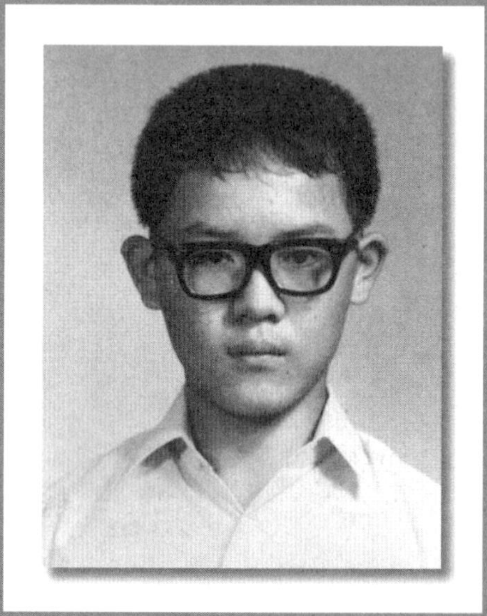

未來，一直來一直來……

（右圖）從小眼睛好，沒戴過眼鏡的我，大約是一時的虛榮心，覺得戴起眼鏡看起來比較會讀書有學問。照片中戴著眼鏡的我，神情嚴肅。背後卻隱藏著一股強烈的虛榮心。

（上圖）這是我們家最古老的照片。照片中是我曾祖父、曾祖母和我姑婆、姑丈公，以及他們的小孩的合影。那時期我祖父大約是在中國大陸過著漂流的生活，而我祖母靠著幫傭獨力扶養我父親。

（下圖）我拍《春花夢露》時的工作照。背景是祖先神案及遺照。這部電影我試著呈現人跟家庭的宿命關係。每個生命都跟 神案上那些素未謀面的祖先們，有種難以言明的宿命關係。

我聽說……

我聽說，然後我記住，或者忘記。

記住或忘記，都是一種天性本能的不自覺選擇。選擇那些記住那些遺忘。然後不斷聽說不斷記住一些，也遺忘一些，慢慢就形成了一種屬於「我聽說……」這樣的記憶狀態。這樣的記憶在長長時間裡沉澱累積，且經由自己一份想像力發揮的編織下，不自覺的慢慢把聽說來的人、事、物編織成一種只有自己才會這麼想的記憶狀態。

於是開始「我聽說……」。

「我聽說……」在這裡說的是我還來不及參與的事。也說的是我那些來不及認識，素未謀面的祖先們。

或者是一些我參與，謀面了，但還小還來不及有記憶時的人，的事。

「我聽說……」聽祖父說聽祖母說聽父親說，聽哥哥姊姊們說……。

但，「我聽說……」並不再只是一種「事情就是這樣子的。」的絕對眞實轉述，而是一種「我是這麼想的，這麼認爲的。」這樣的心裡眞實。

我聽說，在我還沒出生的很久很久以前，在雲林斗六附近有個叫牛擔灣的小地方。在這個牛擔灣小地方上，已經生活著一群叫做我的祖先的人。我來不及認識，也跟他們素未謀面，但說到我還得要從他們說起。

我聽說，我們家這個家族在牛擔灣這個地方，生活了好幾世代人。

經過幾代人，累積了一些田產，到我曾祖父那一代，已經日子過的還不錯了。對我曾祖父曾祖母來說，唯一的遺憾就是膝下無兒無女。聽說我曾祖母不是不能生，她生過幾胎，但都染病早夭，沒機會養大。一直到生了我祖父，怕又養不大早夭，就聽了算命的話，故意給我祖父取了一個叫「乞食」的名字。算命的說，取個難聽的名字，這個小孩才能避過鬼邪，比較有可能養活養大。不知道是算命的話準，還是我祖父本來就命該活著長大，活到六十歲時，還改了一個叫「全餘」的名字，且在這個名字裡活了十九個年頭。過世時，他七十九歲。

牛擔灣的男子漢

可能是因爲前面幾個孩子都早夭過世，我祖父的童年得到他父母親很多寵愛，呵護有加的長大。他可以到漢學堂讀書識字，而不用像那時的大多數小孩，很小就必須跟著父母到田裡工作，甚至負擔家計。

後來我曾祖母又生了一個女兒。雖然他有了妹妹，但他還是父母親眼中的獨子，寵愛不減。據我祖父說，他漢學堂其實讀沒多久，只是讀到識字的階段。但不是家裡不讓他讀，是他脾氣不好，常惹是生非打哭其他小孩，打哭了別人，再來就是他要被老師打。當時漢學堂老師都很威嚴，管教嚴厲，手上一把厚厚戒尺，打起小孩來毫不留情。大多數小孩子，通常只要被打個幾下就痛得哭著叫以後不敢了。而我祖父被打時，他咬緊牙根忍著，就是不哭著說以後不敢了。也就惹得老師更生氣，打得更兇更厲害。打哭其他小孩打多，也就被老師打多了，後來就乾脆不去讀漢學堂了。

我祖父說，被老師打，他一次也沒哭過，只偷偷擦過不甘心的眼淚。「這叫做敢作敢當，男孩子要敢作敢當。」小時候當我被父親處罰，打哭時，祖父就會這樣跟我說，拿他小時候被老師打的經驗來安慰我。

漢學堂不讀了，但終究讓他識字了。識字就看得懂書，閒著沒事時，就開始找些閒書看，《水滸傳》、《西遊記》……一路看起，看上癮看成了習慣。到他後來長大，開始承擔一些家裡工作。當他被他父親攤派去趕鴨子時，他就一手長竹竿，一手籃子，籃子裡裝著演義小說。通常只要趕到鴨子們把牠們那扁長的嘴巴嚕在水裡不斷覓食不肯走時，也就到了他看演義小說的時間了。他找個樹蔭下拿出籃子裡的演義小說，看了起來。就這樣把《封神榜》、《三國演義》、《隋唐演義》……一本本看完，且成了很久很久以後，當他老了時，在夏日午後的納涼裡跟他小孫子說的故事，說了很久說也說不完的故事。他小孫子聽多了他說故事，到後來也喜歡跟人說故事。他那小孫子就是我，從小聽他說《封神榜》、《西遊記》、《三國演義》……。

我祖父約是演義小說看多了，感染了一份英雄好漢的氣息。從少年起他就喜歡結交朋友，且不拘三教九流。隨著朋友愈來愈多，他就往牛擔灣以外的世界走去，走路有風像是雄赳赳的公雞般招搖過市，遇有不平之事總要管一管。人多勢衆管了有用，愈管愈多管出了成就感，就當自己是演義小說裡的英雄好漢，彷彿英雄了得要管盡天下不平之事。照我祖父的說法，那是在見世面長膽識，也長了志氣。

「……你阿公哦，他自小漢就相打雞仔啊。」這是我祖母的說法。相打雞仔就是鬥雞。在我想像中，當年我那少年祖父一定像隻小公雞般氣昂昂的急著去逞兇鬥狠。逞兇鬥狠後，小公雞雞冠上滴著血，但還要往高處挺挺一站，傲然引頸長啼。這樣的一次、二次、三次……無數次後，到二十歲左右，他成了牛擔灣附近的流氓頭之一。

當了流氓頭，就常常要代表牛擔灣附近村里，去跟外面的流氓談談判，維護牛擔灣附近的地方利益。對這樣的事情，我祖父一直很自豪。在他們那時代，他當流氓是要保護地方，不讓外人來欺負。是除了日本警察之外的一種暗地裡維持地方上安全跟秩序的力量。雖說流氓人多勢衆，且勇於逞兇鬥狠，但要贏得村子裡人人信服，就還要敢作敢當說話算數，要有福同享有難同當。我祖父說，他們那時當流氓不只是要讓人家怕，還要讓人尊敬，才是一個成功的流氓。

當了流氓頭，也就被日本警察注意盯上。偏偏他讀漢學堂時累積了些民族情感，心裡暗暗討厭日本人。當了流氓後，膽子大了，遇到看不慣，實在看不下去的日本人，就暗中找機會把那日本人修理一番。在這樣的情況下，有一次終於把一個日本人打成重傷。

我祖父說，原本只是看不慣想警告幾句，讓那日本人知道怕就好。沒想到那日本人不但不怕，還拿話激他們，當做他日本人就很跩，就沒人敢動他。一來氣不過，二來在衆人面前不能漏氣，所以我祖父就動手打那日本人，日本人被打想還手，但還來不及還手就被旁邊我祖父那些流氓兄弟們圍上來打倒在地上，打成重傷。事情是發生在虎尾一家菜店（酒家），我祖父跟他的流氓兄弟們在那兒喝酒尋歡，跟一個酒後惡形惡狀的日本人發生衝突，衆目睽睽之下跟他的流氓朋友們把那日本人打成重傷。事情鬧大，他被日本警察逮捕，但在雙方都有錯的認定下，判拘留二十九天。關滿二十九天出來，牛擔灣的人更當他是好漢。

我祖父卻在關出來沒多久後離開牛擔灣，往彰化台中一帶去。

關於我祖父那時爲甚麼要離開牛擔灣，沒聽他說起過。問他也絕口不提。「怕了啦，怕又惹事，又被日本大人捉去拘留二十九天。」這是我祖母玩笑調侃我祖父的說法。但依我對我祖父的瞭解，我知道他是絕對不會因爲被關這件事，而產生一種像「改邪歸正」這樣的教訓。有教訓的話，是教訓他從此藏起對日本人的不滿，不輕易外露。但又不能把牛擔灣人當他是好漢的期待當作不存在。「要藏起對日本人的不滿，還是當村人眼中的好漢。」相互矛盾煎熬著自尊心極強的他。最後他受不了，終於選擇離開。這是我的猜想，猜想他當年是這樣離開牛擔灣的。

敢做這樣的猜想，憑的是一份我對我祖父這樣一個人的瞭解。他愛面子又自尊心極強，如果照我的猜想，當年他眞的是懷著挫敗心理不榮譽的離開，當然他就絕口不提了。或許他當年的挫敗還不只我猜想的這樣，是怎樣嚴重的挫敗會讓他到老了還絕口不提。這已經不是我能猜想得到的了。

他絕口不提的不只是他爲甚麼離開牛擔灣，還絕口不提他離開牛擔灣後過怎樣的生活。只聽過他輕描淡寫的說是在鹿港一帶，這邊朋友住一陣子，那邊朋友住一陣子，過著居無定所的日子。

我祖父也從來不提他跟女人之間的事，或戀愛或短暫風流。唯一提過一次他後來流浪大陸時，在上海跟一個日本女人同居的事。提到的是關於那女人的一面日本國旗，而不是他跟那女人之間的情愛。從來沒聽他說過年輕時愛過怎樣的女孩子，或做過怎樣的風流事，感覺我祖父好像是個不需要愛情跟女人的男人。我想，其實那是因爲他是個男子漢，且是一個自尊心極強的男子漢。男子漢的他，女人情愛當然就其次了，兒女情長就英雄氣短了。

那時代許多男人，胸膛搥到瘀青就是要當男子漢。我祖父更是。

離開牛擔灣，再回來時，他是被他舅舅押回來結婚的。那時我祖父已經加入農民組合。

結婚

我祖父加入農民組合，可能是讓他藏在心裡那對日本人的不滿，找到了出口。那時他才剛加入，跟著人家搖旗吶喊的在中部一帶活動。就在這時，他舅舅找到他，硬押他回牛擔灣，押回家結婚娶老婆。

在他心裡還來不及有娶老婆這個念頭時，就被他舅舅押著回去娶老婆。但獨子的他，對結婚他完全沒說不的權利，家裡等著他趕快結婚，趕快傳宗接代。

「……本來我是覺悟說自己是羅漢腳仔命啦！……就孤子啊，沒法度，阮阿舅把我押著，講親戚都看好了，回去結婚……就這樣子，我能怎樣！……」回憶起他的結婚，我祖父大約是這樣說。

「……就父母作主啊，人來講親戚，講要做給鴨母玉仔他後生（兒子），我阿爹阿娘就應人一句好，就這樣就嫁了……要嫁之前，連你阿公生做圓的或扁的也不知，也不曾看過……」我祖母是這樣說她的結婚記憶。

結婚當晚的洞房夜，我祖父是睡在長板凳上，並沒進洞房跟我祖母睡，且還連著好幾夜都是這樣。對這一點，我祖母一輩子無法釋懷。祖母說，若不是我祖父他父親跟他舅舅輪流守在房門外，說不定我祖父結婚當晚就離家出走了。對這一點，我祖父承認，他自認是天生羅漢腳仔命，本來就不應該結婚。

結婚後，他們一起生活不到三個多月，就爲了一件事暫時結束了他們才剛剛開始的婚姻生活。這一暫時就暫時了十幾年。

結婚，讓我祖父回復在牛擔灣生活的日子，在這些日子裡，他慢慢找回跟舊日那些流氓朋友們的感情。

結婚了，這個流氓，多少不能再像以前那麼自由，尤其是出遠門去參加農民組合活動。但他總還是找機會偶爾出遠門，多少去感受一下馬克斯思想氣氛，且把這氣氛帶回牛擔灣，給他那些流氓朋友們。

我想我確定我祖父是沒讀太多馬克斯的，但當農民組合的人跟他說，日本政府把咱台灣人當作是他們的奴才，他們透過製糖會社、鳳梨會社控制咱台灣的農產品，而且剝削咱廣大的台灣農民……。這些話已夠讓他熱血沸騰了。從此，他深埋心底的那對日本人的不滿有了出口。

當他因結婚，而重回牛擔灣生活時，他已不再只是一個地方流氓，而是一個開始民族主義覺醒的流氓，且到後來成了左傾流氓。

結婚不到三個月，事情發生了。

那時是鳳梨採收，鳳梨會社用公定價一個鳳梨三分錢，跟農民收購，引起農民不滿反彈。農民的反彈，是因爲當初三井鳳梨會社，一株鳳梨苗賣他們三分錢。種到鳳梨成熟收成，三井鳳梨會社只給三分錢就要買我們一顆鳳梨。不要說工錢，連肥料錢、農藥錢，農人們跟誰要。「剝削，這就是日本人對咱台灣人的剝削，也是資本主義的剝削。資本主義，帝國主義對勞苦農民……」我祖父到了老年，每當說起當年這件事，都還是一臉忿忿不平。

當年，我祖父就是忿忿不平的鼓吹，且帶著農民們去圍斗六郡衙所，揚言若得不到合理解決，他們就要把郡衙所燒掉。當然，郡衙所沒被燒掉，日本人給了農民一點補償，而平息了民怨。但卻對幾個帶頭的人展開追捕。在這種情況下，我祖父坐上漁船偷渡去了大陸廈門。

就這樣離開他新婚不到三個月的妻子……。

離開牛擔灣夫家

我祖母是一個非常生命堅韌的女人。她的生命堅韌，一方面來自她那天生刻苦耐勞的個性使然，但更多的是造化捉弄她，讓她經歷著人生漫長的苦難，且在這苦難裡練就出堅韌生命。對此，我祖母總是淡描一句：「……去給天公伯作弄去啊，一世人就業命（命硬辛苦）啊，業命就要韌命……。」

當她結婚不到三個多月，丈夫就被日本政府通緝而偷渡大陸，從那時起，她的婚姻就被詛咒了。公婆把責任歸到她這媳婦身上，認爲是她命硬才帶來這樣的不幸。偏偏過不久，我祖母發覺她懷孕了。可是事情好像並沒因此而出現轉圜，因爲我祖母後來開始到有錢人家裡幫傭，洗衣煮飯，打掃整理房子。如此賺錢養活自己，漸漸脫離她牛擔灣的夫家，不用再生活在公婆的冷言冷語和白眼對待下。

對我祖母來說，我曾祖父曾祖母是她眼中的無情公婆。因爲在她最艱困無依的歲月裡，並沒得到來自夫家有多少幫助。孩子生了，她一個人帶著我父親過日子，繼續靠著幫傭賺來的錢，獨自養大我父親。

但，一件事情的發生，造成我祖母一輩子的痛。

這件事是我曾祖父把所有田產財產都給了她唯一的女兒女婿。當我祖父偷渡離開後，愈來愈跟家裡沒連絡，到後來就像丟了不見了般失去任何連絡。照我祖母的說法是認爲我祖父這個人就是這樣，出去最好當他丟了不見，省操煩。我祖父無奈的說那是他的羅漢腳仔命。而我父親卻說其實那叫做無責任感啦。

當我祖父跟家裡斷了音訊連絡愈來愈久後，我曾祖父大約對他這個唯一兒子愈來愈死了心，且意識到將失去他原本寄望的晚年依靠。在這種心情下，我曾祖父能依靠的只剩下他唯一女兒，所以就做了決定把家產財產都給了女兒，打定主意從此晚年依靠女兒女婿。

而當我祖父從大陸回來時，這一切已成爲事實很久了，加上我祖父強烈的自尊心，讓他不願意再去跟他父母跟他妹妹，要任何家產，連開個口都不肯。我祖母說她當時很失望，想說家裡終於有了男人，總該能要到自己該得的那份。這件事我祖母傷心一輩子，不能釋懷。到很老時，當她中風躺在床上，神志迷糊失去現實感時，她在一種分不清現在和過去的狀態裡當作正在發生般的說起當年這件事。那時她已被病痛折磨的瘦到皮包骨不成人形，一張臉瘦到像包著一層皮的骷髏頭，眼孔深陷成兩個深洞窟窿，而深洞窟窿裡的眼睛卻常睜大大的瞪人，瞪著她面前空氣中那不存在，她卻看得見的那些她過往生命中該恨該怨的人。瞪著他們，一個個又罵又哭，快意恩仇毫不留情。

業命刻苦，自我壓抑了一輩子的我祖母，卻在久病後的神智模糊裡回到過去，她終於得以盡情快意恩仇了。

我祖母一輩子最大的安慰，是我父親的孝順。當年她就靠著幫傭賺來的錢，撫養這唯一的兒子長大，且供應他讀到日本公學校高等科畢業。當時的高等科，相當於現在的初中。在我祖母眼中，一直很滿意我父親這個兒子，不只讀書成績好，又孝順。我父親還在讀書時，就會自己去找個每天早上送牛奶的工作，且把賺來的薪水都交給我祖母。他每天送完牛奶，老闆會給他一瓶熱牛奶做爲福利，他自己不喝，拿回家給他母親喝。小時候，當聽祖母說這事時，總覺得像是書上的二十四孝故事，所以半信半疑，沒認眞當回事。愈來愈長大，在很久很久以後的現在，我知道那不只是用孝順兩個字就可以簡單說清楚的。那是他們母子在一份漫長的命運折磨裡相濡以沫，扶持與共走過艱苦歲月的刻骨感情。或許可以說，這其實是一種革命感情。對我父親的孝順，我這樣理解。

當我祖母帶著我父親走在艱難歲月裡時，我祖父正在大陸流浪漂泊，他見識了上海的繁華，也去了延安見識了東方的紅太陽……。

上海繁華跟東方紅太陽，到底先見識到哪個，我不清楚。

其實我祖父對他的大陸漂泊生活說的不多，一來我祖母我父親不喜歡聽，說多了刺耳，又要舊恨重提。二來人在異鄉漂泊，大約也一事無成，可說之事甚少。聽他提起上海時，好像我已不小。那時應該是我進國中前後，有天晚上他帶我去看李小龍的《精武門》。或許是《精武門》時代背景是殖民時期的上海，又加上電影裡通篇民族大義的情節，而觸動了他內心的激情，讓他想到他在上海的日子。看完電影，我們拿著手電筒照路，走山路回家時，一路上他跟我說著上海。大約是說了些上海的繁華，上海人的講派頭，愛比較。在家裡可以窮，但一出門就不能窮，吃的穿的都要講究，就是不能讓人看不起。上海人繁華的海派作風，說到最後都被我祖父歸結到民族大義下批評一番，算是結論。

但是現在想來，我祖父身上不是沒有他口中批評的上海人墮落。他出門時，不管多近多遠，都一定要換出門的衣服，手上會戴上平時不戴的手錶。且口袋裡擺上長壽菸，人多時拿來請人抽也自己抽，沒人時又回到抽他的便宜新樂園。且每當家裡有親戚來，他就喜歡叫照相師傅來家裡拍幾張照片留念……。或許這是他上海時期的遺留痕跡。

一路上，祖父除了說些如今我已記憶模糊的海派生活外，還說了一個他自己的故事，那故事我是記得的。

印象中，我祖父是說他曾經跟一個日本女人一起住過，跟日本女人住那段期間，對她在房間裡擺一面小小的日本國旗，他很忍耐，看了很刺眼。尤其是隔一陣子，那個日本女人就會把她那面小國旗灰塵擦掉，擦得乾乾淨淨。祖父說，這是他最受不了的時候。可是有一天，他剛睡醒時，睡眼矇矓的看到那日本女人又在擦她那面小小日本國旗。我祖父說他很奇怪的突然間想到：「對啊！人家她是個日本人，本來就應該把日本國旗擦乾淨。沒有錯啊……」我記得祖父是這樣說的。

許多年後，我祖父這個記憶，變成我電影《天馬茶房》裡男主角對他過世日本女友的心境。在電影裡，當男主角看到他日本女友擦著小小日本國旗時，突然瞭解到他女友愛日本，就跟他愛台灣是一樣的。男主角就此對民族主義隱約起了反感。我祖父，他一輩子都活在民族主義裡。但我還是照我的想法改編了他的記憶。當然，已過世二十幾年的祖父，死後有知的話，希望他同意，且喜歡。

我祖父去延安的事，我沒聽他當面說過，都是在我父親跟他吵架時聽來的。好長一陣子，我常在他們清晨五點多的爭吵聲裡醒來，半睡半醒聽著他們吵架。在這些吵架聲裡，我隱隱約約拼湊出一個我祖父去過延安的印象。

「……延安，當初……當初你若留在延安，繼續喊你的毛主席萬萬歲，都不要回來，就都沒事情……」延安兩個字，我是這樣在我父親口中聽到的。「……我繼續讀我的書，你去走你的革命路線，你好我也好……是不是，你回來要幹嘛！……怎樣，在那沒前途，沒發展……還是共產黨看你台灣來的，不給你飯吃……」父親總是這樣咄咄逼人的跟祖父吵架，認定當年祖父是在走投無路的情況下才想到要回台灣的。而面對他兒子的咄咄逼人，我祖父總是語氣隱忍的說：「……吃飯沒那麼難啦，有共產黨就有飯可吃，這簡單的道理，連這你也不知道，你啊……古井水雞（井底之蛙）……。」

「對啦對啦，我古井水雞……阿你呢！你碰風龜（吹牛龜）……」通常父親會這樣反唇相識。而祖父被氣到就說他當初要不是離家太久，對我父親母子家裡牽掛不放心，他就留在延安了。他說他當初在延安可是見過誰誰誰，跟誰誰誰握過手的……。我父親一聽我祖父又說起誰誰誰，他忍不住就回嘴諷刺的說：「又在膨風吹雞龜了……。」

祖父口中那些誰誰誰，都不是學校課本裡出現過的重要共匪，也就不熟悉記不得。只好在這裡用誰誰誰來寫出我祖父心目中那些無產階級革命英雄。

在清晨五點多他們的爭吵聲裡，隱約知道了祖父到延安朝聖過，且見識了一個東方紅太陽，有多紅。「……無產階級，甚麼叫無產階級？就是連老毛都要褲腳捲起來，下去田裡做工作……老毛講，只有勞動者才有飯吃。在延安那個所在，大家都平大，沒誰較大……總講一句，無產階級不是你想的那樣……」有時會聽到我祖父耐著性子跟我父親這樣說著。

當初延安那個紅太陽，在很久很久以後的我童年時，繼續紅在祖父的收音機聲音裡，紅在祖父的心裡。每晚，夜深人靜，他枕頭旁邊的小收音機輕聲響著……東方出現了紅太陽，毛主席光芒萬丈……。

男子漢回來了

「去看到鬼呀！」我祖母是這樣形容當年他突然看到丈夫出現時的震驚感覺。雖然事先已聽到風聲耳聞她丈夫回來，但當她丈夫突然出現她家門口時，依然讓她震驚。

那時她靠著幫傭賺錢，跟我父親住在斗六。

當我祖父結束他漫長漂泊異鄉的男子漢生活，回到牛擔灣他家時，才知道他妻子已跟公婆不合搬出去住了。據我祖母的說法，當時她住斗六，牛擔灣來的人跟她說，妳丈夫回來了啦，還不回去好命。聽牛擔灣來的人這樣說，當時她還以爲是開玩笑，後來愈聽愈像眞的，她就半信半疑的跟那牛擔灣人說，他若眞的有回來了，你跟他講，只要他心裡還有將我當做是他的妻子，他就來找我。

過不久，我祖父就出現在我祖母家門口，突然出現，意外的令我祖母胸口一震，眼睛睜大大的瞪著眼前這突然出現的她丈夫，瞪著他看。過了很久很久以後，在她遙遠的晚年，當回憶起這個丈夫回來的時刻，她總是說：「去看到鬼呀！……正中午日頭光閃閃，一個人像黑影咧，杵在門口那，靜靜不講話……害我雄雄嚇一跳，心肝頭ㄉㄧㄡˋ一下，整個人傻去。……想不到，想不到他自尊心那強的人，會因爲我一句話就來。……」我祖母沒想到因爲她的一句話，我祖父眞的就來到她住的地方。

夠了，等了十幾年等的不就是這一刻。她一句話，他就來了，代表他心裡還當她是他的妻子。這是我的想像。在這份想像裡猜想著當時我祖母重新接納他丈夫時的心情。猜想他們就這樣拾回中斷了十幾年的夫妻情份，又生活在一起。讓我做這樣猜想，是因爲我祖母晚年中風躺在床上時，常回憶提起這件往事。尤其是頭二年，她那時還神智淸楚，每當提起這件事，祖母都說的像是當年的事又重新發生了一次般，讓她深陷這樣的記憶裡，彷彿安慰。

美好的記憶過後，緊跟著痛苦的記憶來了。

丈夫回來了，家裡有了男人了。祖母興起去跟公婆要到自己那份家產的念頭。當初公婆一句沒兒子可靠，她認了。現在兒子回來了，看他們怎麼講。她把這些念頭想法，跟丈夫說，要他回他牛擔灣家據理力爭。可是我祖父不肯。不管我祖母怎麼說盡好話，或怎麼生氣，他就是不肯。強烈的自尊心，讓他拍胸膛跟妻子保證，保證他既然回來了，就會賺錢養家。我祖父終究是不肯回他牛擔灣家，去開口要家產。

我祖母只好又一次認了，但成了她心中永遠的痛。

我父親對他父親回來踏進這個家，完全覺得像是有個陌生人突然闖入這個原本只他們母子倆生活的家，只是這個陌生人是他要叫父親的人。然而，在他還來不及感受到這陌生人給他任何感情上的父親感覺時，卻已被這陌生人以一個父親身分替他做了決定，且在這決定下，幻滅了他一份年輕夢想。當時成績優異，剛要公學校畢業的我父親，在學校日本老師鼓勵下，他正編織著未來要去日本讀書的夢想。而這夢想卻被他這個父親的一句話給幻滅了。同時也埋下注定了在日後遙遠的未來，他們不時要在清晨四、五點的時光裡爭吵不休……。

「日本人的書，讀到高等科已經是太過分了，不准再讀，再讀下去會讀到變日本奴才……」我祖父這樣說，就此不准我父親繼續讀日本人的書。

照我祖母的說法，我父親從小就是個不讓她操心的小孩，又乖又聰明。

我父親，當他的人生憧憬被我祖父一句話就幻滅了後，他只好去找了一份工作做。父親找到個西藥房工作。他的工作是騎著腳踏車，腳踏車後座載著一個裝著各種成藥的箱子。他騎著腳踏車到處去人家家裡換紙袋藥包裡的藥，不只是到舊客戶家裡換藥，同時也開發新客戶。這在那時算是很有前途的工作。那個時代盛行著讓西藥房在家裡掛個大紙袋藥包，肚子痛、牙痛、胃痛、感冒流鼻水……有病痛時就伸手往紙袋藥包裡拿出藥，配開水一吞，就當沒事了。那時許多家庭家裡都掛著這樣一個紙袋藥包，一直到我小時候時，我們家還掛著這樣一個紙袋藥包，隔一段時間就有西藥房的人來看袋子裡那些藥吃掉沒了，給紙袋子裡補進去新藥，同時結帳。我父親少年時就是做這樣的工作。

據我父親說，他工作能力，和工作態度都深受老闆老闆娘的欣賞跟信任。那時老闆有個女兒，跟他年紀相仿，在店裡顧店兼管帳工作。我父親每天在外面跑了一天回來，最後的工作是去跟她報帳。他在這種工作關係上，報帳報久了，慢慢喜歡上他報帳的對象，老闆的女兒。單方面的對她產生一份好感，久了還自己想像說，說不定她也在喜歡他。甚至還擔心猜測起他老闆老闆娘會讓他喜歡他們女兒嗎？應該是會吧！但萬一他們反對呢！畢竟自己只是個給人家請的……。我父親就這樣在自己一份想像裡暗戀著老闆女兒，想來想去想了一堆，就是不敢跟她開口。

「靜靜的，沒話沒句，招呼客人時，就會紋紋的笑，眞親切……」這是父親記憶中的她。

在暗戀著老闆女兒這段期間，我父親同時被店裡比他年紀大的人，帶去第一次做了大人。對第一次做大人，我父親感覺很差。他說就進去啊，一個高麗女人帶他進去一個房間，房間很小很窄，地上放著一臉盆水。我看她，她看我，沒甚麼話好講，脫衣脫褲就做，做到整身軀抖一下，起個雞皮疙瘩就完了。做完錢付一付，走出門外，冬天很冷，風一吹又起一陣雞皮疙瘩，突然覺得自己像傻瓜一樣。父親說，從此他不再花錢做這種大人。因爲他不想像傻瓜一樣，去花錢找個女人起一陣雞皮疙瘩，出來風一吹又一陣雞皮疙瘩。除了雞皮疙瘩，什麼也沒留下。在我退伍後那一段荒唐日子裡，父親爲了勸我，而跟我說了他年輕時這樣的經驗，要我覺悟，不要再當慾望空虛的傻瓜。但那時迷戀深陷在慾望空虛裡的我，一點也沒聽進去，依然故我。

當我父親開始在西藥房工作，當我祖父搥了胸膛跟我祖母做了保證過後，他開始認眞尋找他人生的出路。或許是出於強烈的自尊心，想離開這個令他不堪的故鄉，也或許是他天性漂泊使然，他往外面的世界去尋求他人生出路的機會。我祖父聽人家說後山台東、花蓮土地肥沃，且才剛要開發，還有很多山可以開墾。聽起來像是個充滿機會的地方，於是我祖父去了趟後山，去看了台東、花蓮回來後，就決定移民台東。

「台東?那裡不是都住一些生番仔……不要連話都說不通。」這是我祖母一聽到要去台東時的第一個反應。任憑我祖父怎樣跟她解釋，說那邊山地人多少都會講日本話，且也平地人愈來愈多。怎麼說，我祖母就是心裡猶豫，沒踏實感。直到祖父又搥起胸膛跟保證，祖母只好答應。

「……你阿公，他胸膛搥到快瘀青了，我還能講不嗎！……他講，跟我走啦，一雙筷子，一塊碗，一口灶，一厝一瓦……我親手拚給你。」這是我祖母晚年中風躺在床上時，常唸在嘴邊的話。

當年，我父親我祖母，就在我祖父搥著胸膛的保證下，隨著我祖父離鄉背井，到在那遙遠的後山，到那裡另起他們人生的爐灶。

後山，山的後面。後山是台東、花蓮的另外一個名字。

後山人生

後山，聽起來就很遙遠。走起來更是遙遠。

清朝派到台東的第一任知事，是胡鐵花。當初他是在一隊軍隊隨從護衛下，穿繞在山徑裡跋山涉水翻山越嶺，不知走了多久，才總算走到台東，上任知事。當時台東給他的第一印象是窮山惡水，加上刁民。

至今，台東以一條鐵花路來紀念他來過。鐵花路在台東火車站旁。

後山的山，它不只是指胡鐵花當年翻山越嶺走過的那座山。而是指把台東、花蓮隔絕起來的所有那些山。那些山把台東、花蓮隔絕成台灣東邊的化外之地。

台東、花蓮人稱自己住的地方叫後山，而相對於後山的台灣任何地方，都叫山前。山前在後山的山前面，是我小時候一心嚮往的繁華之地。

清朝胡鐵花走的是山路，到了日據時代末期，我祖父他們走的是海路。當年我祖父他們是在楓港附近搭船。搭上船，乘船往下繞行過台灣尾，從西部海岸進入東部海岸海，再船行往上，走到大武附近靠岸。上了岸再坐車順著山路進入台東。這一路算是千里迢迢。

那時會這麼辛苦移民台東的人，通常是逃亡的罪犯，或欠了一屁股債跑路的人，或人生陷入某種困境，而豁出去放手一搏的人。我祖父算是豁出去放手一搏的人，帶著他的妻和子，一切從頭開始。

當我祖父說要移民台東時，他那分到所有家產的妹妹，拿了一筆錢給我祖父祖母，算是盡點心意。我姑婆這樣的善意，讓他們兄妹間的情誼維持住，且在日後我們家陷入困境時，我姑婆不斷伸出援手，幫助我們家度過難關。

到台東第一年，是住在現在的知本附近。我父親在一家叫知本株式會社的日本人農場裡，找到一份工作。同時幫著他父親在知本山裡開墾出一大片地，種包心白菜、高麗菜。因為是砍掉森林開墾出來的地，土壤肥沃，病蟲害少，不必花什麼農藥肥料錢。第一期就種出又大又漂亮的高麗菜跟包心白菜。就這樣賺到了錢，穩了下來。後來我父親就乾脆辭掉知本株式會社的工作，全心投入的跟我祖父墾山種菜，種瓜果。

照我父親的說法，三、四期菜收成賣出賺到的錢，就夠他結婚娶個老婆了。而我祖母說那幾年，我祖父開山種菜，拚的整個人黑到像土牛般。

過沒多久，我父親就拿著種菜賺來的錢，回去斗六家鄉娶了一個老婆。於是一個新成員加入這個墾荒家庭，她是我爸爸第一個妻子，是我哥哥姊姊們的媽媽。在我還來不及認識她時，她就過世了。但弔詭的是，如果沒她的過世，可能就沒我的出生了。在我們家的習慣，說到她時，我都叫她前媽媽。

當我父親跟我前媽媽結婚時，日據時代已到了末期，日本在大東亞戰爭已節節敗退。那時我們家終於初步在台東穩了下來。

我們家眞正富有起來，不是靠種菜，而是燒石灰致富。

「瘋子……連石灰怎麼燒都不知道，只聽人說燒石灰有錢賺，就說他也要去燒石灰……瘋子！」說起燒石灰的事，我祖母這樣說。

好不容易才剛在一個地方安定下來，我祖父卻又要去冒另一個風險，我祖母我父親當然反對。可是我祖父決定了的事，沒人能阻止他。

於是，離開知本，一家人跟著我祖父搬去池上山上燒石灰，我祖父燒石灰這件事，是從一點都不懂摸索起，把石灰窯蓋起來，四處請教學習，直到終於燒出石灰來。且在幾年內，燒石灰讓我們家賺了很多家產。我們家燒石灰致富，那是剛光復那幾年的事。光復，一個新舊交替百廢待舉的年代，石灰是當時普遍使用，而需要量很大的漆料。

在我們家一張燒石灰時期拍下的全家福照片裡，我看到我哥哥姊姊們身上衣服都很漂亮，且有一些可愛小裝飾。最有印象的是我大哥頭上一頂圓盤帽，還有我大姊手上提著個小皮包，像小公主一樣。

到底燒石灰時期我們家有多富有，我從小聽到最具體的是，最富有時，我們家在鹿野街上有五、六家店面，且在鹿野隆田有將近二十甲的地。那時有了錢的祖父，不甘寂寞的心又蠢蠢欲動了。

隨著燒石灰賺錢，一路擁有店面，擁有土地，也擁有孩子一個個出生，也就愈來愈家大業大。同時我祖父也漸漸在地方上擁有說話份量了。這讓他更加把心力從經營事業上轉移到政治活動上。

於是時間循環著走，彷彿時光倒流般的又回到當年那個牛擔灣流氓頭時的年輕時光，他又像隻雄赳赳公雞般呼朋引伴，且要氣昂昂般招搖過市。但這回他不再以當個流氓頭了事，這回他雖也人多勢衆，但不再逞兇鬥狠。也不再是當年那個參與農民組合，後來又漂泊大陸的左傾流氓。不只不是，且還多少成了當年他批判，要革命的對象，成了無產階級的敵人，叫資本家。只是我祖父這個資本家，他仍不脫當年當流氓頭時的豪情，一樣交遊廣闊，凡事一句話，說了算。這個資本家也仍不脫曾經左傾過的浪漫性格，凡遇有窮苦人家開口相求，他幾乎有求必應，盡力幫忙。我祖父這一點左傾浪漫性格，在他一件幫人的事情上顯出一種極其荒謬的弔詭，令人哭笑不得。這件事是一個年輕人，他透過我祖父朋友介紹，而認識接近我祖父，且以悲苦身世，人生困頓的一番說詞，引起我祖父同情，給了他不小的一筆錢，助他返鄉創業。多年後，祖父才又聽到這年輕人的消息，卻讓他哭笑不得。他聽到當年那年輕人拿著他的錢返回故鄉開妓女戶，幾年下來賺了大錢。對這件事，我祖父一直遺憾著。每當清晨五點多的爭吵聲裡，當我父親拿這件事譏諷他時，他總是無語，沉默著。

而在我祖母的說法裡，她認定我祖父就是愛面子愛風神。「……愛風神啦！只要人家叫他一聲乞食仔伯，乞食仔兄，他尾錐就翹起來了，隨在人講甚麼，他都嘛應好，再多也搬去給人花……」對我祖母這樣說，他也總是無語，沉默著。其實他的愛面子愛風神，早已不是年輕時那單純風神的愛面子。而是摻雜了他曾經左傾而浪漫化了這樣的風神出風頭，一個有錢的共產黨，當然是要毫不吝嗇的幫窮人。關於這點不被他的妻跟兒子所瞭解諒解，才是他晚年最深的寂寞。

當年富有時，他的錢當然不只散盡在一份共產黨性格裡幫助窮人，更多的是散盡在交遊廣闊的政治活動裡。

當年，隨著日益富有，我們家從池上山上下來，住到鹿野。接著，我祖父就往台東鎮上交遊廣闊去了。且有了錢，壯了膽子一路前行，慢慢就有了頭銜，車水馬龍迎來送往的在台東鎮上有了個家。這個家大部分時候就住著我祖父一個人，我祖母只偶爾來看他住個幾天。祖母自始至終反對我祖父走政治，也就不願意跟他去台東住，而寧願跟著兒子住鹿野街上。

其實最知道我祖父在台東鎮上的繁華風光樣子的，是我大哥。那時我祖父雖然在台東鎮上發展他的政治事業，但每個禮拜總會回來鹿野家裡住個一、二天，於是我大哥就常有機會跟著我祖父來來去去，有機會見識分享到我祖父的風光。每次去到我祖父那豪華偌大的辦公室，總是不缺有人簇簇擁擁，讚美著主席孫子長主席孫子短的招呼他吃吃喝喝。那時我祖父也做了個主席，是青果合作社主席。同時也兼任農會的理事或監事職務。而這時住在鹿野街上的我父親，他實實在在的管理著家裡產業。他把店面都租給人家，靠收房租賺錢。而隆田那將近二十甲的地，在他規劃下按著季節種出各種農作物。由於農田面積大，幾乎經年累月都僱請工人忙碌著，而我父親負責監工。

我父親不只實在而有計畫的經營著家裡產業，同時也把這樣賺到的錢做實在而有計畫的分配，一份生活開銷，一份存起來，一份繼續發展的成本。當然還得撥出很大一份給我祖父，讓他在台東鎮上發展政治事業。而這一份最令做事有計畫的我父親頭痛，因爲他父親總是隨時突然就開口說要一筆錢，且要的急，說要就要不能等，給慢了他就罵人。

或許是一種本能的對我祖父不放心，我祖母我父親總是對我祖父隱藏著家裡眞正的存款數字。因爲怕他知道家裡有這麼多存款，而更會花錢無度，更不把錢當錢看的揮霍。但事情並沒朝他們的希望發展，不但沒，且還朝著相反方向發展，往他們最不希望，卻時時隱憂著的那個方向發展。直到有一天他們還是終於要共同感嘆一句：「……輸他啦！……早就料到了，咱還是沒他辦法……」

事情的徵兆是從我父親收不到房租開始。在收不到房租之前，其實我父親是有意識到他父親要錢要的愈來愈急，但他沒太在意，想說過去也有過這樣要錢很急的時候，但總是一陣子過後就好了。沒想到這次是眞的嚴重了。我父親收不到房租，房租是被我祖父跟房客先預支拿去用了。從這徵兆開始，我父親我祖母更是管緊我祖父的花費，這卻讓當時已經一屁股債的我祖父，更加心慌不安，心慌不安也就脾氣大。於是愈來愈不愛回家，回家就是要錢，就是罵人。我父親寧願被罵，跟他吵，就是不輕易把錢給他。吵到後來，他們父子間一見面就吵，要不就是誰不理誰。在這種情況下，我父親開始用寫的，寫字條、明信片貼在他父親房間門上。小時候，當我翻開父親的木箱子，看到的那些字條、明信片就是我父親這時期寫的，信裡通篇苦勸著他父親回來，回鹿野家過平凡日子，不要再玩政治了，玩不贏人家的。苦勸不聽，就變成警告，警告他父親若再不回頭，就要跟他脫離父子關係。到這時已到了山雨欲來風滿樓，接著就排山倒海迎面而來，一夕間我們家一間間店面被法院查封，一間間拍賣。那時我已出生，二、三歲左右。

出生帶箭的小孩

當年我父親以種菜賺來的錢，回斗六故鄉娶回來的妻子，也就是我前媽媽，這時早已過世。早在幾年前，她肺炎舊疾突然發作，吐了一堆血後過世。然而我前媽媽的過世，彷彿像是造化的弔詭安排，安排了後來的我的出生。如果不是我前媽媽過世，我父親不會再婚，也就沒我的出生了。

這個前媽媽，對她，我所知有限。聽兄姊們說過，她長期身體不好，容易咳嗽氣喘。所以她一直不能做粗重工作，只能在家裡照料家事。前媽媽的樣子，我在照片上看到過，久了有點模糊，只隱約留下一個她樣子看起來很淸苦的感覺。她幫我父親生了一個兒子、五個女兒。

從小，我有三個姊姊。長大後，才知道我還有兩個過世了的姊姊。有一次，大姊回家說過世的妹妹跟她託夢，託夢說她已經長大，要嫁人。我是在這樣情況下，知道我有一個已經過世的姊姊，她叫如意。

我父親，他對我們兒女管教很嚴，要求很高。且一做錯事，不問理由，常常伸手就一巴掌。所以他的兒女們，小時候都離他離得遠遠的。

我們家小孩只有我跟我三姊，很少被我父親隨手就一巴掌。通常他一定先叫我跪下，然後用竹枝抽打我。有時把我雙手吊在門樑上，吊著，像有著地又像沒著到地般的腳尖一點點碰到地。這樣吊著，也是用細竹枝抽打。這已是很嚴厲的管教，但我大姊總是跟我說：「你算是比較好命了，要是以前，阿爸早就一巴掌打過去了。」爲甚麼吊著打，會比隨手一巴掌好命？我一直不懂。

直到知道了當年如意姊姊是怎麼死的，才終於知道爲甚麼我被吊著打算是好命，也才知道我父親爲甚麼不對我隨手就一巴掌。知道如意姊姊的死，是大姊回來說死去的妹妹跟她託夢說要嫁人，那天聽到的。

如意姊姊過世時，大約是四、五歲。

那天我祖母要去台東鎮上找我祖父，她吵著要跟去。我父親說不准，但她跟著祖母要走出門，拉扯著祖母衣角的鬧著。我父親被她鬧煩了，就隨手一巴掌打她，打得她跌倒，頭撞在門檻上……。

這一撞，撞成腦震盪，過世。

從此，父親再也不對她兒女隨手一巴掌，甚至不用巴掌打。有時，父親一時生氣，忍不住伸手要一巴掌，卻都硬生生停在半空中，然後放下。這時的父親，他的心一定像是被針刺著般的錐痛。

另外我有個姊姊，是在出生沒多久就被人認養。聽說當時是我前媽媽在一種女兒生多了的心情下，把這個姊姊給了一對跟我們家常來往的夫妻領養。主要是這對夫妻不能生育。這對夫妻，後來帶著我那姊姊搬走，也就失去連絡。

小時候，記得我祖母偶爾會唸一下她這個流落在外的孫女，唸到最後總是自我安慰的這樣說：「……說不定她在別人家，比在我們家命好吧……」可是長大後，卻聽我兄姊們說，說我那個姊姊也是來不及長大，早就過世了。這個姊姊跟如意姊姊，他們是我來不及認識，素未謀面的姊姊。

在造化捉弄下，人生總會有些時候出現難以言明的弔詭巧合。我父親跟我母親的認識和結合，就透著這種造化弄人的人生弔詭。

我父親是這樣說的，他說，我們家斜對面一家布店兼裁縫店，有一天突然來了一個女裁縫師，彰化來的，是布店老闆的外甥女。父親說，是我前媽媽先看到，看到就跟他開玩笑說，你不是一直嫌我，嫌我只會顧家帶小孩，沒一個手藝能開店，多少幫忙賺點錢。現在對面來了一個裁縫師，你去娶她呀，娶來做細姨……。我父親也開玩笑的說，沒那個命，有妳在我哪有可能娶細姨。夫妻間這樣的玩笑話，卻像戲劇般的應驗了。過了沒多久，我前媽媽突然舊疾肺病發作，吐了一攤血過世，離開人間。

前一陣子，大約是四月初時，我小阿姨來看我，跟我聊起當年我母親跑到台東鹿野投奔她舅舅時的心情。小阿姨說，當年我母親之所以會離開彰化家，是因爲當時她愛上一個男人，遭到她父母親強烈反對，說什麼也不肯讓我母親嫁給他。小阿姨說，我母親個性很強，一氣之下就離家出走，跑去台東鹿野投奔她開布行的舅舅。我小阿姨說：「……沒這樣，你媽媽怎麼會認識你爸爸。注定的啦……。」

當年我母親離家出走，跑到遙遠的台東鹿野她舅舅家，或許只是爲了暫時逃離家庭的壓力，或許是找個陌生的地方療傷止痛。但卻因此遇到了我父親，且嫁給我父親。這是她離家出走時，想都想不到的事吧。

我母親一結婚就擔負起母親的責任，而且是四個小孩的母親。聽我兄姊們說，我母親是充滿同情心的人，在還沒跟父親結婚前，就對他們很好。那時我母親看我兄姊們剛媽媽過世，沒媽媽照顧，常衣服穿破了也沒補。我母親看了可憐，就主動幫他們縫補衣服。我二姊說，我母親常叫她衣服破了就拿過來，她順手補一補，住斜對面而已，很近。

直到有一天，這斜對面的裁縫阿姨，變成他們的新媽媽。

結婚第二年，我母親生下了我。

那時，已是我父親開始寫字條、明信片，貼在我祖父房門上的時候了。

很不幸的，我一出生時，我祖母生了一場大病。據祖母說，那場病差點要了她的命。病好後，她就把我的八字拿給算命的合，結果算出我是天上的壞（ㄞ）星來出世，身上帶著三支箭，一出生就開弓射出第一支箭，剛好射到我祖母，我祖母命大逃過一劫。但我身上還帶著二隻箭，隨時都有可能開弓射箭。所以最好不要讓我住家裡，找一個奶媽帶，等箭射完了再接回家。

我祖母很堅定的照算命的話去幫我找奶媽，找到一個住鹿野附近的平埔族產後少婦，這少婦生了個兒子，出生沒幾個月就夭折死了。兒子夭折所以奶水豐盛。據我父親說，我之所以長得胖胖的，是因爲我有個奶水豐盛的奶媽，在她奶水餵養下，餵得我圓滾滾的。小時候翻相簿時，都會看到一張我圓滾滾嬰兒的照片，應該是我人生最早的照片。

把我托給這奶媽帶，一帶就帶了三年。後來我們家搬到谷谷山裡時，剛搬過去前幾年，聽說這奶媽有來看我幾次。當時我年紀太小來不及留下她來看我的記憶。但我知道，我是吃她奶水長大的。

把我托給奶媽帶，對做裁縫的母親是比較好工作。但是在一種初次自己親生了個兒子的心情下，母親三天兩頭就往奶媽家看我。如果裁縫工作忙，她走不開，就叫奶媽抱我回家給她看。

那時期我們家財產已被我祖父敗的差不多了，我母親做裁縫賺錢成了家裡很重要的收入。聽我兄姊們說，他們眼睜睜看著父親跟祖父吵架，也眼睜睜看著鹿野街上，我們家一間間店面被法院貼上封條查封。早上出門時，就擔心著放學回來時，家裡又幾家店面被貼上封條。

終於，店面、土地都被法院查封光了。一家人只好搬到鹿野火車站斜坡下去，過了鐵道下去的鹿寮溪河床邊，一間我們家唯一僅剩的工寮，搬到那裡住下。那時我父親對他父親可以說是痛恨，而自尊心極強的我祖父，當然是不可能跟他兒子低頭來企求同住一個屋簷下。

那時，祖父六十歲，敗光家產，一無所有，又站在人生的岔路口。

造化多詭，時間循環著走，彷彿又把他人生帶回他年輕離開牛擔灣時，但當初的小公雞，如今已是老公雞了。也彷彿回到他當年帶著妻兒離鄉背井移民台東時，但這次他不再挺胸膛保證，他只是一個人默默承擔。我祖父又再次選擇了離開，離開找個地方，讓他人生再次來過。

我祖父離開鹿野時，他做了一件令鹿野村人茶餘飯後議論了很久的事。祖父他跑到鹿野戶政事務所改名字。把一個跟著他跟到六十歲的名字「乞食」，改成叫「全餘」。祖父改名字的事，在鹿野村子裡傳開來，村人們議論著說，我祖父乞食了一輩子，想要全部剩餘下來。

改了名字，留給鹿野村人們去議論。我祖父懷著強烈的自尊心，再次踏上他離家的路。祖父身上帶著還完債務後，分到他手上的三千元左右，他往一個叫谷谷的深山裡去，在那裡再次去另起他人生的爐灶。

「男子漢，胸膛搥到瘀青還是男子漢。」祖父多年後，是這樣的說他當時隻身到谷谷時的心情。當時父親把三千元交到他手上，且說再來沒了。別忘了你還有一堆孫子等著養大。

我父親是對他人生有很強計畫性的人。他凡事計畫凡事按部就班，而一步步的走出他人生。然而我祖父一下子就毀了他按部就班了十六、七年的他的人生，且揮霍殆盡了他辛苦累積起的家產。父親在痛恨他父親之餘，想到自己此後一無所有，但人生漫漫長途，等著他的是再次從頭按部就班起。一想到此，他就心寒，懷憂，而再也激不起任何對未來人生的鬥志。那動盪不安的日子，是靠著我母親做裁縫賺錢度過的。

當我滿三歲，我母親無法忍受兒子長期不在身邊，於是把我接回來。不幸的是，一種弔詭的巧合又發生了。母親接我回來沒多久就腎臟病發作，不到半年就過世了。

我母親的死，祖母歸罪到是被我的第二支箭射中。她說我一回來，我母親就生病，哪有那麼剛好，分明是我開弓射出第二支箭。從此，祖母不太喜歡我，對我常帶著一種莫名冷漠。回想起來，那似乎是一種敬鬼神而遠之的冷漠。

母親的腎臟病，我父親說是做裁縫做壞了。母親坐在裁縫機前車衣服，每天要坐個十幾小時。尤其逢年過節做新衣服的人多，就得熬夜趕工。一趕起工來常就憋尿，常常想說忍一下吧，等縫好這個扣子再去上，縫完這個扣子，卻又想說再縫一個吧。父親說母親的腎臟病，就是憋尿憋出來的。

我母親腎臟病發作到過世，拖了將近半年。在那個沒有洗腎的時代，腎臟病沒什麼特效藥。當病痛發作，是非常痛苦的折磨。我母親，她最後是選擇以死來結束病痛的折磨。腎臟病人要吃很清淡，最忌諱吃重鹹。所以，當我母親偷偷煮一鍋鹹菜鴨吃下去時，我想她已經決定要自己結束生命，不再受病痛折磨。

我父親說，偷吃那鍋鹹菜鴨後，母親病情迅速惡化，不到一個禮拜就過世了。

父親說，剛把我從奶媽家接回來時，我母親還沒生病。那時忙著做裁縫賺錢，沒時間帶我，就用揹巾綁住我的腰，另一頭綁在裁縫車鐵柱上，讓我自己一個人在地上爬著玩。這樣她邊做裁縫邊隨時看顧得到我。這樣的情節，我用在《春花夢露》電影裡，也讓戲裡裁縫師媽媽這樣的綁著她女兒。我母親生病後，我常會坐在門口，看到有人經過，就豎起食指放在唇上，像是在告訴人家說我媽媽生病，走路輕一點，不要吵到她。這是我父親說的。但我完全沒這樣的記憶，還太小記不得吧。

到了母親病得愈來愈重時，她很想我跟她睡，可是我一直不願意，因爲她生病的身體涼涼的。甚至在她過世前一晚，我母親像是知道她大限已至，堅持那一晚一定要我跟她睡，而我就是不肯，只要把我一放到她身邊，我就哭鬧著說很冷很冷。結果母親最後那一晚，終究沒能如願跟她唯一的親生兒子睡一晚。每當聽父親或家人說起這些時，我就在一份想像中，彷彿看到當時那母親的絕望神情。很冷很冷！

母親過世，燒成骨灰，裝在一個深咖啡色的甕子裡，甕口封著一塊紅布。母親過世後不久，父親就帶著我們一家人，搬去跟祖父住。母親的骨灰甕也就跟著過去。也不知道爲什麼，後來那骨灰甕就一直擺在我們家倉庫間裡。小時候，有好長一段時間，我最怕去倉庫間，因爲我覺得骨灰甕裡住著我母親的鬼魂。

我的母親，一篇當學生時都寫過的作文。國中一年級時，我曾經在一篇〈我的母親〉的作文裡，把母親當作還活著般的寫，寫母親天天辛苦從早忙到晚，煮飯燒菜還要做裁縫賺錢，還要照顧我們一家人……。直到最後一行，我才寫出：「可是，我母親在我三歲那年就過世了。」

關於母親，在我成長過程裡，所聽到關於對她的描述，幾乎都是美好的。做爲她兒子，我爲她高興，且有份驕傲。

人生六十

人生六十，家產敗光一無所有，我祖父再次站在人生岔路口。

「全餘」，祖父說那是表示跟過去一刀兩斷。他想，活到六十歲，活了一甲子，是應該要覺悟了，不能再「乞食」下去。

「……男子漢，胸膛搥到瘀青還是男子漢。」祖父在他一份男子漢自尊下，身上帶著還完債務僅剩的三千元左右，默默離開鹿野的家，隻身往一個叫泰源的地方走去。泰源，是個平地人、AMIS共處雜居的山地村。

祖父剛到泰源時，借住在一間佛寺裡，同時看上一塊谷谷台地靠山邊的農田。他買下那塊地，又買了泰國麻幼苗來開始種植。這樣就把他身上那三千多元，大約花光了。接著後面生活過日子，就靠著在雜貨店賒欠來過生活。還好那時代的雜貨店，賒欠是很正常的事。一般家庭的吃的喝的，及日常用品，在農作物還沒收成前，都先跟雜貨店賒欠，等到收成時，才一次結帳還清。

我祖父靠著跟雜貨店賒欠，度過他最艱困的日子。直到泰國麻收成，賺到了錢，他還清雜貨店欠帳，且在谷谷山腳下蓋了間茅草屋，搬離借住的佛寺，住到自己的茅草屋。

除了種泰國麻外，還開始種玉米，及其他農作物。除了田裡的種作忙碌外，他還開始往山坡上開墾，擴大農田面積。

當初這塊地買來時，大約一甲多，我祖父往山坡上開墾，開墾成三甲多。開墾出來的地，祖父依著山勢地形挖成梯田，且從溪谷裡挑上來一擔又一擔的大石頭，堆砌壘起石頭牆坡坎，一層一層像不規則線條般錯落有致的壘在山坡上，約壘有七、八層坡坎。

當時他沒牛沒牛車，也沒錢請工人，完全自己挑。他到底石頭挑了多久，才堆砌壘出我們家這傍山緩坡一層一層的梯田。

我母親過世時，祖父在谷谷這個地方大約是站穩腳步了。

我祖母一直認爲，如果不是我母親過世，我父親絕對不可能再跟我祖父住在一起。祖母認爲如果我母親還在，她做裁縫賺錢養這個家，讓我父親無後顧之憂，可以慢慢計畫，慢慢找到新的出路。但母親死了，父親頓失所依，眼前五個小孩五張嘴等著吃飯，現實逼人，讓我父親不得不低頭去投靠他那已經重新站穩了一點腳步的他父親。

有時我忍不住會想，如果母親沒過世，或許父親的人生會有很大不同吧！那我呢！我又會有怎樣的人生？其實這樣想，或許是我懷念母親的方式之一。畢竟母親是過世了，而我畢竟也長成今天這個樣子了。

「如果可以讓她選，她寧願要那個媳婦，也不要這個孫子。」我祖母曾經這樣說過。算是對我母親的一種讚美，也是她對我第二支箭射中我母親這件事的感慨。而弔詭的是，我母親的死，意外促成了這一家人又住在一起，又同在一個屋簷下生活。

關於我母親，從小在兄姊們，及大人們口中聽到的都是對她讚美。那麼多讚美，或許是因爲她生命短暫來去匆匆，在我們家最動盪的時刻留下像流星般的光芒。

關於我祖父，他是人生不斷在大起大落的人，且不斷經歷著從零開始，一切重新來過，從無到有。他這種彷彿愈戰愈勇的力量，其實是來自他那強烈的自尊心，且也因他自尊心強烈而注定一輩子孤獨漂泊。就算是在參與政治裡散盡家財時，我祖父還要很自傲地說：「……這樣也好，至少我沒欠人，算起來，這世人都是別人欠我……」當他這樣說時，我祖母會回他一句話：「……對啊對啊！做你的朋友比做你的某子（妻兒）還幸福……。」

這些事，我沒任何的記憶，都是聽家裡人說的。那年，我三歲。

記憶最初的浮光掠影

TAKE 4

未　來　，　一　直　來　一　直　來　……

（上圖右）這是搬到公路邊時的我們家。當時是為了大哥結婚而蓋的瓦房，卻在一次颱風後掀去半邊屋瓦。有好長一段時間，房子的屋頂是半邊瓦，半邊茅草。
（上圖左）照片裡是我三姊，她就是長髮鴨蛋姑娘。
（下圖）拍《放浪》時留下的工作照。在這部電影裡，我面對著我青春年少的荒唐日子。

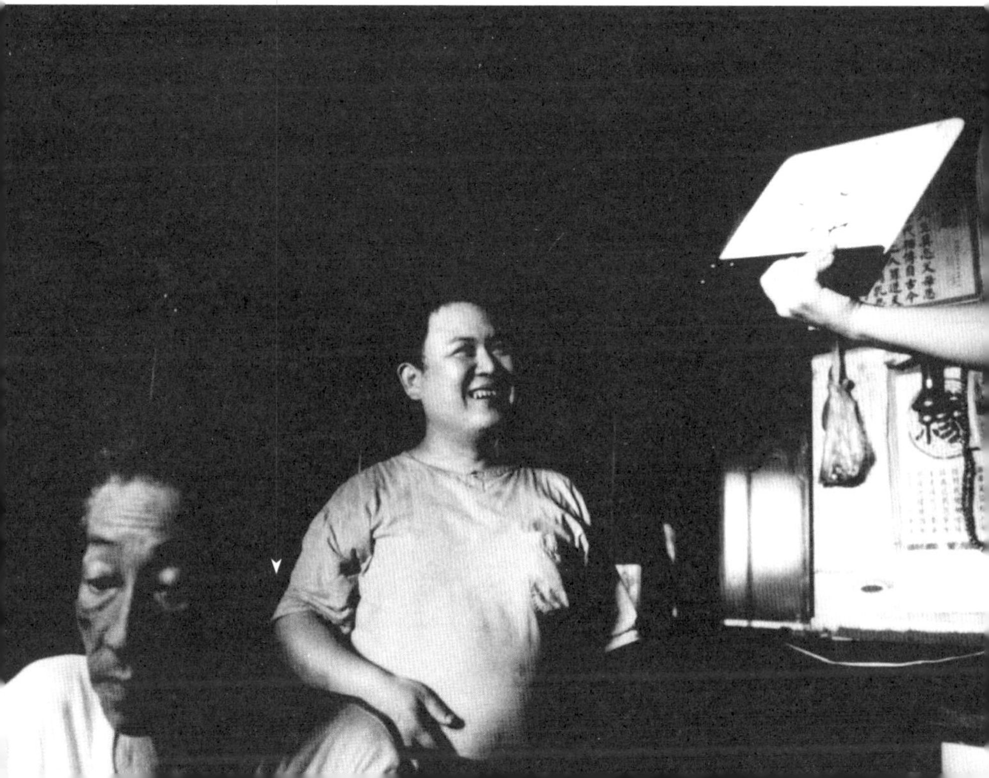

休學的三姊

油綠綠竄游逼近，水蛇……。四、五歲的我，光著身子泡在小水潭裡，肩背上清清涼涼沖流著從深山裡來的水。

「阿ㄇㄚˋ，阿ㄇㄚˋ……芭樂芭樂……」野芭樂熟透近黃淡綠的捧在我小手心裡，祖母淡淡笑著。

這兩個記憶，是我人生的最初記憶，難以分清哪個先哪個後。除此之外，其實最多的記憶是我的三姊。

從我母親過世以後，我三姊就休學在家裡帶我，那時我三歲，我三姊十歲。從我不懂事沒記憶，帶到我懂事開始有記憶。

對三姊最早的記憶，是每天早晨她起來煮早飯時，就會抱著我起床，總是把我抱在一個小板凳上坐著。接著她會拿火鉗撥開灶孔裡的灰燼，拿出昨晚睡覺前放進去燜烤的玉米、地瓜或花生之類的東西，拿出來她自己吃，也給我吃。有了吃我就乖乖坐著吃，她就可以安心地煮早餐。

這段期間，我們家還住在溪的對岸谷農田裡。也就是整個夏天我光著屁股泡在小水溝裡那段期間。也是我怕生，一聽到我們家那兩條狗一叫，就趕緊找地方躲的那段期間。我們家那兩條狗分別叫大哥小弟，是我祖父取的名字。叫著叫著，我們一家人都跟他們做了狗兄弟。大哥小弟是我祖父一個人住的時候開始養的，大約排遣不少那時祖父的寂寞。

還記得那時每天大清早就跟著三姊去田裡撿田螺。我專門搶著撿靠田埂邊好撿撿得到的，在田中央撿不到的，三姊就會伸長著一根綁著勺子的長竹竿，伸進田中央把田螺舀起來。撿田螺都是天濛濛亮就起床出發，這時整個谷谷大約都浸在晨霧裡，有時會看到從隧道口裡飛出一群群燕子，順著馬武窟溪彎來繞去的飛著。飛到溪潭上，突然一隻一隻俯飛向水面，在靠近水面那一剎那間才猛力拍動翅膀，而濺起水花的飛高，一隻隻燕子重複著，前頭水花剛落，後頭水花又起，很好看。

最好撿田螺的時間，是秧苗半高不高時，這時通常是春天，也正是燕子們求偶季節。

另外有個工作也是在早上進行，就是撿蝸牛。撿蝸牛就沒撿田螺那麼好玩，但撿蝸牛是一年到頭都要撿的，只要我們家那個裝蝸牛的大水缸裡快沒蝸牛時，我們就要去撿蝸牛。

從小我不大愛撿蝸牛，但三姊總是半哄半騙，半帶威脅地讓我跟她去撿蝸牛。手上提著一個水桶，往山坡草叢裡走，儘量找腐爛的樹頭，或陰濕的角落，在那裡蝸牛最多。尤其是颱風過後，蝸牛會多到你在路上走，都會看到牠爬在樹頭或藤蔓上。蝸牛喜歡吃腐爛樹葉，所以當有斷落在地上的樹幹枝條，常常靠近一看就是一堆蝸牛爬著。

我們家撿蝸牛是撿來餵鴨子吃。蝸牛撿回來要剁碎才能餵給鴨子吃，剁蝸牛是拿著一把大菜刀，用力一敲把蝸牛殼敲破，接著用力剁，剁成細塊，然後餵鴨子吃。

除了餵鴨，我們家也吃蝸牛。但人要吃的蝸牛，要經過很繁複的處理過程。首先要把切下來的蝸牛肉，放進灶裡清出來的灰燼裡揉合在一起，讓灰燼吸掉蝸牛的黏液，然後再把蝸牛肉一塊塊從灰燼裡剝出來。這樣先去掉一部分蝸牛黏液，接著又用明礬，或芭樂葉不斷地搓洗幾遍，如此再去掉一部分蝸牛黏液，再接著還要放進滾燙熱水裡，煮個幾分鐘，再次去掉蝸牛黏液，撈起來後放在冷水裡浸泡。怕的話還可以再用明礬或芭樂葉再洗個幾次。最後才是進入用蒜、辣椒、九層塔來熱炒蝸牛。

處理蝸牛這件事，通常都我祖母在做，我三姊非常厭惡處理蝸牛，因爲那過程實在有點噁心。小時候我不太熱中吃蝸牛，倒是長大在都市裡，偶爾在某種說不清楚的心情下，會在海產攤炒一盤蝸牛肉吃吃。

父親的鬍渣渣

在我極小時，有一個感覺，就是父親的鬍渣渣。

父親的鬍渣渣，總是在清晨起床前，或者晚上睡覺前，在我那時的小小臉頰上磨蹭磨蹭，癢癢刺刺讓我笑著閃躲。那大約是我四、五歲左右的事，也就是我母親過世後二三年內的事。想起來，那是父親對我最好的一段日子，也是我童年裡感受到最多父親溫暖的一段時光。

我從沒問過父親，在我母親過世那幾年，他是怎樣的心情。我只是在父親鬍渣渣的刺刺癢癢感覺裡，想像父親或許靠著跟我之間的親密關係，來想念他死去的妻子，因爲我是他這妻子唯一親生的兒子。

那種刺刺癢癢感覺，我到現在都還記憶深刻。記得那時，只要父親一靠近我，鬍渣渣刺到我小臉頰，我就一直笑一直躲，父親就會把我抱得更緊，讓我沒地方躲，一直要到我笑得喘不過氣來，他才開心的放開我。有時他躺在床上，用腳頂著我的肚子，把我頂高高，逗得我笑不停。幾乎晚上睡覺前，父親總會這樣子跟我玩上好一陣子。

那時出門要到村子裡，或者到台東鎮上，都要涉水經過馬武窟溪。過溪時，父親就把我舉高坐他肩頸上，過了溪，我總是會耍賴不下來，讓他繼續舉著我爬上山坡走到公路上，到了公路上我才肯下來走路。

這種溫暖美好關係，在我們父子間是很短暫的。大約是在我進小學前後就結束了。也許是我開始懂事，也就開始需要嚴厲管教。我想父親是這麼樣認爲的。

祖母的視線內

從我懂事開始，跟祖母相處的時間非常多。

我祖母幾乎是不到田裡去工作，她的工作範圍都繞在家裡附近的方圓三十公尺左右，除了煮飯煮菜打掃家裡，養雞養鴨，燒大灶煮地瓜葉及地瓜，煮來餵豬。瑣瑣碎碎夠她忙個半天。而最多時候祖母是在菜園裡忙碌，忙著拔草、施肥、捉蟲、澆水。當祖母在忙著這些工作時，我必須在她的視線內，不然她就會大聲罵我。這是長期祖母跟我相處的方式。到我五歲左右，當三姊又回小學讀書時，我更是要跟在祖母身邊過日子。

因爲祖母認定我身上還有一支箭沒射完，所以她不喜歡我。記憶中，在那段時間裡，祖母跟我之間像是兩條沒有交集的平行線，永遠有個距離，不近不遠，永遠平行著。

由於跟兄姊們年紀相差太多，我只好孤獨的跟在我祖母旁邊，一直到上小學前，必須在祖母視線內活動，不然就會挨罵。

當然，印象中我是常挨罵的，畢竟太陽底下好玩吸引我的事物太多了。

去蘇州賣鴨蛋

小時候，家裡大人們說到我母親，總是這樣跟我說：「你老母去蘇州賣鴨蛋了啦……。」這句話的眞實意思，我在很久以後才弄清楚，才知道意思是說我母親過世了。這一去蘇州賣鴨蛋，是永遠賣不回來的，不像我三姊早上出門賣鴨蛋，中午左右就回來。

對我母親的長相，及她說起話來的聲音，我完全沒眞實的記憶。母親說起話來的聲音，當然是不可能再重現聽到了。唯一只有在我們家相簿上看到母親的長相樣子。小時候，我們家有本很大本的相簿，相簿封面是包著燙金絨布，相簿裡滿滿貼著我們家每個階段的照片，從我父親小時候一直到我小時候的我們家各個時期的照片。

自從知道我母親過世再也不會回來以後，我每次翻相簿總會在有我母親照片那幾頁停留多看好一陣子。照片裡的母親，頭髮半長不短的燙起來，燙成那時代流行的時髦樣式，看起來俐落。再加上她自己是裁縫師，所以身上衣服都是能穿出腰身來的流行款式。照片裡，她總緊抿著她薄薄的嘴唇，沒什麼表情的看著前方。令我感覺到她是那種很容易憂鬱的人，好像這個世界沒什麼事情值得她快樂高興。

其實，小時候很喜歡照片裡母親的樣子。尤其到了國中時，每當看母親照片時，就覺得母親是那種很酷，屬於有氣質的女人。有氣質的女人，是我青少年時期那個時代，常掛在嘴邊形容讚美自己喜歡的女孩子。

大約在我六歲左右，為了我即將進小學，我們家從谷谷台地山腳下，搬到對岸公路旁的山坡上。那時我們家來了一戶短暫的鄰居，這鄰居是祖父家鄉的人，為了躲債而帶著一家人跑來台東投靠我祖父，避風頭。他們家是連著我們家茅草屋，而搭起來的一間小小茅草屋。

他們是一對夫妻，帶著一個跟我年齡相仿的小女孩。平常沒事他們夫妻就幫我們家種種田。有人請他們去做工時，他們就去做工賺錢。那做丈夫的有一個副業，是讓我很羨慕，且覺得他很厲害的。他的副業就是晚上出門抓青蛙兼抓蛇去賣。晚上一到，就常看到他腰上繫著一個大竹簍，及個大麻袋，一手拿著根鐵鉤及一根尾端綁個小網子的竹竿，一手提著一盞電土燈，他就這樣子出門。當回來時常常滿竹簍都是大青蛙，運氣好就外加幾隻蛇，運氣不好就沒帶蛇回來。

他出門時間，通常是吃過晚飯的初夜，有時吃過晚飯又跟我祖父喝一頓酒，常一喝就變成午夜出門了。我那時，常吃過晚飯，就等著看他出門，因爲早出門就會早回來，這樣就能在我還沒被大人趕去睡之前，看到他剛抓回來的大青蛙。如果等到不能等，被大人趕去睡了，那第二天天亮一起來，眼睛一睜開就趕緊跑去看他泡在大鐵盆裡的竹簍子，看竹簍子裡裝了多少大青蛙。他總是沒讓我失望，總是讓我看到竹簍子裡永遠有又肥又大的青蛙。

除了青蛙外，他們家那個跟我年紀相仿的小女孩，像是突然冒出來要當我玩伴的。她長什麼樣子，現在想起來很模糊。只記得那時候，我們老是喜歡在屋子後的水溝邊玩，老是撿一種在水裡用力搓，就會搓出像肥皀泡泡般的果實。常常撿一大堆，拚命在水裡搓著玩，且互相搓對方的臉，最後就搓得全身濕淋淋。這時，通常我祖母就會罵人。如果被我祖父看到，他就一手抓一個，把我們抓回家，邊走還邊開玩笑地說：「太假肖！就把你們抓去賣到海口吃番薯……。」，被祖父這樣一手一個地抓著，我們還覺得好玩笑著，對賣去海口吃番薯這件事，可一點也不擔心。那時哪知道海口在哪裡，長大才知道海口是雲林靠海貧窮鄉鎮的統稱。

這短暫鄰居，在我記憶中，好像只是一個夏天和一個秋天的事，夏秋過後，他們就走了。

印象中，那個我叫他叔叔的男人，一直是打著赤膊，很有力氣的把我跟他女兒舉高高，一邊一個坐在他肩膀上，這樣帶著我們出門去玩。還有一個印象，是他常拉著我的小雞雞，問我說這是要做什麼的？剛開始我只是笑，不會回答。後來我父親教我，叫我回答說，這是要做種的。他常常樂此不疲的這樣問我，而我就永遠回答他：「這是要做種的。」

他們搬走後，我就失去了這童年唯一有過的玩伴。

在很久很久以後，我已經當了麵包師傅以後。當兵前我在斗六一個我也要叫叔叔的親戚家，在那裡做麵包師。我那叔叔家的店面，是市場裡的一個三角窗，店面很小，工廠擠在店面一角，從街道就可以看到我們做麵包的工作情形。

有一天在工作時，我突然間覺得好像背後一直有人盯著我看，回頭一看，店面外街道站著一個五十幾歲的男人。這男人以一種像是快哭出來的目光投向我，我回頭望著看，突然心頭就一震，心想莫非是他的走出店外走向他，走到他面前，看到他眼眶裡淚水打轉，而我也鼻子酸酸的，隔了十幾年沒見面，是有些心酸想哭。然而，接著他跟我說，他女兒，我那童年唯一的玩伴，過世了。她是堅持愛上一個家裡反對的男人，且選擇跟那男人一起自殺。

在她父親的帶領下，我去她墳上上過香，插上過一束鮮花。

沒想到，才十八歲，爲了愛情，她選擇了去蘇州賣鴨蛋！

當年我母親也因愛上一個父母極力反對的男人，一氣之下離家出走，而從彰化跑到台東……。

阿文哥的大西瓜

阿文哥人高，手長腳長。每次到我們家，他都肩上扛著一個大西瓜，要進我們家門時，總要微彎下腰，矮個頭才不會撞到門樑。

西瓜是他們家種的，當西瓜成熟的季節，每隔一陣子，他就奉他母親之命扛著個大西瓜到我家，住一個晚上。第二天回家時，我祖母照例會回贈個十來粒我們家的鹹鴨蛋讓他帶回去。

阿文哥的母親，我要叫阿綢姑。阿綢姑是我祖母的乾女兒，在我們家最富有繁華的年代，她長期在我們家農田裡工作，幾乎像是長工般。她會做我祖母的乾女兒，照我祖母說法，是她工作認眞，不跟人計較，所以很有我祖母的緣，得我祖母疼愛。而照我阿綢姑的說法，是我祖母祖父有當頭家人的肚量，很照顧下面的人。後來我們家家道中落，搬離鹿野搬到這泰源谷谷山裡。阿綢姑一家仍住在鹿野。所以阿文哥扛著西瓜，要轉好幾趟車才到得了我們家。

由於這層關係，阿文哥在我上小學前後那段時間，在我們家做長工，負責養羊養鴨，大約工作了一年多。阿文哥在我們家那段時間，我最記得的，就是他刨豆餅時的樣子。我們家刨豆餅用的長板凳，是我祖父特製的。我祖父請人把長板凳中間挖個小小長方形的框，然後在框裡安裝了個木匠用的刨刀，這就成了我們家刨豆餅的長板凳。

刨豆餅時板凳底下放個大盆子，然後人坐在板凳上，雙手扶著豆餅用力推過刨刀，刨刀就刨出薄薄一片豆餅，往下掉在大盆子裡。接著扶著豆餅的雙手往回收，然後再往前推過刨刀，又刨出……。就這樣週而復始循環著這樣單調的動作，刨出一片片薄薄豆餅，一直刨一直刨……。

阿文哥人高，坐在長板凳上刨豆餅時，微彎著背拱著肩，長長的手扶著豆餅往前推去又往回收，刨起來像是毫不費力氣般。他就這樣一推一收循環著這單調動作，不急不徐的刨著豆餅，直到刨夠了才停下來。阿文哥刨豆餅時，我總是搬張小板凳坐在大盆子邊，等著一片片刨下來的豆餅堆積的高高時，就伸手把豆餅推平，免得堆太高，倒出盆子外。

到最後刨夠了要結束時，阿文哥總會讓我坐在他前面，抓著我的手去扶著豆餅的往前推過刨刀，讓我玩玩的來回推個幾下，讓我好玩興奮一下。每次阿文哥刨豆餅時，我就期待著最後能玩玩推個來回幾次。但當我長到夠大，刨豆餅的事落在我身上時，就一點都不好玩了。每次刨豆餅都是分好幾個段落才刨完，總是刨沒兩下就開始想著前一陣子看到的那好大一粒的野芭樂可能熟了哦。想到屋後山坡上那片野刺莓有好一陣子沒去巡看了，好一陣子，其實是兩天前才去巡過。也或許想到一棵結果纍纍的芒果樹，或許想到哪棵樹上的鳥巢，或想著去溪水裡泡個清涼。邊刨邊滿腦子想著的都是外面太陽底下好玩的事，想到耐不住時就眞的偷偷溜出去玩一陣再回來繼續刨豆餅，所以刨豆餅在我手上總要分成好幾段。絕不可能像阿文哥一坐上去，就不急不徐的刨到完才有下來。

阿文哥走後，過不久來了個叫阿霖的，他刨起豆餅可是拚命三郎，像是卯起來跟豆餅拚命般又急又快。阿霖做沒多久，對他沒甚麼特別記憶，只記得他有頂墨西哥帽，出門喜歡戴著它。阿霖走後，後來來了個退伍老兵老張，他刨豆餅是比耐心的，他喜歡喝酒，總是邊刨豆餅邊喝酒，慢慢的刨，等他豆餅刨好時，大約也喝光了一瓶酒。

阿文哥離開我們家後，聽說去當黑手學徒，後來去當兵。

後來我出社會到台北後，就斷了他的消息，只偶爾聽到家裡人說起，說他開大卡車滿賺錢的，把一家人都接到高雄住了。

最後一次見到阿綢姑，是在祖父的葬禮上。阿綢姑，她一下車就哭著一路跪拜進靈堂，跪拜痛哭到我祖父牌位前，痛哭得令人心碎。

在他們老一輩的人過世後，我們年輕的一代，很自然的就淡了關係。

隔了很久很久以後，前二、三年，有一次聽我大哥說阿文哥得癌症過世了。聽到我大哥說時，阿文哥已過世了好長一陣子了。

小時候，西瓜成熟上市，每當看到冰果室櫥窗裡那一片片鮮紅擺著的西瓜，以及堆在一旁那一粒粒大西瓜時，就會開始想著阿文哥扛著大西瓜來我們家的日子快了。等阿文哥西瓜扛到那個晚上，吃過晚飯後，一家人搬了長板凳坐在屋旁曬穀場，吃著一片片西瓜，鮮紅甜美而多汁。

至今，當我看到大西瓜時，常會想到阿文哥扛著大西瓜，微彎下腰，矮個身跨進我家門檻時的樣子。也常想到阿文哥不疾不徐刨著豆餅時的樣子。

終於擁有一把番刀

擁有一把番刀，是我小時候想了很久的事。

谷谷台地農田大都是AMIS在耕種。AMIS就是阿美族。大部分的平地人都叫他們番仔，而他們不喜歡被叫番仔。叫番仔他們聽起來刺耳，感覺到一種被貶低的意味。叫番仔不可否認是平地人的一種優越。可是我從小跟他們玩在一起，叫他們番仔，或AMIS。上學後，班上很多番仔同學，有的甚至很要好。也叫他們番仔，或AMIS。

長大後，不知從甚麼時候起，發明原住民這個稱呼，但我一直不習慣稱呼他們爲原住民。我還是喜歡照著一份從小叫起，叫久了的習慣，來叫他們番仔，或直接以他們的語言叫他們AMIS，DIAYA……。

我們谷谷的番仔，都是AMIS。他們腰上總揹著一把番刀，大大小小都揹著一把。在我印象中，AMIS小孩只要長大到會跑會跳，就會擁有一把番刀。他們番刀是插在木刻刀鞘裡，然後繫綁在腰間，用刀時，伸手握著刀把一抽，抽出來就往要砍的東西一砍，常是應聲而斷。

除了刀子要利外，裝刀的刀鞘也要刻的好。刀鞘是用一整塊木頭削薄，削成跟刀子形狀相似，但稍微大一點。然後挖鑿出插刀的刀槽，靠刀刃這邊要往裡頭鑿出比刀刃寬些的縫隙，讓刀子插進刀鞘時，刀刃很自然就卡進那縫隙裡。最後跨著刀槽釘上一排跨釘，這就完成一把番刀刀鞘。講究的話，還可以在刀鞘上刻出圖案，刻出屬於AMIS的圖騰。小時候，每當有腰上掛著番刀的AMIS經過我家門前時，我會怕生的躲著看，看的不是人，而是看那人腰上的番刀。從目光害怕看到目光羨慕，也開始想著擁有這樣一把番刀，把這番刀往腰間一掛，就好比一隻跳上石頭上站著的雄赳赳小公雞。隨著長大，愈來愈不怕生，開始認識了些AMIS小孩，且跟他們玩在一起，於是有了機會親近那番刀，常不時伸手摸摸他們掛在腰間的番刀。有時他們讓我把番刀掛在腰上，我就學著像他們那樣拔出番刀，一刀在手就往樹叢草叢裡亂揮亂砍，總要試試番刀有多利，番刀一點也沒讓我失望，樹枝、草莖都隨著刀起刀落應聲而倒。可這是別人的番刀，最後還是要還人家。

我終於擁有一把番刀了。

是我上小學那年擁有的，記不得是上了小學，還是沒上小學之前。只記得是夏天，我剛學會游泳。整個夏天都跟一群AMIS小孩，整天泡在溪裡玩水游泳。他們是跟著在谷谷田裡工作的父母來的。

AMIS小孩們跳水很厲害，他們爬到一個大石頭上往下跳，大小男女都跳，有些甚至比我還小的小孩也照跳不誤，一點也不害怕。只有我不敢跳，常常泡在水裡，只能羨慕的看他們輪流著跳水。有一次，他們起鬨捉弄著要我跳水。但我不敢跳，不管他們怎麼取笑，怎麼激我，我就是不敢跳。最後一個年紀已經是少年的男孩，他硬是半抓半推的把我推上大石頭。他說，只要你敢跳下去，我就送你一把番刀。我雖仍害怕，但我跳下去，嗆進一鼻子水……。過不久，我終於擁有了一把番刀。

我擁有番刀，整天揹在腰上，走在太陽下，走在下雨天，我到哪裡番刀就跟著到哪裡，看哪個樹枝或竹子不順眼，一刀砍去就解決了。好像只要揹著這把番刀，就可以天不怕地不怕，哪裡都可以去了。

大人們可不這麼想，祖父拿我番刀去砍搭瓜棚的樹幹竹枝，父親拿我番刀去剁木柴，剁成一截一截，好讓祖母放進灶孔裡煮飯燒菜。於是番刀掛在我腰上時間就愈來愈少了。當它愈來愈成了工作工具時，揹起來也就不再那麼雄赳赳氣昂昂，不再感覺像是站在石頭上的小公雞了。

長大後，當然也就知道 AMIS 腰掛著番刀，是他們一份工作生活上的需要。因爲他們經常山裡來山裡去，隨時要番刀幫他們開路。番刀在他們手上，多少是神氣了些。而番刀落在我們家，它就只是一把超利的刀，在我們生活裡淪落去剁木柴、砍搭棚架的竹子……。它不再爲人們開路。

我開始往家庭以外的世界走去

TAKE 5

未 來 ， 一 直 來 一 直 來 ……

（圖右）站在西門町街道上看景，決定鏡位。西門町是我十六歲到台北後，年少輕狂，長期揮霍青春的地方。

（上圖）父親（左）十六歲移居台東時，在知本溫泉的留影。父親的青春是在他父親的權威壓抑下度過的。

（中圖）這是父親最後一篇日記，裡頭寫著對他子女們的關心。尤其是對我跟柯淑卿，他無法瞭解我們對電影的熱情，只留下「……一切狀況不明！」這樣的擔憂。寫下這篇日記後的隔年九月，父親過世。

（下圖）在蔡逸君的隨身訪談下，重遊故鄉的泰源國小。當年我在這裡讀小學時，全都是黑瓦房教室，如今已都是現代化的二樓洋房，且當年的老師們都不在了。站在校園中，彷彿處在過往時光的餘波蕩漾裡，錯離著我童年的生活點滴。

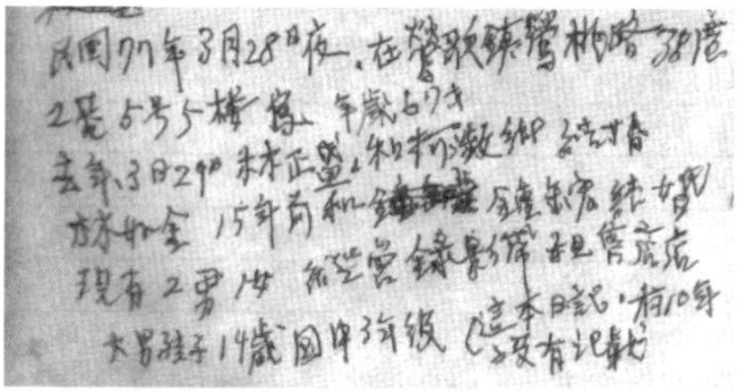
民國77年3月28日夜、在鶯歌鎮鶯桃路38巷
2號5弄5樓寫 年歲[illegible]
去年3月29日 林正盛、和柯淑卿 結婚
林如金 15年前和[illegible]結婚
現有2男1女 經營錄影帶租售店
大男孩子14歲國中3年級 (這本日記，有10年沒有記載)

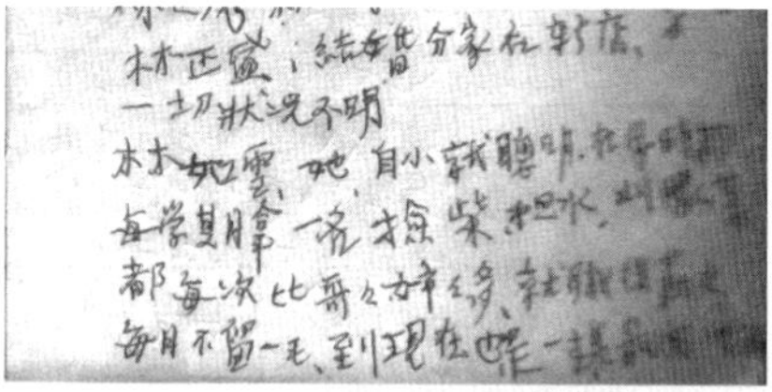
林正盛：結婚後分家在新店、
一切狀況不明
林如雲 她自小就聰明，[illegible]
每學期拿一張[illegible]
都每次比哥哥姊姊多、[illegible]
每月不留一毛、到現在唯一[illegible]

我的小學一年級

終於到了要上小學，我在七歲時上了小學。照學區我應當是到東河國小就讀，但我們家離泰源近，所以我跟我三姊都讀泰源國小。

因我母親的過世，我三姊休學帶我帶了兩年。我五歲時，她才又復學繼續讀四年級，那時她已十二歲。到我入學一年級時，她正在讀六年級，那時她十四歲。從入學第一天起，我就跟著三姊，天天搭長頭巴士上學放學。上小學對我來說，是一種突然要面對很多人的感覺。從小住谷谷山裡，很少接觸到這麼多人，尤其對泰源村子裡的人，更是沒接觸而陌生。偏偏班上同學大部分是泰源村子裡的人，他們是從小就玩在一起的玩伴，到了學校他們仍然玩在一起，而我只能在一旁看著，很難加入他們。加上我的怕生，也就更是孤獨一個人。

記得那時，每當下課就往我三姊教室跑。可是教室裡的三姊跟家裡的三姊不一樣，每當我去找她，她就會趕我，叫我回自己教室。教室裡的三姊不喜歡我纏著她，因爲會讓她在她同學面前覺得很彆扭，會讓她同學們取笑。所以久了，我也就減少去找三姊。但我仍然交不到朋友，還是孤獨一個人。

但有個三姊讀六年級，且是超齡六年級，這對我總是有好處的。由於我老是孤獨一個人，給人一種不理人，甚至讓同學們覺得我很臭屁，看我不順眼的取笑捉弄我，而那時我最會的就是哭，我一哭，那些捉弄我的同學就會被老師處罰，而他們也就更討厭我了。除了老師處罰，有時三姊會在放學時，找機會教訓那些取笑捉弄我的那些同學，讓他們以後不敢欺負我，通常這比老師的處罰更有用。印象最深，是有次中午吃便當時，我跟坐我隔壁，且共用一張桌子的同學，爲了桌面的疆界問題槓了起來，吵架。他搶過我手上的湯匙，一用力把它折彎，看到我湯匙被他折彎，我哇……的放聲大哭，哭著跑去找我三姊，我三姊一來，二話不說就打了我那同學兩巴掌，換他哇……的放聲大哭。這之後，坐我隔壁這個同學，就跟我比較和平共處的共用一張桌子。

其實那時我不是臭屁，而是不知道怎樣跟別人說話，交往。

記得第一學期結束時，我傻乎乎的拿著成績單回家，我父親看了瞪我一眼就不說話，把成績單收進抽屜裡。而第二天到學校，當老師叫大家把蓋了家長印章的成績單繳回時，我才知道成績單是要讓父親蓋章，然後繳回給老師。於是回家就跟父親要成績單，要他蓋好印章，我要拿回去交給老師。父親從抽屜裡拿出蓋好印章的成績單，瞪著我，把成績單給我，問我：「你班上有多少個同學?……」我說我不大清楚，他生氣罵我說，讀一整個半年了，連同學幾個都還不知道，難怪你成績會吊車尾，考到三十多名……。

記憶中，那時我們班上最多不會超過四十個同學。但那時我並不知道考三十六名是很嚴重丟臉的事，是在被父親罵過後才漸漸知道的。

小學一年級，我孤獨的度過，本能不自覺的靠著三姊，及我的哭聲當法寶，讓我減少被同學取笑捉弄。

小學一年級，傻乎乎的，連成績第三十六名也不知道嚴重性，且連班上同學幾個也搞不清楚。

小學一年級，班上同學們叫我愛哭鬼。

我的第一張獎狀

「二年甲班，林正盛同學，請出列……」朝會時突然被這樣叫到名字，而一時無措，在級任導師的眼光示意下才趕緊慌慌張張出列，跑到校長面前站定，校長宣布完頒獎理由，把一張獎狀交到我手上，接過獎狀在全校師生的掌聲裡，我漲紅了臉跑回行列裡，心怦怦跳著。這張獎狀上，得獎事由是寫著斗大的「熱心公益」四個字……。

我小學一年級結束時，三姊小學畢業。從二年級開始，我就一個人自己搭公路局長頭巴士上下學。雖然我成績一直沒有起色，父親還是讓我買公車月票。但當我意外拿到一張熱心公益的獎狀時，一切起了變化。

記得那時一張月票九元，月票上一格一格，剪完剛好一個月。二年級時，有次又到了繳月票錢時，剛好遇到學校辦冬令救濟活動，要同學們捐出零用錢，或者捐出自己不能穿的衣服，及生活用品。或許是老師說得令我感動，但更多的是出於一種難以言明的不自覺熱情本能，而一時衝動的拿出買月票的九元，捐了出去。錢捐出去後，月票買不成，開始後悔害怕回家會被父親罵。所以捐錢的事怕我父親知道，回家不敢說，也就當然不敢再要錢買月票了。過了幾天，直到朝會時，被叫出去從校長手上接過一張熱心公益的獎狀後，我心裡想，這下應該可以跟父親說了，他應該會再給我九元去買月票。

回家，我把獎狀拿到父親面前，跟他說我把月票錢捐給了冬令救濟。我父親看了看獎狀，然後跟我說：「……很行嘛，你很行……這麼小就這麼愛出風頭，我看大漢（長大）你跟你阿公差不多啦……」結果，父親一毛錢也沒給我，且從此再也不讓我買月票。他說，既然你那麼行，以後你就用走的去讀書。結果這一走，就走到小學畢業，走到國中……。

這條路將近六公里。小時候走起來，大約一趟路要走四十五分到一個小時左右。走久走短就看一路上有沒被什麼有趣好玩的事物吸引，比如一隻鳥，一群猴子，一樹成熟的野芭樂，或土芒果……。

如今回想起來，父親對我做這樣的懲罰，其實還不壞。還因此讓我的人生裡有一條路，我跟它感情深厚。

在那條路上，我從跑給猴子追走起，走到我長大，大到換我追猴子。

清晨五點多被吵醒

清晨五點多，偶爾就會在父親跟祖父的吵架聲音裡醒來。這樣的記憶，不記得從什麼時候開始有的，想起來好像從我懂事後就有這樣記憶。

記憶裡，清晨五點多，我在睡夢中聽到隱隱約約的爭吵聲，而半睡半醒了起來，隨著醒來爭吵聲變得眞實而清楚了起來，清楚聽見是父親跟祖父的吵架聲，清楚聽見而嚇醒，瞪大著驚惶眼睛，害怕的聽著。……但經過一次、二次、三、四、五、六……無數次後，也就不再驚惶害怕了。且變成一種習慣，像是例行性公事般每星期總要吵個二、三回。

吵到後來，我們小孩子也就聽麻痺了，他們吵他們的，我們該起床、該刷牙、該煮飯燒菜忙我們的，當作沒事一樣。

許多年以前，當我祖父從大陸回來後，所做第一件事就是禁止了他兒子讀日本書，在那時就注定了他們父子間經過多年後會這樣經年累月的爭吵。他們父子間這經年累月的爭吵，聽起來像是總在原地打轉，說來吵去就當年那幾件事。父親恨的是當年在他父親不容懷疑的反對下，阻斷了他繼續到日本讀書的機會，也就是幻滅了他當時想像中人生美好。……這就算了，後來好不容易拚出了個人生局面，卻又被我祖父揮霍殆盡……。

如果我們家一直維持著燒石灰致富後的人生局面，或許他們父子間能一輩子相安無事吧。對當初被我祖父阻斷的讀書夢，或許只是父親人生裡的些許遺憾，頂多偶爾想起偶爾感傷。但偏偏人生總不照著我們的希望走，造化總在一旁不經意的偷偷放了把冷箭，打亂了你想像中的人生。

當我祖父熱中於發展他的一份政治事業，而散盡了我們家辛苦累積的家產時，漂泊成性的我祖父，他當然可以拍拍屁股，抖抖身體抖掉一身灰塵又繼續往前走他的人生，再拚吧！照我祖父的說法就是：「……人啊，最怕的就是失志……遇到了，鼻子摸著算了，只好自己牙齒筋咬著繼續拚啊！……。」但對像我父親計畫性格這麼強的人，是很難的，一下子就全盤打翻，毀了他計畫好的人生，同時打亂了他在心中計畫好的未來人生。於是父親失去了計畫未來的信心，沒有計畫也就走起來膽怯。照我父親罵我祖父時是這樣說：「……拚要幹甚麼，拚一拚又讓你去外面王兄柳弟，揮霍掉，拚給你花不用怕的……。」

父親跟祖父吵來吵去就這些。對父親來說，前因後果新仇舊恨，常常想起來就恨就要衝撞我祖父幾句。而對我祖父來說，這樣漫無休止的爭吵像是脊背上不時發癢，說癢的多嚴重，也沒，只是癢在脊背上，搔癢搔不到的不時在那邊癢著。

然而，對我祖母來說，她聽多了，也勸多勸到懶得再勸，只有在聽他們父子吵到不像話時，才會氣到大聲罵人：「瘋子，你們父子都瘋子啦！……早晚這家子人會被你們吵到一個一個都變瘋子。……」至今，我仍覺得我祖母的話，罵得非常傳神。

或許是因爲我們家是谷谷山裡唯一一戶人家，爭吵起來不怕人家聽到，不怕人家笑話，也就讓他們父子吵起來不用壓抑，而盡情吵個痛快。然而吵了一輩子，我知道父親始終沒原諒過他父親，而我祖父到了晚年，對他這兒子早已沒了火氣，剩下的只是無話可說。

其實他們清晨五點多的爭吵，並不是一起床就準備好了要爭吵。他們起床後，總是翻看著前一天晚上我從郵政代辦所拿回來的報紙，邊看報紙邊會有一句沒一句的交換一些報紙上國內外大事的看法，或者交換前一晚他們各自在村子裡聽到的一些事。於是他們從「美國帝國主義怎樣怎樣……」，「資本主義路線是行不通的，美國啊只是一隻紙老虎……」，「……你不要中共的廣播聽太多了，就一天到晚講人家美國是紙老虎……」在這樣的話題裡，談啊談，談到後來就談到他們的新仇舊恨，而變成他們翻舊帳的爭吵。隱約記得每當我祖父大發議論批評美帝美資時，父親聽煩了就會不以爲然的回他一句：「……你就那麼行，講得那麼有道理，當初你就留在延安不要回來，不就好了嗎！你可以跟共產黨去革命，我可以去日本讀書，那不就什麼事都沒有了……」每當我父親這麼說，我祖父火氣就來，口中喃喃唸著：「又來了，又來了，又要跟我番這個……」他們的吵架常就這樣開始，吵了一輩子，吵同樣一件事。

回想起來，其實他們是很寂寞的，只有在吵架裡或許能彼此在對方身上分享到一些彼此的寂寞。到了我祖母中風後，那時家裡所有小孩都離家在北部工作，連最小的我也在台北做麵包學徒。谷谷家裡就只住著祖父跟父親，以及中風後經年躺在床上的祖母。

那時，晚年的祖父連火氣也沒了，任由我父親抱怨，不再跟他爭吵。失去了對手，父親也就愈來愈不再抱怨，而變得沉默。最後這對吵了一輩子的父子，卻無言沉默的同住在一個屋簷下過日子。連架都吵不起來了，也就再也無法分享彼此的寂寞跟孤獨，而各自過著真正的寂寞孤獨生活。

關於清晨五點多被父親、祖父爭吵聲吵醒這件事，也不盡然只是壞處。在他們爭吵聲裡，除了聽他們的新仇舊恨外，也聽了許多國內外大事。有一次縣裡的督學來學校抽考時事測驗時，我還因此意外考了個全校最高分，記得是考了八十幾分，考的都是是非題選擇題，我是憑著從父親、祖父爭吵聲裡聽來的一些時事印象作答的。

美國神父

當我父親不再讓我買月票坐巴士，讓我每天走路上下學時，我意外認識了一個美國神父。他是我第一個看到且認識的外國人。

叫他美國神父，並不確定他是美國人，或許他是瑞典人，也或許是荷蘭人，但那個時候我們的心目中只有美國，凡是美國的都是好的，而他對我很好，就理所當然當他是美國人，自然就叫他美國神父。至今我還是不知道他是哪一國人，其實也從來沒問過他。

美國神父，他住在都蘭，管整個都蘭教區，所以他每隔幾天就會到泰源基督教堂巡看一番，處理一些事情。我跟他認識是在我家往泰源的路上，起因是他的好心，看我一個小孩子走路，就停車揮手叫我上車，順便載我一程。我就這樣跟他認識了。

每次坐他車時，他總是會用怪腔怪調的國語跟我說幾句話，剛開始會問我名字，家住哪裡。到後來會問我考試考第幾名，學校好不好玩啊之類的。更久更熟悉以後，他常叫我有空到教堂認識一下上帝的獨生子耶穌基督。那時我聽得一臉茫然，搞不清楚上帝是誰，他爲什麼只生一個兒子，不多生幾個。但我祖母跟我說，信了他們的教，你就不能舉香拜拜。不能舉香拜拜，對我祖母來說是很嚴重的一件事，這是我父親唯一讓她遺憾的地方。其實父親也不是完全不舉香拜拜，只是當每次要拜拜時，他總是要嘀咕幾句說一下道理，說舉香拜偶像是一種迷信。所以我父親堅持只肯拜祖先，絕不舉香拜任何的神明。而我祖父受左傾思想影響，他是個無神論的人，一輩子不相信鬼神，只相信東方的紅太陽。所以家裡拜拜這件事，好像只是我祖母一個人的事。而祖母更擔心的是這個家的後代子孫，再也沒人舉香拜拜。所以當祖母看到我大哥已經有信基督教的傾向時，她就一再灌輸我拜祖先的重要，不能去信基督教，信了基督教就不能舉香拜祖先，那是大不孝，死後要下油鍋，下完油鍋還要打入十八層地獄。

可是另一方面，我祖父總是灌輸我無神無鬼的想法。他說人死了後就什麼都沒有了，你再怎麼拜它也只是一塊木頭，有什麼好拜的。小時候雖然比較親近祖父，比較容易相信他的話，但關於鬼神之說，還是寧願相信祖母的話，對她的鬼神因果之說不敢懷疑，甚至相信眞有神鬼。尤其是擺在倉庫間裡，那個我母親的骨灰甕。

我祖父是無神論的很徹底，從小沒看過他拿香拜拜。

我們家是山裡唯一一戶人家，且沒錢牽不起電。到了晚上點上煤油燈，燈光微弱，且風一吹就飄搖跳動，一閃一閃的。就在這樣的燈光下，我讀書寫功課。離了屋內，到屋外常是一片漆黑，伸手不見五指的漆黑。所以到了晚上最怕的是到屋子外面小便，偏偏屋子裡的尿桶是放在擺著我母親骨灰甕的倉庫間裡，我更怕更不敢去。最後就只好硬著頭皮，還要趁大人們沒注意時，硬著頭皮衝到屋外空地上小便，小完便趕緊衝回屋內。有時正在小便時，突然吹過一陣風，吹得屋旁竹林在風中輕搖，而發出竹枝摩擦的嘎嘎聲，在加上竹葉沙沙，嚇得我起一陣雞皮疙瘩，這時如果突然看到個甚麼不清不楚黑影閃晃，就更是嚇得連小便都沒了，頭皮發麻的衝進屋子裡。這時如果剛好被我祖父看到，祖父就會硬拉著我到外面看清楚，看清楚了，原來是曬衣架上一塊抹布被風吹落，或掛在屋簷下的斗笠包巾被風吹落……。祖父硬拉著我看清楚，跟我說，不要看到黑影就怕，看到，就把它仔細看清楚。

對我不敢去擺著我母親骨灰甕的倉庫間大小便這件事，我祖父總是罵我說：「奇怪咧！那甕子裡是你老母，你老母她會對你怎樣！就算做鬼做神，有也是保祐你，哪會害你！」從小常被祖父這樣罵，但我就是害怕，不敢去倉庫間的尿桶裡小便。

我祖父有一件在我們村子裡很有名的事。有天晚上，他坐在泰順旅社樓下雜貨店前的長板凳上跟人茶餘飯後，聊著天。突然一個人腳踏車騎的飛快，一臉蒼白嚇壞的停在雜貨店前，說他看到鬼，在村子口的公墓裡看到兩個身穿白衣的鬼。我祖父聽了完全不相信，硬要那個人帶他去看鬼，那個人害怕不肯。但因爲衆人起鬨，人多勢衆之下，那人才鼓起勇氣帶著祖父跟一群好事的村人，回頭去公墓看鬼。到了公墓，那人伸手指向他看到鬼的方向，一指那人卻呆了，原來他看到的是一座退伍老兵的新墳，墳前豎立著兩根白柱子，柱子的頂端刻著青天白日的國民黨的黨徽。這就是他看到被它嚇壞了的鬼。

這件事讓我祖父出名，在我們村子裡流傳了好長一段時間。

雖然我在祖母的叮嚀下，沒有去信基督教，但我還是喜歡坐美國神父的車，喜歡美國神父用那怪腔怪調的國語跟我問東問西。有時候我甚至會跟班上那些信基督教的 AMIS 同學們，在放學經過基督教堂時，跟他們一起進教堂裡，看他們禱告的樣子，有時也好玩得學著禱告。

同樣是不舉香，要做禱告的教堂，我們村子裡有兩間，我老是分不清楚他們有什麼差別。我只記得另外一邊的教堂，固定會有發麵粉牛奶，而美國神父這邊的教堂，不記得有發過麵粉牛奶的印象。

關於發麵粉牛奶這件事，跟我們家沒什麼關係。但學校，班上許多家裡信天主教有麵粉牛奶領的同學，他們常穿著用麵粉袋做成的衣褲，有時屁股上還不歪不斜的印著一張美國大國旗。或者一邊屁股是美國國旗，一半屁股是中國國旗，且各自還伸出一隻手握著，就這樣穿著中美友誼在陽光下到處跑，到處玩。

這些穿著中美友誼的同學，大部分是 AMIS 小孩。

雖然我們家不領麵粉牛奶，但我們家也有跟中美友誼相關的東西，那就是我從美國神父教堂裡偷來各式各樣的花，繞著我祖母的菜園種，愈種愈多，倒也有綠有紅繁華一片，象徵著中美友誼的花團錦簇。

那個時代，美國是我們的天堂，大人們總是說「……又不是吃飽閒閒，我哪有那個美國時間啊！……」，或者「……美國西裝，大輸（大件）……」連美國的青蛙都最大隻，大得嚇人。

隨著我常常坐著美國神父的車，時間繼續往前，過不久，我那些姊姊們帶回了阿哥哥，帶進了我們家。頭上是阿哥哥頭，嘴上哼著阿哥哥旋律的流行歌曲，一身穿著打扮都是阿哥哥……。

東方出現了紅太陽

不記得從幾歲起，我就開始跟祖父一起睡。從那時起，收音機裡的東方紅太陽就開始每晚響在我耳邊。

進小學，隨著長大書愈讀愈多，有一天突然知道祖父收音機裡那個東方紅太陽，在學校的課本裡，他叫毛匪澤東，且萬惡不赦。而祖父在收音機聲音裡無盡嚮往的那個被共產主義解放了的新中國，在小學課本裡，他們不叫新中國，是叫萬惡不赦的朱毛匪邦，且還用人拉犁耕田。

同樣的，學校教育裡的英明領袖、民族英雄總統蔣公，在祖父的收音機裡成了蔣介石反動份子。而課本上的復興基地，反共最前哨的寶島台灣，卻成了祖父收音機裡的蔣幫反動集團，台灣人民水深火熱，正等著東方紅太陽來解放。

不知道是我祖父錯了，還是小學的課本錯了。我無法相信課本上是錯的，因爲神聖的老師怎麼會騙人呢？同時我也無法相信我祖父是錯的，因爲他是那麼疼我，且做人不差，村子裡的人都還尊敬他。於是我在矛盾中尋求自己的政治認同，或許還包括人生價值認同。確實的說，童年身處在這樣的矛盾裡長大，讓我變成對所謂價值觀，所謂意識形態，抱著永遠懷疑的態度。「這樣就一定對嗎！那樣就一定錯嗎！」我常忍不住要這樣問，這樣懷疑。

或許祖父是透過收音機裡那小小的聲音，不斷回想著他當年朝聖之旅。當年那個東方紅太陽，如今可是紅遍了整個中國，共產黨眞的救了萬民，窮人眞的翻身了，剝削從此消失了。於是，東方的紅太陽更紅，毛主席光芒更萬丈。而他年輕時的延安記憶也在他心裡擴大膨脹，同時那些年輕時聽來的左傾社會正義，及公義都跟著他的延安記憶擴大，且在一份距離美感裡寄託在那收音機聲音裡的東方紅太陽……。

我祖父，他一輩子經歷了日本政府和國民政府，但他同樣都說著一句話：「剝削，讓人剝削一世人，從年輕剝削到老……」於是，他只好把希望跟期待寄託在一個遙不可及的政權上，算是一種夢想吧。我祖父沒有騙我，他這樣深信著。

在我讀小學時，正是大陸文化大革命紅衛兵的年代。在反共教育下，當然師出有名大爲利用的擴大它黑暗面，擴大成爲萬惡不赦的朱毛匪邦。卻也因此意外的平衡了我在祖父的收音機聲裡聽到的那造反有理，打倒走資派。聽到的破四舊，批孔揚秦……。聽到的一堆聽也聽不完的毛主席說……。就好比學校教育過程裡，那聽也聽不完的總統蔣公說……。

完全兩極的片面印象，是我的政治學習。現在回想起來，我對政治的不信任，且不相信政治是社會進步的主要力量。尤其是對民族主義這種煽動人心的東西，我完全厭惡。

我祖父至死都堅信著他的東方紅太陽。如果他活到今天，親眼看見東方的紅太陽不再紅了，同時看到他心目中那個無產階級專政的理想國，如今滿街都是走資派。不知他心中會何等落寞，很殘酷的，對我祖父來說。當初那個夢想，到底竟只是一場虛幻，而如我祖父般相信的人，可都投下眞心，投下他們的人生熱情相信著，夢想著。

當然，相信總統蔣公，相信復興基地，反共最前哨的那些人，亦然。

老張的辣椒

老張，是個退伍老兵。他是繼阿文哥跟阿霖之後，且又過了好長一段時間後，我們家又請來的一個養鴨工人。

老張人很矮，還有一點駝背，他是湖南人，喜歡喝酒吃辣椒。講著一口鄉音很重的國語，剛到我們家時，他跟誰講話誰也聽不懂，但他人很和善，所以也就在我們家留下來了。老張是我祖父有一天去台東回來時，突然從台東鎮上帶回來的。

老張跟我們家語言不太通，所以他不太愛說話，每天起個清早，戴上斗笠，肩上掛著一個包包，包包裡是他的酒他的菸他的辣椒，還有我祖母幫他準備好的一個便當。然後，他拿著一根趕鴨子的長竹竿，打開鴨寮門，鴨子們魚貫而出，他揮舞著竹竿趕起鴨來，順著溪流趕著鴨子到處覓食。到了中午，找個有水潭的地方，把鴨子們集中在水潭裡，他找個有樹蔭的大石頭上，打開便當吃午飯，除了便當裡的飯菜外，最重要的是把一條條鮮紅的辣椒往嘴巴裡送，吃起來津津有味，像是完全不辣的樣子。邊吃飯還要邊喝酒，他喝的是太白酒，是那時最便宜的酒。

我放假時，就要跟老張去趕鴨，當然我也要帶著一個便當。到中午吃午飯時，老張總要逗我吃辣椒，騙我說一點也不辣，看他吃的樣子也像是不辣，所以就忍不住被騙吃了一小塊，但辣椒一入口嚼沒兩下，就辣得趕緊吐出來。但過了一段時間，大約是忘了被辣到的感覺，也因爲一份好強，在老張的逗弄下就忍不住又吃吃看，一次兩次……從一點點辣椒吃起，吃到後來竟能吃一整條辣椒，吃完辣得猛喝水，但卻漸漸上癮了。

我愛吃辣椒，是跟老張學的。老張不能一餐無辣椒，一餐無酒，無辣椒無酒再好的菜也是無味。

跟著老張趕鴨子，兩個人總要說說話，說多聽久了，自然也就對他那滿口鄉音的國語愈來愈聽得懂，所以老張在我們家最有話說的人就是我。我大約記得聽他說過他老家在湖南山裡，他們家的地是以整座山計算的，算起來至少比整個谷谷農田大了兩倍以上。老張說，他在他家可是少爺，繞著他們家生活的佃農可不少，每次他喝了酒就嘟囔著這些。

老張在我們家大約做了一年多，或許是酒喝太多了，身體愈來愈差，後來就住進台東鎮上的榮民之家。我跟我祖父後來去看過他二三次，看到他，跟著一群跟他一樣都講著鄉音很重國語的人住在一起。

烏鴉飛著飛著就墜落下來

烏鴉飛著飛著就墜落下來，這是我小時候親眼看到的畫面，且不只看到一次。谷谷山裡烏鴉很多，也有老鷹。我們養鴨的人，最痛恨的就是老鷹和烏鴉，尤其是在剛養小鴨的時候。

我們家的鴨分兩種。一種是鴨母，養來生蛋賣的。一種是菜鴨，是養的肥肥大大賣給人家殺來吃的。一期菜鴨大約養不到半年時間，就可以賣了。鴨母則是養來生蛋，只有老了不生蛋時才賣，通常老鴨母是賣給做加工用。所以不生蛋的老鴨母賣不了幾個錢。不管是鴨母或菜鴨，都是從小鴨養起，小鴨都是從宜蘭訂貨運來的，一隻一隻鵝黃鵝黃，毛絨絨的。晚上還要點盞小燈泡，小鴨會圍在小燈泡下取暖，一隻一隻靠緊緊挨著睡覺。我們家的蓄電池就是買來給小鴨點燈泡用的。當看到小鴨來了時，就知道這個暑假或寒假又泡湯了，沒得玩了。

通常小鴨會在三、四月到，或者十二月左右到。因為算準了養到我寒暑假時剛好小鴨半大不小，可以趕到剛收割完的稻田裡去吃收割時多少會掉落的稻穀，以及稻田裡的蝌蚪、蚯蚓及各種浮游生物。既然是寒暑假，這趕鴨子工作，當然就落在我身上。其實趕鴨子工作，我並不那麼討厭。通常只要把鴨子趕到稻田裡，當鴨子開始覓食後，剩下的工作就只是顧頭顧尾，不要讓鴨子走失了。這樣的工作比起在田裡拿鋤頭鋤草或者拿鐮刀割豬菜，算是輕鬆多了，且還有著一份生動活潑。

趕鴨子，是手上拿著一根長長的竹竿，竹竿尾巴綁一條紅布。我只要揮舞著竹竿，就能控制鴨子們的行進方向及活動範圍。小時候看著整群鴨子們在我竹竿揮舞下井然有序地前進，就讓我產生一種像是指揮著千軍萬馬般的成就感。

然而，這成就感卻總在老鷹跟烏鴉出現後幻滅。

老鷹通常獨來獨往，頂多一次出現個二三隻，但老鷹抓小鴨的速度很快，很嚇人，當牠一撲下來，一抓到小鴨，同時剎那間翅膀用力一拍凌空而起飛高。對老鷹我是完全無抵抗之力，就只能眼睜睜的看著小鴨一隻一隻被牠們抓走。因為老鷹對小孩子的我，完全不怕。

而烏鴉常常是一來就十幾隻，牠們沒老鷹膽子大，還會怕我。所以牠們一來先停在附近樹上，像是先觀察，也像是伺機而動。當我揮舞著竹竿趕牠們，牠們就總是從這棵樹飛到那棵樹，停在我竹竿打不到的地方。於是一群烏鴉像是跟我捉迷藏般，從這棵樹飛到那棵樹，那棵又飛到那棵，而總是趁我不備時，一隻烏鴉撲下來叨走一隻小鴨。就這樣一隻一隻烏鴉都得到牠們的獵物，而我只是疲於奔命，趕也趕不走牠們。有好幾次我急到氣哭了起來。

直到有天，我看到烏鴉飛著飛著就墜落下來，心裡有種痛快感覺。

烏鴉飛著飛著就墜落下來，那是我祖父的傑作。

他拿了些我們家鴨蛋，用針刺出小小的洞，然後再用打針的注射筒，抽出一些蛋白，接著再注射一些巴拉松農藥進蛋裡。最後拿著這些注進農藥的蛋，拿去一個個擺到溪邊每個大石頭上，就等烏鴉來吃。烏鴉吃了有劇毒的鴨蛋，飛著飛著毒性發作，也就暈暈眩眩的墜落下來。

小時候趕鴨子，所以恨老鷹烏鴉，尤其恨烏鴉。

現在深坑住的地方，常聽到老鷹叫聲，抬頭看去，看遠遠山頭上牠張著大翅膀滑翔般飛著，俯視著山林裡的動靜，尋覓獵物。

農忙

小時候總覺得我們家老是在忙，而且好像永遠忙不完。爲什麼我們家不能像谷谷其他農家一樣，一年只忙二季水稻，而要種那麼多各種奇奇怪怪的東西，一年到頭忙不完。小時候我常這樣想。

谷谷台地大部分都是稻田，一年兩季，農忙農閒分的很淸楚。插秧跟割稻子時是最忙的時候，插完秧會再忙個二、三次除草。大約就這幾個時候，谷谷會人多熱鬧。這時期，一群一群AMIS男女老少們，分散在谷谷台地農田裡工作，只要突然有個人起了頭唱起，聲音高亢嘹亮，那遠遠聽到的，常就不甘寂寞的跟著唱和起來，且也聲音同樣高亢嘹亮。一個人唱，兩個人唱，三、四個人唱，愈唱愈熱鬧唱成一片，那邊剛落，這邊唱起，這邊唱落，那邊又起，一波波高亢嘹亮的歌聲，繚繞響遍山野，響在山谷裡，迴音著。

AMIS們邊工作邊唱歌是有名的，他們是喜歡唱歌的民族。唱起他們AMIS歌謠來，個個歌聲高亢嘹亮，像浪波般一波波湧動在大自然裡。

小時候，AMIS們是沒有花錢請工人的習慣。他們依著一份互助的傳統，幾戶人家相互約定，農忙時，大家合力先忙完其中某家的工作，接著再合力忙另一戶人家，一戶戶輪流著，忙完每戶人家的農忙時期工作。過了農忙時期，其他時候人就少了，打藥施肥一、兩個人的工作。這時谷谷變得很安靜，剩下大自然的聲音，頂多偶爾看到有人巡巡田水。當然，唯一還有個經年累月一直忙著的我們家。

我們家幾乎一年到頭都是農忙，因爲我們家不只種稻子，還種了許多各式各樣的農作物。我們家會種一堆東西，起因是家裡有個充滿實驗精神的祖父。我祖父會把在雜貨店茶餘飯後聽人說的，或去朋友家聊天聊到的，或者是在《豐年》雜誌上看到的……一些新鮮的新品種農作物，讓他起了好奇心，充滿實驗精神的要把這些農作物種出來，看究竟長甚麼樣子。舉凡我祖父種過的，有青椒、茄子、高粱、玉米、茭白筍、大蒜、洋蔥、西瓜、香瓜、蛇瓜、胡瓜、刺瓜、番茄、花生……及一些我根本叫不出名稱的農作物。

印象最深的是有一段時間，我祖父不知道從哪裡拿來的種子，種出一種我不確定該怎麼稱呼，像是水果又像蔬菜的植物。記得祖父有說叫做「時鐘瓜」，但記憶模糊不敢肯定。它是一種爬藤類，必須搭棚架給它爬。開花很大一朵，花蕊是紫色的，花瓣粉紅色，往下垂像頂大帽子，且紫色花蕊往下垂著，像面紗。後來每次看布袋戲，看到布袋戲女俠那面紗蒙面的樣子，就讓我想到祖父那一朵朵下垂著的紫色「時鐘瓜」花。祖父的「時鐘瓜」結出的果實很大，印象中比西瓜還大，圓滾滾的靠在棚架竹竿上，看了令人隨時擔心瓜棚會被它壓垮。

祖父的「時鐘瓜」，切開來果肉黃色，吃起來爛爛的，口感不好，加上也沒什麼甜度，所以引不起家人的興趣，更別說賣出去。但祖父一直不放棄，他嘗試著要把他的「時鐘瓜」，加料作成任何他想像得到的樣子，然後我們就必須試吃。印象中，我吃過搗碎後加了冰塊加了糖的果泥。也吃過切成絲跟蛋一起炒變成一道菜。也吃過像麵包果一樣把它跟小魚乾一起燉煮成湯。最後祖父還把它拿到成功一家製冰廠，請製冰廠的人試著以它做原料來做出新品種冰棒。就這樣，我祖父徒勞無功地忙碌了好長一段時間。最後我祖母實在無法忍受，就叫我父親跟她一起把祖父那些叫「時鐘瓜」的東西，全部砍掉，砍的乾乾淨淨。都砍掉了，我祖母不免還要罵我祖父幾句瘋子，來結束我祖父這次的實驗。

我父親喜歡種番茄跟花生。那是在我祖父實驗種過的農作物裡，被我父親認可而留下來的。

父親做事情很有計畫，當決定番茄、花生是利潤好，值得種時，父親就開始翻農業雜誌，《豐年》是他最依賴的，不只翻雜誌看，他還不斷寫信去請教，最後才終於種出又大又紅的番茄。我喜歡吃番茄，但我討厭家裡種番茄。因爲種番茄有很多瑣碎工作，讓我幾乎每個禮拜天都要去田裡工作，從番茄分株移植，接著搭竹架子讓番茄依靠在竹竿上成長，番茄邊長高邊還要把它輕輕綁在竹竿上。一個禮拜不見，番茄又長高很多，就又要綁一次，邊綁還邊同時要摘掉番茄的分芽，因爲不能讓它的分芽搶去養分，這樣才能結果結得好。一直到番茄終於結果了，採收番茄的工作也是瑣碎，隔個二三天就要巡一次，摘下成熟的番茄來。等到番茄都採收完，藤蔓也已老枯了，接著的工作就是拆掉竹架子，且把老枯的番茄藤蔓砍成一段一段，讓它在土裡又爛成肥料。

種番茄過程裡的所有工作，我祖父很少參與，幾乎都我跟我父親兩個人在做。小時候害怕不喜歡靠近父親，偏偏種番茄過程裡那些瑣瑣碎碎工作最適合我這種小孩來做。所以小時候，我很討厭父親種番茄這件事。

鹹鴨蛋

我們家養鴨是泰源、東河一帶有名的。養最多時，約有七、八百隻，也就是說每天有七、八百個鴨蛋賣出去。在我父親、祖父的努力下，東河、泰源，以及往南到成功、長濱一帶，往北到隆昌、都蘭一帶許多雜貨店都有賣我家鴨蛋。但鴨蛋總是會有賣不完的時候，於是我祖父就決定做鹹鴨蛋。

做鹹鴨蛋，大部分是我跟我祖母的事。我們家鹹鴨蛋的做法，是用些許的米像煮稀飯般煮成粘粘稠稠的漿湯，然後加鹽加米酒，跟紅粘土一起攪拌。攪拌好拿來把一粒粒的鴨蛋包起來，包好後沾一點粗糠，然後放進大水缸裡，擺在屋裡陰涼陽光照不到的地方。大約擺個一個多月到二個月左右就可以賣了。意外的，我們家鹹蛋很受歡迎，愈賣愈好，本來只是賣不完鴨蛋才做的，到後來變成固定要做，這就是我們家鴨子會養到七八百隻的原因。

當我們家鹹蛋很受歡迎時，有一天，我祖父刻了一個印章回來，然後要我們做鹹蛋時先在每個鴨蛋上面蓋上印章，印章上面刻著他名字「全餘」，及在「全餘」下方刻著「紅仁」，總共四個字。做鹹鴨蛋時，這蓋印章的事就落在我身上，其實那時，我很喜歡這蓋印章工作，因為在每個鴨蛋上蓋一個「全餘　紅仁」的印章，會讓我有一種驕傲的感覺。用那時小孩子的話說，叫做很臭屁。或許我父親說得對，我跟我祖父是同類型的人，都很喜歡臭屁。

「……不要像你阿公！」這句話是我父親拿來告誡我的話。有時候我祖母也會拿這句話告誡我。

可是我祖父身上偏偏有許多吸引我的地方。祖父會放蝦籠捉蝦，還會釣大鰻魚。他還常常捉一堆肚猴、肚ㄅㄟ、草蜢……烤的香脆香脆讓我當零食吃。

我祖父最拿手的是講故事。一部《三國演義》：趙子龍萬馬群中救阿斗、三請孔明、空城計、草人借箭、揮淚斬馬稷……直講到孔明六出祁山拖老命。還有《封神榜》，還有《西遊記》……。小時候夏天暑假一到，就等著祖父故事開講。或午後納涼，蟬聲鬧叫像是替祖父講故事伴奏。或剛吃過晚飯的初夜，晚風徐徐夜蟲唧唧，螢火蟲一閃一閃飛著……就在這清涼如水的夏夜裡，我坐在小板凳上聽著祖父說故事。當我故事聽得入神時，有時祖母會冷不防的說一句：「嗯！又在聽你阿公碰風了……」祖母對祖父講的故事，一點興趣都沒。

祖母跟很多那時代的女人一樣，她結婚嫁給我祖父，要的就是一份安定生活而已。偏偏我祖父就是給不起這「安定」二字，他一生流浪漂泊，東晃西蕩，彷彿那才是人生。就如他常自嘲自己是天生的羅漢腳仔命（命帶孤獨漂流）。晚年時，祖父調侃自己一生好比那猴齊天孫悟空，一輩子翻來覆去……再怎麼翻也翻不過那如來佛的手掌心。

祖父是那種坐不住的人，祖母都說他是屁股長釘子，所以坐不住。從小很少看到祖父在家裡安靜待著，當然除了睡覺以外，但睡覺他還要聽小收音機裡的東方紅太陽。白天他要不是在田裡忙，就是到雜貨店跟人聊天。有時甚至受村人請託，跑到台東鎮上去找那些他有錢時結交的達官顯要，找他們幫忙解決村人請託的事。要去台東鎮上時，祖父總不忘帶著我們家的冰筒出門，當他回來時冰筒就滿滿裝著冰。在夏日晚風裡捧著一碗冰吃，是我童年最美好的時光之一。冰筒是我們家繁華時期留下來庇蔭到我的唯一東西。

我這個坐不住，整天跑來跑去的祖父，我們谷谷的 AMIS 們，用他們族語給我祖父取個名字，叫撒魯東，意思就是猴子。

我祖父除了對收音機裡的那個東方紅太陽深信不疑，而對此產生一種像是信仰般的偏執外。在其他方面，他卻不失有一種人生通達的智慧。尤其是到了他晚年時，連對參與政治都不再熱中，照他的說法叫看破覺悟。那時常聽他批評當時台灣有限制下的民主選舉，他說那是一場搶骨頭的遊戲，當權者把肉都吃光了，然後把骨頭丟給大家去搶，且還個個搶得你死我活。祖父說這就是封神台的厲害，他說台灣這種選舉，其實跟《封神榜》裡面姜子牙設封神台是一樣的意思，設一個封神台，想要做官，你們就來選就來拚，拚死拚活都是爲了最後上封神台，可以封個神來做做。而那些有權封神的當權者，他們的權位官職永遠都不用選。

顧灶火

每當雨季洪水過後，洪水會帶下來許多上游深山裡的木柴。當洪水退了以後，我就要跟著我祖母，或我三姊去河邊撿木柴。那時，我們家木柴燒得很凶，煮飯燒菜要木柴，燒大灶煮大鍋地瓜葉地瓜（豬吃的）也要木柴。所以小時侯，對洪水帶來木柴很感謝，讓我少撿很多木柴。

除了撿木柴以外，另外一個工作就是坐在灶前顧火，其實顧火這工作我滿喜歡的，坐在灶孔前，看著灶裡火舌吞吐，不管你放進多少木柴，都會被它吃掉一般。記得從我懂事有印象，最早是我三姊在煮飯，那時也是我三姊在帶我，所以當三姊煮飯時，我幾乎都是坐在灶孔前，我想大概我一開始是幫倒忙的亂往灶孔裡放木柴，放久了才真正能顧火，知道什麼時候該火旺，什麼時候該小火。比如說，當飯開始滾起來，就要變小火，這時要趕緊把木柴往外退，且用灰燼蓋熄些後面煮飯那邊的灶火。通常煮飯時，同時也在煮菜，所以不能讓火全滅，而是要做到煮菜這邊仍然火很旺，而煮飯那邊必須小火慢慢的悶，才不會飯煮燒焦了。記得小時候，飯如果煮燒焦，通常都是顧火的我挨罵，而不是煮的人挨罵。顧火這件事，看起來容易，卻需要一點細心。我懂事後，最早被分配到的工作，就是顧火，且做了好長一段時間。

當我愈來愈長大，而我祖母愈來愈老，且我三姊也離家去桃園當女工時，煮飯燒菜的工作就落在我身上。換我每天清晨四點半左右起床，先起火，然後洗米弄飯下去煮，接著洗菜、切菜……。最後飯菜煮好，喊：「吃飯了……」那年，我十一歲，開始煮給一家人吃。除了上學時間以及逢年過節有我祖父主廚外，其他時間大都歸我煮。

至今，我仍然維持著下廚房煮東西吃的習慣。其實我煮的菜，有很多煮法是當年祖母教的。大約這是我跟祖母之間一種很無形的維繫吧。

大姊夫的相機

從小我們家每年總會拍個一二次照片，寄回西部給親戚朋友看。拍照時，一家人總是打扮得特別整齊乾淨，穿得一身光鮮亮麗。一年到頭不梳頭髮的祖父跟父親，那一天也會把頭髮梳得服服貼貼很整齊。這樣的照片，有時在照相館裡拍，有時叫照相師到我們家來拍。不管相館或家裡，都是一家人排排坐排排站，大人們坐著，我兄姊們站在大人後面，而我通常是讓我祖母抱著坐她膝蓋上。在相館裡背後是佈景，在家裡背景就是我家門口。有時家裡來了西部親戚探望時，我祖父就會特別叫個照相師傳來，在我們家門口拍張照片留念。所以在我們家相簿上滿滿貼著的照片裡，看到的都是我們穿得最漂亮最整齊最好看的樣子。

當我們家相簿上，開始貼上我們生活裡眞實樣子的照片時，也就是我大姊結婚，爲我們家帶來了一個新的家庭成員，而這個家庭成員帶來了那時代時髦少見的照相機。他是我大姊夫。每次跟我大姊回娘家時，他就帶著一台照相機。大姊夫拿著照相機到處卡擦卡擦，就把我們拍進照片裡。在田裡工作，在溪裡玩水，在趕鴨，在摘玉米，當然也會叫我們站在茅草屋前，卡擦拍下照片。從此我們家相簿上不再只有我們漂漂亮亮的樣子，開始有了穿著內褲，甚至光著身體泡在水裡，一身髒兮兮在田裡工作……這些那時候被稱之爲不雅的照片。但在這些不雅照片裡，卻常看到我們自然而燦爛的笑容。

當我大姊、大姊夫回來，就意味著帶來了都市時髦氣息。他們都是很跟得上時髦的人，除了相機外，還記得我開刀手術後，是醒來在收音機的聲音裡，那台收音機是那時剛流行的小小收音機，記得是裝在咖啡色的皮套裡。當我出院時，大姊夫就把這台收音機送給我，我帶著它回到台東谷谷山裡的家。從此我跟我三姊可以聽自己喜歡聽的收音機節目，聽收音機裡播著文夏、洪一峰、姚蘇蓉、冉肖玲……他們的歌聲。聽著靡靡之音，不用再跟著我祖父聽他那偉大的東方紅太陽。

一直到少棒風行頻頻打出世界冠軍的那一段歲月，我都是半夜裡躲在棉被裡守著收音機，耳朵貼緊緊的聽。因爲不能太大聲，太大聲會吵醒我父親，會被他罵。

我大姊夫還是一個出手很大方的人，過年時家裡大人給的壓歲錢都只是意思意思。而我第一次收到大姊夫的壓歲錢是十塊錢，而且隨著我愈來愈大，他給的壓歲錢也愈來愈大包，到我國中時，每次過年的壓歲錢都是一百元。可能是一種個性上的投合，我一直很喜歡我大姊夫這樣的人，急性子帶著一點衝動，遇到事情毫不猶豫地就衝在前頭，有一種喜歡照顧人的天生本質。這點似乎有點像我祖父。

我大姊夫是離過婚後，後來又認識我大姊，才結婚的。

當初大姊夫是在做水果的大盤商。他到台東是爲了找橘子到宜蘭賣，卻也因此認識我大姊。大姊夫是到我大姊工作的理髮店裡理頭髮認識的。且很快就進入戀愛的狀態。

那時同樣在台東鎮上工作的我二姊，她在一家美容院當學徒。同在一個鎮上，大姊二姊常互相到對方店裡探望對方。當二姊知道大姊談戀愛的事時，她很緊張的跑回家跟我父親說，說我大姊要被人家拐跑了，還說到哭了。我父親、祖父祖母聽了擔憂不安。但令人意外的是，過沒幾天我大姊夫來了，他來到我家，很堅定的向我父親說他要娶我大姊。更意外的是我祖父跟我父親很快就同意了。祖父跟父親只問了我大姊是否眞的決心要嫁他，妳若決心要嫁，以後是好是壞，妳自己要有承擔。或許是大姊夫的堅定誠意，或許是大姊的愛情決心，我祖父、父親同意了他們的婚事。

結婚後，我大姊住在宜蘭夫家，是個大家庭。記得有一次，是小學畢業後，我父親帶我回斗六，也回彰化外公外婆家，一路走，最後到宜蘭我大姊家。還記得那時每次吃飯時，就會有很多人，這個要叫那個要叫，吃了幾頓飯，每到吃飯時我還是搞不清誰該怎麼叫、誰是誰。

我大姊個性很強，嫁到這樣一個大家庭裡，一定吃了不少苦頭。

有段時間，我大姊身體不好，給醫生看及吃藥都沒甚麼效果，於是只好去算了命。據大姊說，她身體不好那段時間，原本就常作夢夢到她死去的妹妹如意，好幾次如意在夢裡跟她說，說她長大了，想要嫁人。而好巧不巧去算命時，算命的開口就問她是不是有個妹妹早夭，大姊說她點頭，算命的接著說，她現在長大了，跟妳討要結婚，而妳沒理她，所以她捉弄妳，只要妳幫她，讓她可以結婚了，妳的病就好了。

這件事發展到最後，據我大姊說後來如意又跟她託夢，說要跟她同一個丈夫。就這樣，我大姊跟我大姊夫回我們家辦冥婚，雖說冥婚，卻一點馬虎不得。做了許多紙糊的嫁妝，裁縫車、腳踏車、衣櫥、電唱機、梳妝台、化妝品……一應俱全，連衣服都做了非常多套。這些紙糊嫁妝都全部燒到陰間給我那天當新娘的如意姊姊。冥婚儀式的細節記不得，印象很模糊，只記得彷彿一直在火光熊熊裡進行，氣氛詭異懾人。

這整個儀式是我祖母跟我大姊夫在安排，我大姊夫也相信道教，且對一些儀式有些瞭解。

如意姊姊嫁給了我大姊夫，死人為大，她當然名份上是大老婆，我大姊倒成了小老婆。後來有時聽到大姊跟大姊夫拌嘴時，大姊就常調侃說，她可是小老婆，而且有大老婆保佑她。從那次冥婚後，如意姊姊的靈位就供奉在他們家的廳堂神案上。

去年，我大姊一家人到我深坑新買的家過聖誕節。吃火鍋時，我大姊不知跟她媳婦說些什麼事，很自然的跟她媳婦說了句：「妳可以跟如意媽媽拜拜，擲筊問她的意思啊。」當時聽著大姊這麼說，心裡有種很奇怪的感覺，說不清楚，好像是很近又很久遠的錯離著那場火光熊熊的冥婚，也好像錯離著祖母神情荒漠的看著我這命中帶著三支箭的小孩。

荒謬，但氣氛詭異懾人。

半夜火災

在我上台北開刀那年，我們家厄運連連，發生了三件悲慘事情。

第一件悲慘是半夜裡一場大火燒掉了我們家鴨寮豬舍，燒得精光全毀。但也還好只燒掉鴨寮豬舍，沒波及到緊鄰隔壁的我們家住家。

火災發生時，我跟三姊是在父親大叫聲裡驚醒，驚醒嚇壞了的跑到外面，看到我們家鴨寮豬舍已是火光熊熊，而我祖母揮舞著竹竿把驚慌在火光裡的鴨子們趕出鴨寮門，趕出去。在這同時，我祖父正用力要砍開豬舍的木欄，趕緊要把豬救出去。而我跟三姊很快手上被塞進一個鐵臉盆，跟著我父親跑到屋後水溝裡，拚命舀水往火光熊熊的鴨寮豬舍潑去，祖母把鴨子趕出鴨寮後，很快加入潑水行列，過一會，救完豬的祖父也加入，但怎麼潑也潑不熄茅草屋一燒不可收拾的火光熊熊，且眼看著火舌吞吐的愈來愈旺。不知是祖父還是父親發覺不對，只記得後來我們拚命把水潑往我們住的房子，把茅草屋屋頂淋到濕透，以免隔壁鴨寮火舌波及而燒掉我們住的房子。

住的房子是保住了，可是鴨寮豬舍全毀燒得精光。火災過後，整個鴨寮豬舍一片灰燼，只剩下幾支燒焦了的樑柱，黑黑焦焦的立在那裡。

第二天早上，我跟著三姊提著水桶沿著河床到處撿鴨蛋。受驚嚇的鴨子們，無家可歸，只好在河床上到處生蛋，所以我和三姊必須提著水桶沿著河床去把一個個鴨蛋撿回來。原本這件做膩了的撿鴨蛋工作，卻意外因此變得好玩，有了新鮮感。那時小孩子的我，並不太知道這場火災的嚴重性，只是從大人們那裡感受到懞懞懂懂的悲傷無奈。而這懞懞懂懂的悲傷無奈，卻被火災過後這河床上撿鴨蛋的意外樂趣所取代，而很快淡忘了。

由於新鮮好玩，所以每天早上一起床，不用人叫就自動提著籃子，往河床上跑，沿著河床，在草叢及矮樹叢裡找鴨蛋撿。有些鴨子甚至在河床的沙堆裡就下了蛋。一路上撿著鴨蛋，撿滿一籃拿回來放，又提著另外一個籃子繼續去撿。火災後，鴨母受了驚嚇，有些生不出蛋來，有些生出來的蛋是軟殼的，我們叫軟蛋，不好賣，或甚至賣不出去。所以那陣子我的便當裡，每天都是荷包蛋，完完整整的一粒蛋。不再像以前都是把蛋打散了煎菜脯蛋，蛋很少，都是菜脯。

完完整整擁有一粒蛋吃，也算是火災後我意外得到的幸福。

當我家新鴨寮新豬舍蓋好時，已是火災過後半個月的事了。半個多月沿著溪床撿鴨蛋的日子，隨著新鴨寮蓋好而接近尾聲。那之後還好一陣子，必須每天早上提著籃子到溪床上巡一巡，撿一些在火災後養成在溪床上下蛋的鴨子所生的蛋，直到鴨子們全都恢復在鴨寮裡下蛋的習慣，這沿著溪床撿鴨蛋的好玩日子，也就真的結束了。

火災過後，當我們家才剛緩過一口氣來，接著又發生一件不幸事情。大約是火災過後的幾個月內，在金門當兵的大哥傳來噩耗，他在金門出炮操時，被大炮炮輪壓過他的小腿，壓斷小骨頭，被從金門緊急空運回台灣三軍總醫院醫治，我父親接到消息就連夜出門，坐夜車到高雄，轉火車直奔台北看我大哥。

所幸父親回來時，帶回我大哥已平安完成手術的消息。經過醫生無數次開刀，在他小腿裡安裝了鋼架做固定。照醫生說法，以後走路應該沒問題，好好做復健的話，應該跟一般人沒什麼兩樣。父親帶回來的消息，安了我們一家人的心。那時，我當然會擔心大哥，但擔心之外，也同時好奇不解，醫生如何在大哥小腿裡安裝一個鋼架？那時我唯一能想像的，大約就是當時《王子月刊》裡那世界末日時大舉來侵的外星機器人。有一段時間，我很擔心我大哥是不是會變成機器人。

前幾年，我大哥那隻安裝了鋼架的小腿，開始發生血液循環不良，肌肉萎縮產生病斑，會癢會痛。他找醫生檢查，醫生也愛莫能助，只告訴他不要站太久，也不要坐太久，也就是說不要在同一個姿勢裡太久。儘可能的讓這隻腳變換各種姿勢，做不太激烈的活動，讓血液循環好一點。唯有這樣，看能不能讓他安裝了鋼架的腳能好一點，減少一點折磨。

我上台北開刀，是那一年我們家最後一件不幸的事情。

我掉入山泉旁坑洞裡

從小我就挺著一個大肚子，但一直也沒痛，也沒發現有任何病徵，家裡大人們也就沒當要緊事，頂多只是偶爾嘀咕幾句。會沒當要緊事，或許還因爲當時我們家窮的關係。

會發現我肚子裡，在肝旁邊長了一顆瘤，是在一種完全意外的情況下發現的。那時我每天將近要走六公里的路上下學，長期走下來就養成了些習慣，成爲我這一路上的一些樂趣。比如說我知道在哪裡有棵野生芭樂，且當芭樂成熟的季節，每天要繞過去巡一巡，看有沒成熟的芭樂摘。當然我還知道猴子們大約會在什麼時候成群結隊走過登仙橋。而且我還知道在一個山壁裡冒出來的山泉，甘美清涼。而這山泉又剛好大約在一半路的地方，就成了我半路上口渴喝水的好地方。那一天，我放學走路回家，走到那山泉處，照例要爬上去山壁裡喝泉水，但突然腳一滑摔下去，摔到泉水流下去的底下坑洞裡。摔下去，驚慌，且石壁滑，手沒地方抓，無法著力爬不出來，不知過了多久，聽到有腳步聲，我就拚命叫。最後是這個放牛經過的 AMIS 青年趴在洞口，伸手拉我上來。拉我上來後，他告訴我，我頭上在流血。這時我才知道我摔破了頭，而剛剛在坑洞裡，驚慌緊張到根本不知道自己摔破了頭，流血。

那天回家後，祖母幫我簡單敷了藥。我開始頭昏，很早就睡覺，第二天早上起來，走路腳浮浮的，有點歪歪斜斜，但父親還是堅持我必須去學校上課。我祖父還是祖母看不過去，就跟我父親說，就算要去學校上課，你也載他去。

於是父親載我去學校，在快到校門口的岔路口一家文具店放我下來。文具店老闆娘看到我走路浮浮的，就叫我父親還是帶我去看醫生比較好。或許父親也發覺我像是眞的很嚴重，也就沒再要我去上課，回頭載我到東河一家我們家長期看病的診所，給醫生看。醫生檢查包紮我頭上的傷，他問我流了多少血，我說不出所以然，醫生說除非頭上流很多血，或者腦震盪，不然頭上的傷沒甚麼嚴重。後來又跟往常我感冒來看病時一樣，忍不住伸手按我這個很大的肚子，問我會不會痛，我還是跟以往一樣說不會痛。以前醫生也常這樣按著我肚子，但當我說不痛，他就算了，而這次醫生卻叫我父親不如帶我去台東基督教醫院檢查一下，肚子這麼大總是奇怪。而父親也聽了這醫生的話，帶我去台東基督教醫院檢查。

做了檢查，基督教醫院的醫生也無法確定我肚子裡的病況，但很清楚的告訴我父親，我肚子裡一定是長一個瘤，只是不知道是良性的，還是惡性的。最好是去像台大或榮總這樣的大醫院做徹底檢查。

確定我肚子裡長個瘤，父親把我寄放在二姊工作的美容院，他回家去打點準備我上台北醫病的事，過個一、二天，父親就來美容院接我，帶著我上台北去醫病。那時，我大哥還住在三軍總醫院裡療養復健。

很久以後，每當二姊說起我出發去台北醫病那時的事，二姊都心酸的說，那時看著父親帶我走遠，心裡想還能看到這個弟弟活著回來嗎？

那年我九歲，發現肚子裡長瘤而上台北醫治，那是我們家最慘的一年。

繁華台北

TAKE 6

未來，一直來一直來……

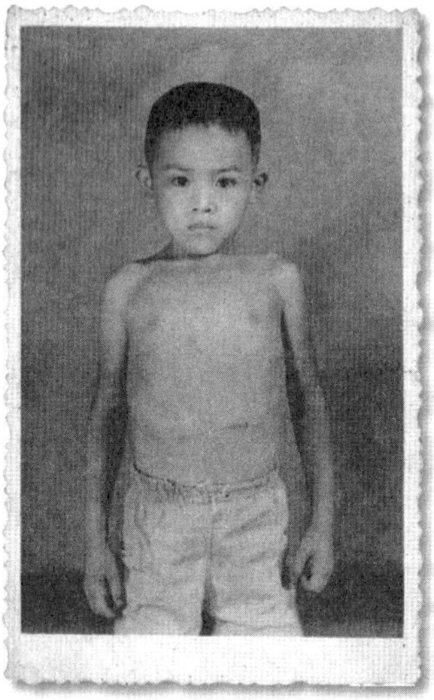

（右圖）拍《放浪》時的工作照。深夜，在淡水河堤上拍戲。背景裡都市燈光繁華，我正跟攝影師討論著拍攝工作。

（上圖）九歲時上台北台大醫院醫病，住院住了將近兩個月，因而讓我這鄉下孩子意外見識了台北的繁華。開刀病癒後，父親帶我去照相館拍下這張照片，紀念我命不該絕。開刀割出一個四公斤重的腫瘤，縫了三十八針。

（下圖）《美麗在唱歌》殺青時全體工作人員留影紀念。美好的笑容裡，藏著許多拍片的辛苦。當導演長期扭曲自己，也扭曲了別人。《放浪》跟《美麗在唱歌》拍的都是台北都市。《放浪》拍男性的青春揮霍，尋求出口。《美麗在唱歌》拍少女的青春私語，也是在尋求出口。

在小木箱裡打仗的外國人

上台北，住進台大醫院，開始一連串的檢查，一次又一次……。

上台北，從一個偏僻深山裡，突然撞進了燈火輝煌的台北都市。

小時候，住在谷谷山裡，山裡一戶獨立人家，牽電要花很多錢。從經過我們家最近的電線桿，牽電牽到我們家至少要牽個十來根電線桿。我們家花不起這個錢，所以我們家一直沒牽電。從小學到國中，我一直是在煤油燈下讀書。

所以當我九歲到台北開刀時，一眼看到台北就完全是看傻了。這是我從來想像不到的繁華，在我眼前都是些我從來沒看到過的東西。

剛進台大醫院，我住在小兒科病房裡，開始漫長而無止盡的檢查，在這些檢查報告一一出來的過程裡，我父親臉上的擔憂愈來愈重，眉頭愈皺愈緊。而我卻在小兒科的遊戲間裡，經歷著我的天堂歲月。

台大小兒科遊戲間裡，對我來說像是進了大觀園，有著許多我從來沒玩過，甚至沒看過的玩具。我幾乎沒事就往那裡跑，除了玩玩具外，最奇特的就是一個裡面有外國人拿著槍打仗的小木箱子，沒事就盯著小木箱看裡面的人打仗。但是那個小木箱並不是隨時都開著，記得中午時會開個二三個鐘頭，晚上會開久一點，但多久我不記得，因爲父親總會在十點以前叫我回床上睡覺。

小木箱開著時，只要沒事我就會盯著小箱看，記不得看過那些東西，只有一個印象很清楚，就是小木箱裡那些拿著槍打仗的外國人。後來長大後才知道，我當年看到的那個在小木箱裡打仗的外國人，應該就是叫《勇士們》的電視影集。還有一個印象，在我後來進編導班，看到卓別林的電影時，就感覺有一種面熟，總覺得卓別林那走路的樣子，不知道在哪裡看到過。想來想去，我想應該是在我當年住在台大醫院小兒科時，在那個木箱裡看到過卓別林走路的樣子。

當小木箱關著時，我就跟其他小孩子搶著玩具玩。玩過哪些玩具，大約記不清楚了，尤其是不會動的都忘光了。會動的記得一些，像是有一個是鋪了很長彎來繞去的小軌道，只要把小火車發條旋轉上緊，然後一放，小火車就會在軌道上跑來跑去。還有就是小孩子騎的三輪車，以及一種小孩子坐進去兩腳踩在踏板上，上下踩動車子就會前進。三輪車跟這種踩踏板的車子是我的最愛。我總是以一種鄉下小孩的蠻勁霸佔著，只要被我佔到，非玩到我玩夠了，或者被我父親或主持正義的護士阿姨給叫起來，不然，我是不可能讓人的。

說起來，台大小兒科的遊戲間，是我童年裡因禍得福的短暫天堂樂園。在那裡我度過了幾乎是我童年玩得最眼花撩亂的時光，也好像改變了我那怕生的習慣，變得有點流氓起來。

或許是父親認為我可能活不久了，所以對我特別好。像是在一種你能吃就儘量吃吧，能玩就儘量玩吧的心情裡，帶著我去玩了好幾趟兒童樂園、動物園。且還幫我買了好幾件新衣服，也買了新皮鞋。父親還常帶我去吃豬肝麵、牛肉麵……。都是些我當時長到九歲難得吃到的東西。

長大後，父親跟我說，當時我的病很嚴重，醫生說就算開刀，手術成功率還不到一半，而且要花很多錢。我父親當時的心情，完全是當做不久這個兒子就會死掉不見了。

一碗印象深刻的扁食湯

我第一次吃扁食湯是在三軍總醫院附近的一家小吃店。

那天是跟父親去探望我那被炮輪壓斷小腿的大哥，大哥躺在病床上，腳上了石膏斜吊著，看起來像怪獸一樣，不像我原本想像的機器人。

父親跟大哥談了很久的話，記得我好像很無聊的一直在摸著我大哥那上了石膏後的怪獸腳。記得大哥住的是很多病人一起住的病房，每個人或手或腳或脖子都怪怪的，有點嚇人。後來，我吵著要父親趕緊離開，而惹父親生氣，被打了幾下哭了起來，我一哭，父親沒辦法，只好帶我離開。

那時，我在台大是住小兒科病房，還沒看到像大哥病房裡那麼殘酷的景象。沒想到後來我移到外科病房時，看到的殘酷景象，還不止是我大哥病房裡的樣子。

那天父親帶著哭著的我，走出三軍總醫院，已是夜深時刻。那時的三軍總醫院沒現在熱鬧，汀州路附近，入夜後還很荒蕪，只有醫院前有幾輛三輪車等著載客人，還有附近幾家小吃店。父親看我哭不停，就帶著我去一家小吃店，叫了一碗扁食湯讓我吃。小孩子的我有了吃就什麼事情都解決了，吃得津津有味。

吃完扁食湯出來，往回走，走回醫院門口坐三輪車。走著走著，父親突然看到路邊一張愛國獎券，就撿了起來，看了看收進口袋裡，也沒什麼特別表情，就坐上三輪車回台大醫院。

過了一陣子，有一天父親跟我說，吃扁食湯那天，他撿到的那張獎券中了小獎，大約是一二百元那樣的小獎。後來當我病好後，父親常跟人提起這件愛國獎券的事，父親說，自從他連撿到的愛國獎券，都能讓他中獎時，從那天起，他就想，莫非上天眷顧他，或許上帝一切自有安排。父親說，要不是爲了哄我，帶我去吃那碗扁食湯，他也不可能撿到那張愛國獎券。

愛國獎券中沒多少錢，但畢竟是中獎了。讓身處在困境裡的父親彷彿看到神蹟，而生出一點信心，且把這信心託附在他相信的上帝。從中獎那天起，父親恢復了他間斷了很久，我從沒看到過的禱告。每天睡覺前他跟上帝，也跟上帝的獨生子耶穌基督禱告，祈求他兩個兒子能平安順利的度過眼前的災厄。同時他也開始參加醫院裡的基督教團契，我記得那時父親的手上常拿著一本厚厚的《聖經》。

或許是在那張愛國獎券中獎，像神蹟般心情記憶下，我一直喜歡吃扁食湯。喜歡那皮裡抹一層薄薄的肉餡包起來的扁食，入口後那一點點鹹鹹的味道，伴著湯吃下，淡淡鹹鹹的，令人回味。

住台大醫院期間，跟台東家裡連絡，都是靠書信。除非有急事才會打電話到泰源的電信代辦所，由代辦所的人找我祖父來聽電話，打電話的事我記得只有二三次。而寫信，我父親大約一個星期都有兩封。

有一次，父親要我也試著寫封信給祖父祖母請安，自己說說在台北的日子。那是我第一次寫信，記得我那封信是文字加上注音符號寫成的。記得信裡大約是寫台北人很多，到處都是人，很熱鬧……我去過動物園，動物園裡有大象、獅子、老虎、長頸鹿……。去過兒童樂園……

這封信是我父親在一旁不斷提醒我，你去了哪裡，看到了什麼，在這樣情況下寫的信。我父親有種受過日本教育下的觀念，遇到我不會寫，或寫錯的字，他就瞪我，逼我想，想不出來就叫我用注音的。父親總是等我寫完信，才跟我說那些字該怎麼寫。我在醫院裡前後寫了好幾封信，都是在這種情況下寫的。

在這種情況下寫信，像是個酷刑，一點樂趣都沒有。直到後來幫我三姊參謀寫她的情書時，才對寫信這件事有了些樂趣。

等X光時遇到的貴人

有一天，父親帶著我在掛號排隊等著照X光，突然有個醫生出現在他面前，用日本話叫他的名字。我父親愣住，愣了下才恍然記起眼前這人是他同窗好友。小時候，他們從公學校小學到高等科都是同班，有好幾年還坐一起共用一張桌子，且他們當年都是品學兼優的好學生。後來父親在我祖父反對下沒繼續讀書，且過不多久我們家移民台東，父親就和他這同學失去了連絡。

但，事隔許多年許多年後，他們意外重逢在這等照X光的X光室門前。一個憂心忡忡的帶著兒子看病，一個是這家醫院的醫生。站在父親面前的這個他同學，完成了當年讀書時，他們共有的一份求學夢想。當我父親在西藥房工作，騎著腳踏車挨家挨戶送藥包時，他繼續他的高中學業。當我父親移民坐上往台東的船時，他人已遠渡重洋到了日本求學，讀醫科。如今他身穿一身潔白的醫生服，站在我父親面前，而那身潔白曾經是父親年少時的夢想。

在事隔三十多年後的現在，回想起來，當年那站在父親面前的，其實是他那沒機會走成的人生，像倒影也像是幻影般突然湧到他眼前，更像是一種造化無常的詭異對映，對映出他年少時就已幻滅了的青春夢想。從那次意外遇到他同學後，長期以來，父親跟我提過好幾次，他說如果當初他也能去日本讀書，現在說不定跟他同學一樣也在當醫生。父親說當年他們同窗共讀時，成績不相上下，都是班上前三名。

回到遙遠以前的當年，當父親在X光室門口遇到他那同窗好友時，父親像是在湍流裡突然抓到一塊浮木般，終於遇到可以幫助他的人。父親這個同窗，當時是台大婦產科醫生。

在父親同窗幫助下，很快的，我做完徹底的檢查，且從小兒科病房移到外科病房，開始準備動手術。由於我病情嚴重，加上有父親同窗幫忙，院方以一個嚴重疾病醫學臨床實驗的名義來安排手術，讓我們可以手術費全免，且很快安排了動手術開刀的時間。

當年，父親要不是遇到他同窗，他不能想像接下來該怎麼辦。一來台北人生地不熟，又大醫院手續繁雜，光是在小兒科都待了將近一個月，且有做不完的檢查。弄個不好，還沒轉到外科，還來不及開刀之前，可能手上的錢就已經花光了。父親手上的錢是我們家親戚們幫忙的。

每當回憶此事，父親總是說：「……遇到貴人啦，是耶穌基督派他來的。」

或許我命不該絕，造化不知不覺幫我安排好了貴人。

打針第一名的小病人

住院這段時間，我父親不斷對我做機會教育。

每個護士都是護士阿姨，每個醫生都是歐吉桑。最重要的是，父親訓練我只要看到護士阿姨拿著針筒過來，就趕快脫下褲子，趴在床上準備好打針。這樣的我雖然鬧過不少次笑話，但是護士阿姨都很喜歡我，叫我打針第一名的小病人。

鬧的笑話是，有時護士阿姨其實只是走過我病床，要打我隔壁床小朋友的針，但她看我脫了褲子趴在床上，就忍不住愛笑的伸手拍我一下屁股，逗我。有時護士阿姨打針是要打在手臂上，這時當然也是用力拍一下我的屁股，叫我坐起來，說打手臂。

護士阿姨們叫我打針第一名，並不只是我褲子脫得快，而是我不管打什麼針，從來沒有哭過，也沒喊過痛。甚至打完針，護士阿姨問我痛不痛時，我一定大聲的說不痛。這是我父親對我的訓練。

這時期，我已經移到外科病房，看到各種光怪陸離令人不忍卒睹的病人。有整個臉歪一邊，眼睛斜吊著的，有整隻腳切除掉的，有個小女孩是一張臉像瘀青般黑了三分之二以上……。最慘的是我隔壁病床的一個小孩，記不得他是得甚麼病，只記得他好像肛門出了問題，不能大便。醫生在他小腹底開了一個洞，插進一根導管直接接上他的大腸，他就這樣靠著導管大便。每天他母親總要輕輕的壓著他肚子，慢慢的往小腹壓去，壓出他的大便。這樣壓，每天總要壓幾回。他最怕打針，每次打針時，他就眼睛閉緊緊的，像咬牙切齒般的忍耐著疼痛。

我不知道他從什麼時候開始被這樣的病痛折磨。但我記得，我手術痊癒回家，隔一個月回去做複檢時，父親還帶我去看他，他還繼續被這樣的病痛折磨著。關於他後來的事，我就不知道了。

在外科病房住了將近半個月後，終於到了進手術房開刀的時候了。

那天，是一個平常常幫我打針的護士阿姨來抱我進手術房。當護士阿姨抱我時，我覺得很奇怪，還跟她說我可以用走的。可是她還是抱起我，還騙我說要帶我去看電視。而我理直氣壯的跟她說，早上哪有電視看啊。她抱著我走向電梯，印象中她掩著手掌靠近我鼻子，手上有塊棉花，有股怪怪的氣味，接著我們進了電梯。然後我就昏迷失去意識了，再恢復意識時，我躺在床上，耳邊響著收音機聲音，還活著。

在收音機聲裡醒來

被抱進電梯後，不知隔了多久，才昏昏沉沉醒來，恍惚中先聽到耳邊淡淡的收音機聲音，慢慢才聽到身邊我父親、大姊、大姊夫以及我姑婆他們的說話聲。我感覺我好像是從很遙遠的地方回來，一切都是在很緩慢很緩慢的速度裡恢復眞實感，緩緩的來到眼前。而我渾身乏力的躺在病床上，慢慢的才感覺到肚子上一道傷口隱隱痲痛，隱隱痲痛的橫切過我半個肚子。隨著意識漸漸清醒，淸楚的想起之前是被護士阿姨抱進電梯裡……接著就躺在這病床上醒來。這之間過了五個多鐘頭，五個多鐘頭，我父親、姑婆、大姊、大姊夫們，在手術室外提著心眼巴巴等待著。等了五個多鐘頭過後，我這些親人們終於看到一個護士端著一個大盤子走近他們，給他們看盤子裡那個從我身上割下來，一個四公斤多重的大瘤。且告訴我的親人們，我手術平安成功。

據醫生說，那個大瘤裡寄生著蝦蟹之類身上的寄生蟲。說起來那是我祖父的傑作，他老是往我嘴裡塞進剛從蝦籠裡倒出來活跳跳的蝦子。

大瘤是長在肝臟旁邊，爲了割下它，必須割去我三分之一的肝。總之我開了一個縫三十八針的手術，割下一個四公斤多重的瘤。

醒來後，當麻醉藥藥效愈來愈退，手術傷口愈來愈痛。且又不能喝水，口乾舌燥，我一直討著要喝水。而我父親只是用棉花棒沾水擦濕我的嘴唇。這樣的日子過了好幾天，一直到我放屁後，才可以喝一點點水，慢慢的才能喝一些湯汁。就這樣，我一天一天復原，而大姊夫把他的小收音機留下來陪伴我。一直到我復原後，還讓我帶回台東谷谷山裡的家。這個裝在咖啡色皮套裡的小收音機，陪著我度過好長一段時間，在收音機聲音裡我聽著那時代流行的阿哥哥旋律，聽著男人永遠在漂泊的愛情廣播劇，聽著少棒隊永遠在打世界冠軍……。

在收音機聲音裡，我脫離了我家裡大人們的世界，開始夢想著一個遙遠的世界。那個世界我曾經去過，短暫經歷過她的繁華，那個世界就是在我病癒出院後，必須跟她說聲告別的台北都市，告別了……。

帶著我曾經經歷過的繁華，又回到那個谷谷山裡的家，回到泰源村村子裡那個我讀書的地方，回到我的同學玩伴裡去。

在收音機聲裡，或許已注定了，我整個人整個心都將往那個世界走去。

沉在溪潭裡的我的口琴

未　來　，　一　直　來　一　直　來　……

（上圖左）舅舅年輕時的照片，那時流行這樣做合成。很帥很「黑狗兄」的感覺。
（下圖）拍這張全家福照片時，我還沒出生。那時父親前妻過世一年多，正準備要娶我母親。那時祖父的政治事業正風光。我喜歡這張照片裡父親那帶著憂鬱的眼神。

（右圖）（上圖右）都是工作照，右圖是多年前拍《美麗在唱歌》時，上圖右是今年三月拍公共電視單元劇《一個住飯店的男人》時。看著這尋夢過程裡那我的身影及面容變化，讓我不禁驚覺想到我內心變化還更甚這外型。一個必須武裝起自己，當個獨裁者般的電影導演工作，究竟改變甚至扭曲了我多少心性，已成了我新的人生課題。

當箭射完後

當我從台北開完刀回家時，對我祖母來說，從此我變成無害的，因爲我已經射完我隨著出生帶來的三支箭。祖母說，沒想到我第三支箭不是射別人，而是射向我自己。割一個瘤四公斤重，縫了三十八針……。這一場病，我祖母認爲是我開弓射箭射向自己的結果。

箭射完了，從此身上沒箭，就不再傷人了。記得當我回到家裡時，第一件事，就是被我祖母拉著去跟祖先們拜拜，拉著我到後頭倉庫間，跟我母親的骨灰甕拜拜，要我感謝祖先們，及我母親的保祐。

爲了養好我的身體，祖母一點也不心疼的殺她養的雞。祖母養那些雞，是養來賣的，要不就過年過節，或有客人來時才殺的。平常時間祖母是絕不可能殺雞的。可是那一個多月裡，祖母不知燉了多少雞給我補身體，我只知道我是吃到怕的。到後來總是祖母或祖父哄著我吃，有時還要拜託我一、二句。這燉雞補我身體的事，最後是在父親生氣打人之下結束。我父親到後來實在看不慣我那要吃不吃的樣子，且認爲這樣會寵壞我，終於生氣打人，也宣告從此不用再補了。

當我箭射完後，祖母從此對我比以前好，漸漸願意親近我。如果她偷煮私房菜吃，就總有我一份，以前很少有我的份。如果她出門去四公里外隧道口的岔路口小雜貨店買東西，我總能跟她去，甚至她會主動找我跟她去。在以前她是不喜歡我跟的，如果我硬要隨後跟去，通常會被她用細竹枝打著趕回家。

我剛從台北回來時，很怕重回學校上課這件事。聽我三姊說，我們班原本的級任導師去當兵了，所以來了一個新老師。而且又加上當初我要上台北醫病時，根本沒跟學校請假。沒請假對當時小孩子的我，是很嚴重的一件事，一直害怕到學校會挨老師罵，甚至挨打。

台北回來，頭一天要去上學時，我一直希望第一天父親能陪我去，跟老師解釋一下沒請假的原因。但父親只是把沒請假的原因告訴我，叫我自己去跟老師說。雖然父親這樣說，我還是不敢自己去學校。我一直不出門去學校的結果，就是最後父親拿著一根棍子邊打邊趕我去學校。這是開完刀回到谷谷家裡，所立刻面對到的我父親的管教。

那天，我穿著一身台北穿回來的衣服，腳上還穿著皮鞋，而我被父親邊打邊趕著去學校。

去到學校，我所想像中害怕的事都沒發生，沒挨罵也沒挨打。而立刻要面對的是補考。可是在台北期間，那兩個月我幾乎沒翻過課本。

我被安排在老師辦公室裡自己一個人考試。那代課老師說我可以翻課本自己找答案。他說，只要我能找得到答案，就代表至少我知道方向在哪裡。那次考試，我考得很好，分數滿高的，總成績排班上第十二名。且在泰源那個小村子裡，造成一個小小的轟動。當我走在街上時，麵店老闆，雜貨店老闆娘都會指著我說，這個小孩子很厲害哦，很聰明，兩個多月沒看書還能考到第十二名。

當然我父親也很高興，還因此帶我去看了一場電影。電影是一部外國片，劇情忘了，但有個印象好像電影裡有兩、三個傻傻笨笨的人，一直在逃亡，被穿軍服的壞人追殺，然而他們每次都能很搞笑的化險爲夷，印象最深的是戲裡面他們躲在一輛載滿大南瓜的車子上，不斷把大南瓜推下車撞翻騎著軍用大摩托車隨後追殺他們的壞人。大南瓜非常大，從小看祖母種南瓜，怎麼沒種出這麼大的南瓜。幾年前，我去加拿大溫哥華參加影展時，終於親眼看到我小時候在電影裡看到的大南瓜。

除了補考考全班第十二名，而受到讚美外，其實我多的是可以向同學炫耀的東西。光是我一身台北穿回來的新衣服新皮鞋，就讓我走路有風，驕傲的像隻小公雞。且還有一個裡面有一群外國士兵打仗的小木箱，讓我不斷說著，跟同學們炫耀。有時少數幾個去過西部，也看過那小木箱的同學，會幫腔跟著說。那時台東沒電視看，要到很久以後才收得到電視看。

開完刀回到泰源深山裡，我像是經過時光隧道般，從一個極度繁華的世界掉回一個原本就屬於我的簡單生活。但我從那繁華裡帶回一個可以到處炫耀，叫電視的小木箱。

代課老師——李昭男老師

我跟我代課老師之間，有一種很特別的感情。

因爲他們家住在成功漁港，到學校要坐巴士到隧道口轉車進泰源。有時他會到了隧道口就用走的到學校，那就會經過我家，經過時他就大聲叫我，一聽到他叫，我就趕緊做完我該做的事，跟他一起走路去學校。有時候，他會要我幫他拿班上同學們的作業簿，甚至就順便拿到班上去發給同學們。有時一路上他會問我一些家裡的事情，那時我大約都很簡短的回答，因爲那時候對老師是尊敬而害怕的。

因爲老師常常在經過我家時叫我，然後跟著他一起一路走到學校。這讓我在同學面前會有一種很虛榮的感覺，覺得自己是老師心目中喜歡的學生。這種虛榮心，加上我補考成績全班第十二名的虛榮心，意外成爲我那時讀書的動力，我成績愈來愈好。

這個代課老師，他每次月考完，都會發一筆小小的獎金。他的獎金並不是發給成績最好的學生，而是發給進步最多的學生。他說會讀書成績好的同學，把書讀好是應該的。一個書讀不好的學生，要把書讀好是不容易的，要經過很多努力。除了書讀好外，他對我們採取一種叫「自由人格」的管教方式。當初他說自由人格，我們小孩子大概都有聽沒懂。但他用最簡單的方式來說，就是以後凡是學校有什麼比賽，班上誰要參加只要舉手就可以，老師不會再指定，除非是有兩個人以上想參加，那就用投票的。掃地或中午睡午覺，老師不會再做硬性規定，只要不吵到別人，要是不想睡午覺可以不睡。只要老師看到時，你的責任範圍都乾乾淨淨，那掃地的時間就可以不用拿著掃把裝模做樣。

當然，剛開始時，每次學校有比賽，誰也不想參加，最後就只好跟選班長一樣，大家投票公推。但到了後來，就眞的開始有人舉手要代表班上參加比賽。我就舉過一次手，代表班上去參加說故事比賽。

這個代課老師，叫李昭男老師，當了我們兩年的老師。後來我們原本的級任導師退伍後，他就離開我們學校，到綠島國小當老師。他剛離開時那一、二年，有一年過年，我還收到他的賀年卡。在我的人生裡，能遇到他這種老師，算是一種莫大的幸運。

我的說故事比賽

學校舉行說故事比賽，我在班上自告奮勇舉了手，代表班上參加比賽。

大約是從小聽祖父說故事聽多了，就覺得自己大約也能說故事。但眞要參加比賽，還是會心裡害怕膽怯。但舉了手了，知道是不能反悔，硬著頭皮也要站到司令台上把故事說完。故事不缺，而是太多，聽祖父說過的就一堆，牙醫同學家也看了一些。該講哪一個，實在拿不定主意，只好找我祖父問，問他講哪個故事好。沒想到祖父想了想，又跟我說了一個新故事，還叫我演講比賽就講這個新故事。祖父這個新故事是他自己臨時隨口編的，故事裡，有隻猴子，有日本人，有美國人……。

祖父的故事是這樣說的……在很久很久以前，在一座深山裡，住著一隻幸福的小猴子，牠跟牠的家人每天在深山裡跑來跑去，口渴了就喝山泉，餓了就摘野果吃，山很大，很自由，沒煩沒惱……唯一的危險就是山裡有獵人。……有一天，牠不小心被一個獵人抓到，帶下山來。獵人為了賺錢，很快就把牠賣給日本人。日本人把牠買回去以後，就把牠關在籠子裡，剛開始小猴子很害怕，但是只要牠肚子餓了，日本人就會給牠水果吃，於是牠漸漸放心了。日子慢慢的一天一天過去，被關在籠子裡的小猴子，發現牠失去自由，那裡也去不了。於是小猴子傷心難過，活得很痛苦，愈來愈想念牠深山裡的家人。……過了很久以後，小猴子變成大猴子了，可是牠還是被關在鐵籠子裡。有一天，一個美國人經過，看到牠攀在鐵籠子上，很寂寞的看著鐵籠子外……美國人看了很同情，就跟日本人買下了牠。美國人把牠帶回家，用一條很長很長的鐵鍊，鍊住猴子的脖子。因為鐵鍊很長，從此牠又可以爬上爬下了，可以爬到樹幹上，猴子終於看到牠以前住的深山。猴子也很感激美國人的仁慈，給了牠自由。日子慢慢的一天一天過去，日子久了，猴子永遠只能爬上爬下，永遠只能看著那以前牠住的深山，傷心難過的思念著家人。因為美國人綁在牠身上的鐵鍊，牠永遠無法掙脫……。

這就是當初祖父隨口編給我，讓我參加學校說故事比賽時說的故事。

回想起當時站在司令台上，往下看去一片烏鴉鴉全校師生，緊張得兩隻腳一直發抖打顫，還是硬著頭皮大聲的把故事說完。

遙遠的許多年後，當我開始編故事寫劇本時，常想起當年祖父編給我說的這個故事，小猴子、日本人、美國人……。

南溪養鴨

有一段時間，我祖父跟我父親吵得很凶，吵到不行，祖父就一個人跑到南溪去蓋了間鴨寮，在那裡養鴨。

祖父在鴨寮邊加蓋起簡陋的工寮當他吃飯睡覺的地方。簡陋到煮飯燒菜的灶是用石頭堆起來的，一張竹編的大床，一塊大木板跨在幾塊空心磚上，就成了他住的地方。祖父就這樣一個人住在南溪養鴨過日子。

照說父親是不許我去跟我祖父住的。但因爲放學後有一群住在南溪的同學，我禁不住同學們相招誘惑，常常放學後就跟著他們走，去南溪找我祖父。去南溪跟祖父住，最大的快樂就是一回到祖父工寮裡把書包一丟，就可以去找同學玩。不像谷谷山裡的家，附近一戶人家也沒有，而且回家的路上永遠是自己一個人。

我記得住南溪時，是夏天，且是芒果成熟的季節。南溪有個同學，他家門前一棵芒果樹，又高又大。一放學我們就爬上芒果樹摘芒果吃，每天都摘，熟的摘光了就摘半熟的，甚至連沒熟酸酸的，也摘來啃著吃。同學家大人們幾乎每天都要唸，你們這些小孩，芒果還沒熟就摘，讓你們摘到等沒一個成熟芒果吃。大人每天唸，我們每天摘，日子就這樣一天一天過去。

回想起來，小時候好像沒吃過幾粒成熟芒果，而總是等不及芒果成熟就摘來酸酸的啃。到了暑假，自然就沒理由住在祖父那裡了。當然要回谷谷山裡的家，因為暑假到了，必須到田裡工作，跟著我父親在田裡忙碌。

放暑假同學們都很開心，尤其是住泰源村子裡的同學。而我一點都不開心放暑假，因為田裡有一堆永遠做不完的工作等著我。即使是平常禮拜六禮拜天，我也沒甚麼放假的開心。放暑假並非一點好處都沒有，總能找到機會摸個魚跑去玩，偷偷的痛快一下，最多的是溜去溪裡游泳。

過了暑假開學後，我又開始不管父親的叮嚀。放學時就排在往南溪的路隊裡，跟著南溪同學們往我祖父住的地方去，又恢復那種書包一丟就到處找同學玩的日子。但跟我祖父住有個壞處，晚上只要他一出門就剩我一個人，尤其當愈來愈近冬天，東北季風順著河谷愈吹愈厲，風聲嘶嘶從工寮縫隙鑽進來，聽起來像是想像中的鬼哭神嚎。所以祖父一出門，我就往被窩裡鑽，把整個人蓋在棉被裡，像是鴕鳥把頭鑽在土裡般假裝什麼都沒看到，但其實心裡非常害怕，一直害怕到聽到祖父回來走近時那習慣性的咳嗽聲，我才鬆了一口氣，慢慢把頭鑽出棉被……。

這種夾雜著快樂與害怕的日子，其實過沒多久。在我祖母的苦苦相求下，我祖父把南溪的鴨賣了，終於還是回到谷谷山裡的家。

午夜被父親抱回家

我第一次離家出走，是剛從台北回來沒多久的事。

忘了是因爲什麼事，只記得那是第一次被我父親吊起來打，打完後愈想愈傷心委屈，就自己一個人跑到對面谷谷台地山腳下的以前舊家躲起來。這個舊家是我極小時住的地方，久沒人住而荒廢荒蕪了。荒蕪的舊家堆著些農具，當工寮用。我躲在以前小時候跟父親睡的房間，躲在裡頭不敢出來，聽到有人經過時就豎起耳朵聽，深怕被家裡大人發現抓回去。大約傍晚時，祖父還進來翻找農具或甚麼，我緊張的噤若寒蟬，但又同時想出聲叫祖父，投進祖父懷抱裡。但心裡想，他們大人都是一國的，所以就忍住不願意叫祖父。

一直躲到天黑，開始害怕後悔，開始想怎麼沒有人來找我，也沒聽到家裡大人們找我的呼喚聲。既然家裡大人們沒找我，那我怎麼回家，總不能自己乖乖回家。愈來愈晚，沒燈可以點，四下漆黑，心裡雖愈來愈害怕，但說什麼也不能就這樣回家跟父親低頭，於是賭氣就是不回家。那是我第一次有離家出走的感覺。

到後來，我縮在布袋堆上害怕的睡著了。不知睡了多久，睡夢中有種被人騰空抱著的感覺，還有流水聲及走在水裡劃破水面的涉水聲，我迷迷濛濛半醒，知道是被父親抱著，正在涉水過小溪，往家裡的路走。但我不敢睜開眼睛繼續假裝睡著，讓父親抱著過了溪走上溪床繞進竹林，彎進我們家門前，進了門穿過廚房，走進大通舖的房間裡，父親把我放到床上，蓋了件薄被子。最後父親也在我身邊躺下來睡覺。這是我懂事後，感覺到跟父親最近的時候，之後，就再也沒有了。

我永遠記得那種被父親騰空抱著的感覺，還有父親一步一步劃破溪水的涉水聲，及那潺潺的小溪流水聲，至今我還清清楚楚記得。

偷錢

開始偷錢大約是小學三年級快到四年級時的事。爲甚麼偷錢，說也說不清楚，且說多了還愈說愈模糊，像是在找個理由似的。

我們家就我祖母的錢最好偷。我祖母的私房錢藏在我們家祖先牌位後面，很像是交給祖先們守護，不管我偷了幾次，很奇怪的，祖母永遠不會改變她藏錢的位置，而讓我好像找到一個永遠挖不完的寶藏。

我並不是完全不害怕祖先牌位，而是在一種像是被祖先們神秘監視下，懷著不安害怕的罪惡感偷錢。實在是無法停止錢對我的誘惑。每次偷錢被祖母捉到，祖母就拿細竹枝打我小腿，邊打邊生氣罵我：「連神主牌你都不怕，你還怕什麼，一個人若不怕半樣，什麼壞事情都做得出來。」在我祖母想法裡，一個人要懂得害怕敬畏一些東西，比如鬼神。

剛開始偷我祖母錢被捉到時，我乖乖的讓她抓著打，不敢反抗。但到後來，當祖母要打我時，我竟然敢搶過她手上細竹枝，把細竹枝丟得遠遠，她回頭去撿細竹枝，我就趕緊溜走。

溜走了，但總是要回家，如果祖母跟我父親告狀，那換來的一頓打，絕對遠比祖母的細竹枝嚴重。可是我還是每次重複著搶過祖母手上細竹枝丟遠遠，然後趁著她去撿時，趕緊溜走。

或許是天生賭性堅強，在一種僥倖心理下，本能的總想賭一下祖母會不會跟我父親告狀，會就打得更厲害，沒告狀就讓我賺到了。

因爲偷祖母的錢，我意外知道了一件讓我納悶很久的事。由於祖母錢藏在祖先牌位後面，讓我每次偷錢時自然就靠祖先牌位很近，很清楚看到祖先牌位上寫著：辜氏歷代祖先……。但我們家從來就姓林，怎麼祖先牌位上會寫姓辜。每偷一次就納悶一次，但也只是納悶，沒敢去問家裡大人們。直到有一天，才聽我祖父說起，才知道我家祖先最早眞的是姓辜的。照牌位上所寫的，當初是一個叫辜篤志的人，他是在鄭成功軍隊裡當類似文書之類的工作，跟著鄭成功軍隊來到台灣，然後一代一代傳下來。一直到我曾祖父，或我曾祖父的父親那一代，那時日本剛統治台灣，普查戶口做登記，辦理登記的日本大人覺得辜這個字很複雜很難寫，那時我們那個祖先，剛好住在幾乎都姓林人家的村莊裡，那辦理登記的日本大人，就大筆一揮說你們就跟著姓林吧，姓辜太難寫了。就這樣我們家從此姓林，姓久了也就愈來愈姓林了。

當知道我們家從前是姓辜的之後，我還是照樣偷祖母的錢，只是每次偷錢時，會在一種「原來我們家的祖先不姓林啊，是姓辜……」的奇怪心情下多看一眼那辜氏歷代祖先牌位，只是多看一眼，倒也沒認眞多想甚麼。

只因爲那久遠年代裡的一個日本大人，他大筆一揮就叫我們家那糊塗祖先改姓了林。想起來，倒是有點黑色喜劇的荒謬幽默。

從小我就姓林，這是造化攤派給我的一個姓氏，我接受它。

前幾年，我大哥透過道士把我們家辜氏歷代祖先牌位火化了。我大哥受洗，信了基督教，不能再舉香拜拜。而我受我祖父影響，多少帶著無神論想法，近幾年想法有些改變，如我祖母所說，人總要尊敬些甚麼。

祖母當年的擔憂倒是成眞，我跟我大哥果然沒拜祖先牌位。

放學後的玩耍時光

大約是從小學四年級開始，我一方面讀書成績變得很好，而一方面卻學會偷錢，且愈來愈愛玩。我父親認爲我學壞了。

在我父親眼中，他認爲我去了一趟台北回來就開始變壞，開始愛慕虛榮，學會虛花（虛榮）貪玩。以前，只要一放學我就乖乖回家。而去了台北回來後，就幾乎每天放學不馬上回家，逗留在村子裡玩到不能再玩，非回家不可時才回家。父親說，這孩子去台北一趟，救回一條命，卻也學會了虛花。

當父親發現去台北之前那個乖小孩的我不見了之後，他像是做收心操般不斷告誡，叮嚀我。「……台北是一個花花世界，在那種所在什麼都要錢，沒錢人家就看你不起。你不要看台北都市……四處光亮亮，霓虹燈閃來閃去，那跟我們都沒關係，看得到吃不到……。」父親這樣告誡我，急著把我拉回一個住在谷谷山裡唯一一戶人家這樣的我的現實。可是曾經看過的繁華，哪是父親這些話就能從我腦海中洗掉。且我在經歷了台北那段生活後，變得外向，比較敢，也容易交到朋友，也就擴大了活動圈，愈來愈在家裡待不住，而到處走到處玩去。

用我父親的說法，就是我愈來愈像我祖父，王兄柳弟一大堆。

這樣的我，當我坐在課堂裡上課時，心裡想著的是當下課鈴一響，要怎樣趕快衝出去佔到鞦韆，佔到玩球的地方，玩奪寶遊戲的地方，再不然也要佔到玩佔樹的那二棵樹。總覺得在那些遊戲裡，我的生活比較眞實。每當上到最後一節課時，我的腦子我的心已經飛到很遠的地方去了，通常我會想到這時候祖父，應該是在把飯跟炒香的米糠搓在一起，搓成一小團一小團，放進蝦籠裡。如果這時我在家，就是我把一團一團米糠飯糰放進蝦籠裡，放完跟著祖父挑著蝦籠，沿著小溪，一處一處把蝦籠放進溪裡的石頭縫裡。然而現在在課堂裡，就只能想像，不能眞的跟祖父去放蝦籠。在課堂裡想完祖父的蝦籠，接著就想像放學後在小糖廠廣場上的遊戲。巴不得這堂課趕快結束，最好現在已經在小糖廠玩了。

放學後，跟我那些玩伴們浩浩蕩蕩的往糖廠跑，像放出籠的小鳥般雀躍玩了起來。玩夠了才回家。回家爲了逃避被罵，就常常要編一些理由，說老師叫我怎麼樣或者學校要我怎麼樣，所以比較晚回家。起先父親是相信的，但當後來我連禮拜六中午放學也不立刻回家，而逗留在村子裡跟我那些玩伴們，在小糖廠前的廣場空地上打棒球、踢鐵罐子玩捉迷藏……玩了一個下午，玩到傍晚才回家。回到家也編同樣理由騙我父親，這時父親開始半信半疑，每當聽完我編的理由，總是警告我，叫我最好不要騙他……。

直到有一天，也是禮拜六，我們一群小孩在糖廠玩……突然聽到我父親叫我，我完全傻眼，心想完了……。我父親什麼也沒說，兇著眼睛瞪我，叫我坐上腳踏車。回到家二話不說先吊起來，用細竹枝抽打了一頓，繼續吊，一直到吃過晚餐後，才放我下來。

小時候，當父親管教我時，我祖父祖母是不會說話的，那很像是他們大人間的一種默契。只有在管教過後，我祖父或祖母才會說個幾句話，類似你父親打你是爲你好啦，或打過就好，咱以後較乖咧就好……

記得那一次，我父親放我下來，且罰我不准吃飯。一直到父親出門後，祖母才叫我去吃飯。父親不在時，在祖父祖母面前，我就變得很拗，故意不吃飯，像是在我父親背後跟他嘔氣。而我祖父總是耐著性子開導我，跟我說：「……囡仔人做不對事情，被打是應該的，你老爸打你也是爲你好，俗語話說虎毒不食子，總是沒有父母會害自己小孩的……」當我被父親懲罰後，這樣的話就會從我祖父口中說出。

現在想起來，長期被我父親怨恨的我祖父，當年開導我說出那樣的話，好像並不只是勸我，同時也是他做父親的一份心情。

當年小時候，我並沒因父親的嚴厲懲罰而變乖，仍然繼續常常在放學後，在禮拜六下午跟著一群玩伴們，往太陽底下跑去，打棒球、踢鐵罐子、到溪裡游泳泡水、去偷挖黑糖吃……去找各種新鮮好玩，就是不回家。等玩夠了，回家皮繃緊緊，準備挨打。可是我父親也不是就這樣等我玩夠了，等我回來打一頓就了事。父親後來愈來愈常到村子裡捉我回家，剛開始我只要看到父親來，就乖乖跟他回家，到後來，看到他來就趕緊躲起來，甚至跑給他追，繞著泰源街上跑。於是發展到最後，是我父親拿著棍子，在泰源街上追打著我。

但我仍然繼續把一份心思投向那太陽底下的一切好玩新鮮事物。而父親當然也仍繼續他對我的一份管教。那時，每個禮拜至少要被父親打個三、四次，打得我父親手軟，打得我愈來愈皮。記得有一次，父親打過我後，忍不住好奇的問我：「……奇怪咧，你怎麼打不怕，我都打到手軟，打到手痠了，你還是打不怕……想沒咧……你也講來給我聽一下……」記得那時我在父親的追問下，竟然回答他：「……打，痛一下就過去了，玩，可以歡喜很久。」……眞的，打，痛一下就過去了，外面那個世界是可以玩很久的，至今我還在繼續玩著。回想起來，當年那個小孩子的我，被太陽底下一切新鮮事物吸引，而一步步脫離了我祖父的東方紅太陽，脫離了學校裡的反共抗俄，脫離了那個逆流而上不進則退的看魚哲學家。

沉在溪潭裡的我的口琴

父親的打罵管教並沒有讓我得到教訓而變乖，反而是讓我愈來愈叛逆我父親，且一步步走向我們之間那漫長無止盡的對立。

最早，在我還沒那麼壞之前，記得是剛從台北回來半年內發生的事。有一次，我跟父親要五毛錢買橡皮擦，他不給，他說不是剛給過你錢買橡皮擦。我回答說，就找不到，可能丟了……。可是不管我怎麼說，父親就是不給我錢買橡皮擦。而我拗在那裡，好像一副你不給我錢買橡皮擦，我就不去上學的樣子。結果最後把父親惹火了，突然隨手拿起一根扁擔就往我背上打下來，我痛得蹲在地上。我祖父趕緊搶走父親手上的扁擔，我祖母拉起我，趕緊推我出門推我去上學。記得那天我是邊走邊哭的走去學校上學。也記得那天，是我第一次非常強烈的思念我母親，心裡想著如果有母親在，她一定不會讓父親這樣打我。中午吃便當時，忍不住心酸的掉下眼淚。

至今，我還記得眼淚掉在飯裡，吃起來鹹鹹的感覺。

想起來，我是一個從對父親叛逆的狀態裡，從惡裡學習過來的人。

還記得第一次偷錢時，我拿一張圓板凳，站在圓板凳上，懷著害怕不安地挪開祖先牌位，偷我祖母藏在牌位後面的私房錢，偷了錢就緊張的趕緊跑掉。放學回到家時，父親把我叫到他面前，問我爲什麼偷祖母的錢。我矢口否認，父親說再給我一次機會，自己承認比較沒事。我還是否認，於是父親把那張圓板凳拿出來，上面兩個我的腳印。看著圓板凳上那兩個我的腳印，我只有承認了。承認了，父親打了我一頓，然後罰我跪在祖先牌位前。這件事我得到的學習，並不是再也不敢偷錢，而是學會偷完錢要記得把腳印擦掉，不能留下證據。我父親懲罰我很嚴厲，但父親是個講求證據的人，只要不留下證據，我就可以逍遙法外。

除了偷錢外，後來我找到一個比偷錢更安全更有用的辦法，那就是用鴨蛋去換東西，甚至去換錢。

那時，是已經到了家裡都是我在煮飯的時候。利用每天早上煮飯時，我偷偷煮幾顆白煮鴨蛋，然後再用月曆紙包幾小包鹽，帶到學校去。拿這些白煮蛋跟其他同學換橘子吃，換漫畫看，換任何可以換得到的東西。由於我們家鴨蛋很多，少了幾個很難察覺出來，所以有好長一段時間，我用鴨蛋換到了很多東西，包括那一只被我父親丟進溪潭裡的口琴。

大約是我小學五年級左右的事，那只口琴是當時我用每天一個鴨蛋，連續一個月三十個鴨蛋跟一個同學換來的。那同學就是家開牙醫的同學，他還教我吹會了 Do、Re、Mi、Fa……。從此，我擁有一只口琴，很開心。但只敢在學校，或者上下學走路途中吹，回到家就把口琴藏起來。我隱約知道不能讓父親知道我有口琴。很慘的是，當我一首曲子都還沒練好，就被我父親發現了。他二話不說，拿起口琴就往我們家門口的溪潭裡丟去。丟進溪潭裡後，父親說了句跟之前反對我打棒球，不讓我參加學校球校時說過一樣的話。「我是要你到學校去讀書的，不是要你到學校去玩的。」棒球、口琴在我父親眼中都只是玩的東西，是妨礙讀書，妨礙人生正當發展的虛榮東西。

口琴被父親丟入溪潭後那一陣子，我常偷偷去溪潭裡潛水，潛入溪底裡找我的口琴，始終沒找到。後來當每次到溪裡游泳時，就心裡想著我有一只口琴沉在這溪潭裡。但，從此，我再沒有擁有過第二個口琴。

在我的人生裡有一只口琴沉在我們家門前的溪潭裡，銀白色的口琴身上，浮刻著兩隻燕子，是只雙燕牌口琴。

在口琴被父親丟掉之後，我對父親開始有了種恨意，沒事就躲他躲得遠遠的。而父親對這樣的我歸結到我是在台北學到虛榮變壞的。他開始後悔在台北那段時間不應該可憐我，而對我好，讓我吃好的，穿好的。

拿鴨蛋換東西這件事，發展到最後，是我大膽到拿著剛從鴨寮撿的生鴨蛋，拿去泰源村村子裡的雜貨店，跟老闆騙說我父親一時身上沒現金，所以要我拿鴨蛋來跟你換錢，因為我要買簿子，或鉛筆……。老闆毫不懷疑的給了我錢。拿鴨蛋換錢我得逞了很久一段時間。直到有一天，雜貨店老闆跟我父親說，叫我父親不用那麼麻煩，如果沒現金，叫你兒子先來拿，以後再一起算，不用叫他拿鴨蛋來，萬一打破了麻煩。就這樣，揭穿了我拿鴨蛋換錢的事。當然又是一頓懲罰，除了懲罰外，父親從此每天早上會特別注意鴨蛋，所以我結束了拿鴨蛋換東西的美好日子。

工事團

工事團到來，一團七、八個人，在我們家旁邊的空地上搭起鐵皮浪板的臨時工寮。他們帶來了熱鬧，讓我平靜的童年，像是在平靜的海面上突然掀起一個浪頭，短暫卻是美麗難忘。

工事團會來，起因是那一年台東經歷了一個強度颱風，風大到連我們家屋頂都被掀走了。颱風夜，我們一家人是躲在桌子底下及床鋪底下度過的。那個強度颱風來得急去得快。我清楚記得，颱風過後那天早上，雨就停了，天陰陰的，在還不到中午時就出了太陽，太陽很烈陽光明亮亮。太陽一曬被風吹倒折斷的樹幹樹枝的樹葉開始萎縮起來。風速之強，連我們家屋前的竹叢都被整叢連根拔起露出地面，往山坡下歪斜。

連著幾天都是好天氣，但我不用上學，因爲我們家往泰源的路崩山了，崩了大約三百多公尺，路面都埋在崩下來的土裡，有些地方連路也崩坍了。崩山的路段，離我家很近，大約不到半公里。

連著幾天好天氣，在大太陽曝曬下，曬乾了那些被颱風吹倒折斷的樹幹樹枝的枝葉，曬乾的像是燒焦似的。站在谷谷台地上往對面我們家方向看，看到我們家屋後山麓上走著一條曬乾了的燒焦痕跡。這條痕跡有些寬度，是那些被颱風吹斷，且又被烈日曝曬下曬乾了樹幹枝葉所形成的。一條寬寬的燒焦痕跡從隧道口的山頂上滑下，順著山腰往我們家走，走過我們家屋後山麓上，一路走的彎向登仙橋地方。這條燒焦痕跡像劃過一道傷口般的標示出颱風走過的痕跡。最大的傷口是那崩坍了大約三百多公尺的崩山路段。

於是工事團來了，他們就是要來修復那段崩山的傷口。他們一行七、八人，帶著一輛拼裝車，以及一輛推土機。首先他們順著崩垮後的山勢開出一條小徑，先讓人走。車子一時是通不了的。

這團工事團裡，都是男工人，記得只有一個女人，她負責買菜，燒飯煮菜給大家吃。我後來在拍我第一部電影《春花夢露》時，戲裡男主角離家出走，跟著工事團到處做工，且跟工事團裡一個燒飯煮菜的女人相愛。這故事，就是從我童年裡這個工事團想像出來的。

當年那個工事團，有沒人是離家出走的我不知道。但他們帶來的熱鬧，對我來說是空前的。每天晚上，那個戴太陽眼鏡的推土機司機，就會在我們家庭院，也就是他們工寮前彈吉他唱歌，而同時總會有幾個工人圍著他唱歌。感覺上好像收音機聲音裡的世界跑到我眼前來。

賭博是他們另一個重要的消遣，幾乎每天晚上他們一群人圍在通舖床上，撿紅點或比十三枝。看大人們賭博，對我來說這是第一次，我們家大人們是從來不賭博的。而我們小孩子頂多也是彈彈玻璃珠，打打橡皮筋，拍打下尪仔標。拿著現金賭博這是我第一次看到，看著他們的錢隨著輸贏流來流去，且在過程裡隨著賭輸賭贏的情緒，而說出各種插科打諢的賭博俚語，一個比一個厲害，嘴巴不饒人的相互調侃著，像是輸了錢也不能輸了嘴巴。這樣的話我聽的很有趣。

尤其當下雨天一到，那一整天，一群人就都是在賭博。收音機開的大大聲，像是要淹蓋過屋外的雨聲般。而圍坐在床上那幾個人賭得昏天暗地，且當有人贏多贏得過癮，就會拿點零錢給在一旁看的我，說是吃紅，愈吃愈旺。常常一個下雨天下來，總能意外吃到幾塊錢的紅。

其實最吸引我的，還是戴墨鏡推土機司機手上那把吉他。那把吉他同時也吸引了一個少女的心，那少女後來還跟他談了一場轟轟烈烈的戀愛，那少女就是我三姊。

那個戴墨鏡推土機司機，吸引我的不只是他那把吉他，還有他能手上一副撲克牌變出各種魔術，他總是任我隨便抽一張牌，且叫我記牢抽在手上那張牌的點數花色，記牢後再把牌插回去，然後他把牌洗一洗，開始用各種神奇方法找出我抽的那張牌。有時他用聞的，帶著神祕眼神的一直聞一直聞……突然頓住的用力聞著他拿在手上的一張牌，眼光神祕看著我的說：「聞到了，就是這張……」我訝異點頭的笑起來。有時他會一直看著我的翻著一張張撲克牌……突然頓住，仍看著我，看也不看牌的掀開牌說就是這張，這時他說是從我的眼睛裡看到的……。他總是能有各種名堂來逗我開心。除了找牌外，他還能憑空把撲克牌變不見，隨手一抓又把撲克牌變回來，看得我眼花撩亂，深深被魔術魔力迷惑住。尤其是當後來在老師帶領下到台東鎮上看了一場東方大馬戲團的表演，不只有魔術表演，還有老虎、獅子、大象……以及那隨時出來串場表演的可愛小丑，一氣呵成看得如醉如痴，被震懾住了。

關於魔術師跟小丑，對他們我永遠懷抱著興趣跟敬意。其實他們比詩人更像詩人，讓人們隨著他們魔幻般的節奏讚嘆！驚喜！歡笑……。

關於我三姊跟推土機司機那場轟轟烈烈的戀愛，我在當小電燈泡之下懞懞懂懂的作了見證。那時三姊依然是我們家的鴨蛋姑娘，但已經是資深鴨蛋姑娘。由於三姊工作上的優異表現，讓家裡大人對她很放心。所以當知道她和推土機司機談戀愛時，祖父跟父親都沒反對，只叮嚀三姊幾句，要她注意女孩子家的矜持。而我祖母就極力反對，她說一個女孩子怎麼能這麼不見笑，光頭白日跟男人有講有笑……。

起初，我祖母說歸說唸歸唸，三姊也沒太在意，繼續跟推土機司機交往著。且加上祖父、父親沒反對之意，三姊也就愈來愈讓他們的愛情公開進行。但沒想到最後還是在我祖母的痛哭厲罵聲裡結束三姊的愛情。記得那一次祖母坐在屋簷下，哭嚎著的厲聲罵著三姊，罵的都是罵女人最難聽的話，一直罵……一直罵到我父親出面管教我三姊，她才罷休。我父親屈服了他母親，於是對我三姊下了禁令。就這樣，我三姊這場轟轟烈烈的愛情也就結束了。愛情結束，三姊還是每天踩著腳踏車到處送鴨蛋，只是心裡多了份寂寞吧！回想起來，我是這麼認為。

是我祖母那哭嚎厲罵才讓三姊的這場愛情顯得轟轟烈烈。那時三姊十七、八歲，正青春，花才要盛開就來了風雨。

不久，工事團結束了修路工作，離開。

美國直升機停在我們小學操場上

關於當年我在台北看到的那些在小木箱裡打仗的外國士兵，我是在一年多以後的一場中美聯合演習裡看到他們彷彿再現般的出現在我眼前。當我看到從直升機上跳下一個個美國大兵，有黑人有白人，就好像看到當年那個小木箱裡的人跑出來，跑進我眞實生活裡，像夢一樣的眞實。

那場中美演習，在我們村子裡做空降演習，直升機來來去去二三天。那是我第一次親眼看到直升機，且一次看了那麼多。第一架直升機來時，照演習計畫在我們學校操場上空盤旋，準備降落。但因爲我們全校小朋友，一看到直升機就太興奮，興奮到所有小朋友都往操場跑，邊跑邊仰頭看著盤旋在上空的直升機。鬧哄哄的整個操場都是我們小朋友跑來跑去，隨著盤旋上空的直升機繞來繞去，繞到直升機怕危險會出事，而飛走了，飛到村子裡唯一那間佛寺的後山空地上降落。看著直升機飛走，我們小朋友們一臉失望。

經過跟軍方協調，學校老師們把我們小朋友集合起來，校長宣布說，高年級同學都去撿一根木柴拿到操場中放著，這樣就有直升機看。聽完校長的話，我們高年級學生們興高采烈的跑到操場外圍樹林裡，很快都人手一根木柴交到操場中央。交完木柴，接著又把我們學生們集合起來，一班一班排得整整齊齊的繞著操場外站在司令台後方，等著第二架直升機來。而幾個國軍士兵把木柴堆在操場一角，點火燒起木柴來。而全校四百多個小朋友，都張大眼睛看著火愈燒愈旺的等待著直升機到來。……啪噠……啪噠……終於遠遠傳來直升機螺旋槳聲音，一張張小臉仰望向那傳來聲音的天際，張望著。終於遠遠山頭冒出直升機小點……啪噠……啪噠的飛過山頭。此時幾個圍在火堆旁的國軍士兵，趕緊提起準備在一旁的水桶，往火堆裡潑倒澆水，澆熄火堆而冒出濃煙。濃煙冒起，給了信號，就把繞著村子飛的直升機吸引過來，在操場上空盤旋了下，就慢慢的降落下來，啪噠……啪噠……螺旋槳聲震耳嚇人，同時颳起強風把操場上整片草都壓得平平的。當直升機降落到離地面很近時，就穩住不再下降，接著一個個美國大兵從直升機上跳下來，身手矯捷放低身體前進，像眞的打仗般的在四百多個小朋友的驚訝眼光裡迅速消失，往他們的任務目標前進。而當每個美國大兵都跳下直升機後，直升機立刻又升空……啪噠……啪噠的迅速飛遠，飛過山頭消失。而留下四百多張訝異驚喜仰望著的小臉。後來連著一二天，直升機又來了三四次，大多同樣跳下一個個美國大兵就又飛走，只有一次直升機停了下來，同時允許我們小朋友可以靠近，站在指定範圍裡看著，一年級一年級輪流著去看。

記得當時是眼睛睜大大的看著直升機，也看著直升機上跳下一個個美國大兵，有白人有黑人。而黑人眞的就像黑人牙膏上面那個黑人那麼黑，且還同樣露出一口潔白牙齒。那是我第一次在現實裡看到黑人，終於相信世界上眞的有一種人這麼黑，黑到令人目瞪口呆。同樣也在看到一個個美國大兵跳下直升機後，才知道之前在台大醫院時，看到的一群美國大兵在小木箱裡打仗的事，原來是眞的，不是我父親說的只是在演戲。

長大後，當我當兵時，才又很確定的知道，其實演習跟演戲是差不多的，只是一些假設狀況的推演，推演的愈逼眞就愈成功。

中美聯合演習是我童年裡的一場大戲。仍記得當時我睜大著眼睛看戲時的樣子。可是回到家，卻聽我祖父生氣罵著：「……美國這隻紙老虎，嚇驚人的，再飛也那幾隻直升機……。」

我當糾察隊的日子

「糾察隊吃雞腿，吃到半路遇到鬼……」，小時候，我們都對著當糾察隊的同學這樣喊，調侃他們。

直到有一天我被選上當了糾察隊，換我被同學們這樣喊，被調侃。

當糾察隊一直是我心底嚮往已久的事情，我常羨慕那些糾察隊，升旗降旗時站在校門口的樣子。羨慕他們不用睡午覺，而到處去登記沒有睡午覺的同學。他們從來不用參加放學前灑掃工作，他們的工作是到校門口外抓逃學的同學。

我當上糾察隊，當然也就擁有了這些特權。因爲我個子矮，所以站校門口就輪不到我。我的工作是站在校門口外，抓遲到跟逃學的同學。中午時，就到每個班級巡察，登記不睡午覺而吵鬧的同學。好不容易當了糾察隊，難免就走路有風，一副神聖不可侵犯的樣子。當然這都是對別的班級，對班上同學就還是我沒當糾察隊時的原來樣子。

關於我當糾察隊，最好玩也最有趣的事，是當全校開始放學前打掃時，我就到校門外抓逃學的同學。那時逃學都是爲了逃出去偷看二十分鐘左右的免費電影，因爲戲院老闆娘通常會在電影快結束時通融小孩子進去看一下電影。而我當糾察隊的工作就是去抓逃學看電影的同學。

這家戲院是泰源村子裡唯一的戲院，很簡陋，用木板拼拼湊湊釘起來的戲院，叫露天戲院。戲院木板牆都被村子裡的小孩子，或青少年挖出一個個小洞，把眼睛貼緊那小洞看免費電影。每過一陣子戲院老闆就會想辦法把那些小洞封起來，但過一陣子又會出現許多新的小洞。小洞就這樣循環著，直到後來戲院老闆累了，不再補洞。貼緊小洞看電影，我看沒幾回，因爲我們家離村子太遠，夜裡我不太有機會到村子裡。

當糾察隊那段時間，我每天光明正大的走進露天戲院裡，說是要看有沒有學生逃學跑來偷看電影，其實自己也想看電影，根本就很少眞的認眞去抓逃學看電影的學生。

結果當了一學期糾察隊，看了一堆二十分鐘左右的電影。一堆我永遠不知道前面演了什麼的電影。這一些只看到最後結局的電影，如今還在腦海裡留下一些殘光片影。記得好像看過當年年輕的鄭佩佩，演過一幕像箭般衝破屋頂刀光劍影打飛出來的畫面。還記得美國西部片裡，決鬥時永遠比的是誰拔槍拔得快，且男主角永遠在騎馬，看起來很帥，令人羨慕。記得還看過一些讓人哭到唏哩嘩啦的韓國片，像《淚的小花》之類的。

唯一有部片最讓我印象深刻，是一部文藝片。會印象深刻是因爲後來父親帶我去戲院看了這部電影，記得片名好像是叫《後街》。誰演的記不得了，記得的是開場跟結局好像是同樣的感覺。開場時女主角從鄉下來，在都市裡舉目無親走投無路，她停在一個麵攤前，好像是麵攤老闆看她可憐，請她吃了一碗麵，還讓她留在店裡洗碗打雜，而住下來。印象中是這樣開場，至於劇情過程很模糊，好像是講女主角在浮華都市裡怎樣被騙失身，而自暴自棄的漸漸迷失墮落……最後女主角下場怎樣我忘了。只記得結局時又來了一個鄉下小女孩，站在開場時的麵店前，老闆看著她，想起開場時女主角的樣子，而又煮了碗麵請鄉下小女孩吃。

不知道爲甚麼，一直對這部電影的開場跟結尾記憶深刻。

當糾察隊那段時間，在一份抓逃學看電影的同學的名義下，意外看了一堆不知道前面劇情，只知道結尾電影。看完後在回家的路上，一路上還腦海中縈繞著電影裡的情節，而邊走邊猜想著前面可能會怎麼演，或許是這樣，或許是那樣，懞懞懂懂的猜想不透。想到後來變成一種幻想，把一路上回家走過的風景融入電影情節裡幻想，幻想西部片裡的快槍俠，騎著馬跟我走在這兩岸猿聲啼不住，輕舟已過萬重山的山崖狹谷裡。幻想著登仙橋變成武俠片裡的古代狹窄吊橋，武功高超的俠客在那橋上大戰群魔，昏天暗地日月無光。有時甚至想像俠女從對面山蹤身一跳，施展輕功，衣袂飄飄而來。這樣的幻想週而復始循環著，愈幻想愈厲害，幻想自己儼然成了那快槍俠，成了那殺得日月無光的大俠。於是手上開始多了一根竹棍，一路上拿著竹棍，邊走邊把路邊樹叢草叢當做群魔般的亂砍一番，一副心中了得的俠客氣慨。有時走著走著，就拿著竹棍又跳又翻的比畫起來，學著電影裡的招式，一路比畫著走回家。

過完我當糾察隊的日子，就到了我小學畢業的時候了。

我的畢業旅行

小學畢業前，發生了一件對我這一生影響很大的事。

畢業前，學校舉行畢業旅行，我當然想參加。但父親說等我畢業後，反正他會帶我回西部走一趟，所以我不用參加畢業旅行。可是對小孩子的我，參加畢業旅行當然比父親帶我回西部重要，是無論如何都要參加的。但任我怎麼說，父親就是不同意給我錢。最後的辦法就是偷，偷我祖母的私房錢去繳了畢業旅行費用。

偷了錢繳了費用後，距離真正出發去畢業旅行大約還有三四天，所以那三四天就一直處在極度不安的狀態裡。害怕萬一祖母突然發現她錢丟了，那就去不成畢業旅行了。

現在回想起來，那極度不安，其實是像逃犯般的度日如年心情，且又加上害怕期待中的希望隨時會幻滅。只要祖母一發現她錢丟了，害怕的不只是接著而來的懲罰，而是我的畢業旅行就消失了。

運氣很好，祖母一直沒發現她錢丟了。到畢業旅行那天早上，為了要騙過家裡大人們，我什麼也沒帶，空著手出門。我父親疑惑的問我，不參加畢業旅行還去學校幹嘛？我編了個理由，說學校規定不管參不參加畢業旅行都要去學校集合，不參加的要去送行。父親半信半疑，但沒再追問。就這樣過了父親這關，終於出門往學校路上走。

到了學校，當然都是要去畢業旅行的同學。坐上遊覽車，老師還很奇怪的問我，你怎麼什麼都沒帶，你不用洗澡啊？我沒有回答，趕緊坐到自己的位子。隨著遊覽車出發，我心情開始放輕鬆，心想終於達成了我的畢業旅行。遊覽車繞過村子裡的街道，出村子，經過土地公廟，轉個彎繞進公墓，當繞出公墓彎路時，迎面我父親騎著腳踏車，對著遊覽車用力揮手，大聲喊著停車。我嚇呆！接著遊覽車停車，車門一開，射進來父親厲聲叫我下車，同時他對老師大聲罵說，你們是在做什麼老師，連小孩子偷拿錢都可以參加畢業旅行……。當時，我羞愧的無地自容，找不到一個洞可以鑽進去，所有同學都看著我，我就這樣在眾目睽睽之下被父親厲聲罵下車。終於，我還是失去了我的畢業旅行。

至於回家後的懲罰都已經是不重要的事情了。重要的是如何再面對我那些同學，還有老師。

我還記得，當畢業旅行的遊覽車回來經過我家屋後時，我聽到車子裡同學們大聲的喊了幾聲我的名字。那時我無法明確知道同學們大聲喊我名字所代表的涵義是什麼，只是在他們大聲喊我名字時，心裡熱熱的，有些酸楚感覺。但我仍然害怕，無法想像如何在學校面對他們。

畢業旅行結束到畢業典禮之間，還有將近一個禮拜的畢業生回學校做勞動服務時間。可是我害怕不敢回學校，自己覺得沒有臉面對老師跟同學們。

於是我每天帶著便當出門，不敢去學校，也不敢進村子。我爬進山裡爬高高的，靜靜看著遠遠那馬武窟溪對岸，谷谷台地山腳下的我們家梯田裡，我祖父跟我父親工作著。遠遠的，父親跟祖父像個小點般在層層疊疊梯田裡移動著。有時祖父趕著牛犁田，趕牛的吆喝聲不時遠遠傳來。常常我就這樣靜靜的看著梯田裡的祖父跟父親。看久了，有時換個角度看山腳下公路邊的我們家，看到我祖母繞在屋前屋後的忙碌身影。有時儘往山裡亂繞，找一些野生水果吃，有時會在山泉裡泡涼。但不管我在山裡怎麼繞，只要我願意，轉個身回個頭看去，我們家梯田就層層疊疊在那裡，像小點般的父親跟祖父身影移動在梯田裡忙碌著。回想當時這樣看著他們時的心情，尤其是看著父親的心情，大約是一種想恨又不敢也不該恨的複雜心情。但其實是恨了。

當時我是在這樣複雜心情裡懷恨著父親，且每天假裝出門上學，往山裡亂繞。中午把便當吃掉，然後繼續著上午做過的事，一直到傍晚時，才假裝放學的回家。將近一個禮拜我都過著這樣的日子。唯一有一次我一樣在山裡亂走，走到迷路找不到原來路回去，繞了一大圈走出森林時，看下去竟然是我們學校，和整個泰源小村子。我看到我那些同學們，像一群小黑點般在操場上做勞動服務。遠遠看著，心裡茫然，或許還有份悲傷。隔天，我想再走到這邊來看學校，看村子裡，卻怎麼走也走不到。

我沒去學校的事，家裡大人們都不知道。直到畢業典禮前一天，我老師在街上遇到我祖父，跟我祖父說，無論如何也要讓他來參加畢業典禮吧。我祖父訝異的說，沒不讓他去學校，每天他都出門啊，沒去學校嗎？因此，祖父跟父親才知道我不敢去學校的事。

隔天畢業典禮，祖父帶著我去學校，把我交到老師手上他才走。記得那一整天我一直低著頭，不敢看人，因為我覺得全世界的人都在看不起我。直到畢業典禮結束，謝師宴時，我們學校教導主任拉我到他們老師那一桌，教導主任當做一切事情都沒發生過般的叫我坐在他旁邊，跟老師們一起吃。他只跟我說了短短一段話：「沒有事的，沒有事的，所有小孩子都會想參加畢業旅行，你做的事沒那麼丟臉，過去就好了。」其實教導主任這段話對我人生有很大的影響。當然我當時是不會知道的，當時只是在那短短的話裡，半信半疑的想著我好像沒那麼丟臉？

如今回想起來，在我人生最可能從此往惡裡走的關鍵時候，我遇到了這樣的師長，讓我感受到自己還是被期待的，我還可以重新再來。

大約一年多前，因為公共電視拍我，而回小學走一趟，才知道當年跟我講了那段話，給了我人生重新來過的勇氣的教導主任已經過世了，而他兒子也是我同學，已經移民中南美洲巴拉圭。而且學校裡沒有一個老師是我認識的。那時，我站在現代化後的校園裡，突然感覺到一種時間的無情，記憶裡許多美好時光不斷消失，無情的消失。

而我只是活在時光消失過後的餘波蕩漾裡。

我的家人

畢業後，父親照他說的帶我回山前，就是西部、北部走一趟。一路上拜訪我們家親戚、及我姊姊們。那是一趟不斷感受到丟臉的陰霾旅程。每到一個親戚家，父親就總要感嘆的跟親戚們說起對我的擔憂，眼看著我愈學愈壞……。說啊說就會說到我為了畢業旅行偷錢這件事，於是我又要再次面對迎面投來的異樣眼光，幾乎每個異樣眼光都像是在說：「哇……這個小孩原來這麼壞啊……」或著「……這麼小，就這麼大膽……」之類讓我再次覺得丟臉的眼光。

或許那是我經歷過被父親當著我老師同學面前羞辱叫下車後，而心生杯弓蛇影草木皆兵，隨時害怕別人看來的眼光。有好長一段時間，我感覺自己好像是衆人眼光裡無可遁形的壞小孩。於是時間循環著走，彷彿時光倒流又回到了遙遠以前那個童年裡怕生躲在衣櫥裡的小孩。當年怕生躲起來，如今無處躲只能頭愈來愈低，但都有著同樣陰霾的眼光神情。

回西部之旅，其實是一趟環島之旅。在那趟旅程裡，父親帶著我一路看了他所有的女兒，也就是我的姊姊們。板橋是我三姊，那時她在板橋一家紡織廠當女工，紡織的是當時正流行的卡思米龍布料。

當我大約小學五年級時，三姊結束了她那轟轟烈烈的推土機司機之戀，在家裡又當了大約不到半年的鴨蛋姑娘之後，她就離家到了板橋這家紡織廠當女工。幾年後她換到桃園美商RCA工廠當女工。三姊在那裡認識我三姊夫，結婚後住在內壢，我國中畢業離家出走時，在我三姊內壢家住了一段時間。三姊是我小時候最親近的姊姊，離家時很自然就想到跑去投靠她，還因此在三姊夫幫忙下找到我出社會第一個工作，在一家拉鍊工廠當工人。

在我三姊離家去工廠當女工之前，其實我們村子裡就有很多年輕少男少女，甚至是小孩子，往加工出口區去當男工女工。從那時起每當暑假一到，甚至是剛唱完畢業歌，就會有加工出口區工廠派來的遊覽車，派來把剛畢業，書讀不來而不想升學，或雖書讀得好但家裡窮而無力升學，或者就是父母不開通不讓升學的這些應屆畢業生給載走，載往工廠裡當男女作業員。

一車車，一個暑假總會來個三、四輛遊覽車。不只我們泰源，還有南坑南溪，以及美蘭北源，不只國中畢業生，還有許多小學畢業生，都在一車車遊覽車裡載往工廠裡去。送行時，許多父母親不放心的千叮嚀萬交代，此後孤身在外，要乖要聽話，要懂得照顧自己，但不要跟人學虛榮。而車上一群少男少女們大都不識愁滋味，吱吱喳喳的在相互玩笑著。當然也總有幾個是溼了眼眶噙著淚水。而他們都正要去經歷人生。然而可以想像的是，等著他們的是一條生產線上的某個位置，他們都將給安放到那某個位置上重複做著同樣工作，就這樣，他們開始出社會。

加工出口區工廠的遊覽車，來來去去連著好幾年，一直到我國中畢業時，這樣的遊覽車還繼續開著……。

我三姊不是坐遊覽車走的，記得是父親鹿野時期朋友的女兒介紹的。

三姊離家後，家裡剩下我一個小孩，跟著三個大人住，我生活裡寂寞的時間也就愈來愈多了。

當年隨父親去板橋看三姊時，三姊是住在幫三姊介紹工作的那父親鹿野時期的朋友家。記憶裡，當時看到三姊時，突然覺得她變成大人了，不像以前那個谷谷家裡的三姊。以前跟我玩在一起，吵吵鬧鬧的還像個孩子。而板橋的三姊變大人了，講話，應對進退遵守著該有的分寸。對當時的我來說，那是一種距離，讓我對這樣的三姊感到陌生。再加上那時我處在一份偷錢丟臉心情裡，自然也就不主動親近她。

板橋三姊後，進台北市看大姊。大姊、大姊夫心直口快，有話藏不住，當聽父親說完我偷錢想去畢業旅行的事，就直截了當的罵了我一頓。尤其是大姊，霹哩趴拉痛罵我一頓。但罵過就好了，仍然熱情對我。

大姊是天生熱情有活力的人。在我小學二年級時，她就結婚，遠嫁宜蘭。她在連著生了兩個兒子後，隨著她丈夫到台北工作，而住到台北都市裡。且從此永遠住了下來。從一開始租房子，到擁有自己的房子，且扶養著二個孩子一天天長大。胼手胝足走著他們人生。小時候，最喜歡逢年過節，當他們一家子回來時，在大姊夫的相機卡擦卡擦聲裡，在大姊夫的壓歲錢大紅包裡，也在他們從都市買回來送我們的一件件新衣服裡，感受到，且重溫那個我曾經見識過的一份都市繁華。

記憶裡，每次大姊跟大姊夫他們回來，總是像一陣風般來去。由於來時熱鬧喧嘩，且他們在那幾天像是辦筵席般的熱鬧。所以當他們離去時不免更有時間匆匆的不捨，熱鬧繁華隨著他們的離去，只存留在我腦海裡繼續想像，無邊無際的想像。

離開台北的大姊、三姊，搭火車往南回到台中二姊、二姊夫家。當二姊聽了父親說我偷錢想畢業旅行的事，她把我拉到一邊苦口婆心的勸我，勸我一定要學好，不要讓爸爸傷心。

我二姊是我們家小孩裡，在我父親心目中最乖且最不讓我父親操心的。連我祖父祖母也這麼認爲。二姊從去美容院當學徒起，就一直在我父親安排下按部就班走她的人生。當學徒到出師後當美髮師，都在同一家店，一來老闆娘人好留得住她，二來我二姊天生性格是穩定性很強的人。一直到她結婚後，過了大約一年才因爲我二姊夫要回他台中家，才辭了工作跟我二姊夫回台中。記得二姊結婚是三姊已經去板橋工作以後的事了。印象中二姊的婚姻是她老闆娘安排，把二姊夫介紹給她的。當時我祖父不放心，爲了想瞭解瞭解他的未來孫女婿，他就到當時二姊夫工作的雜貨店買東西，且故意刁難的每樣都買一點點，買了七、八樣。祖父看到他這未來孫女婿一點都不嫌煩，且很有耐心很親切的一樣樣秤給他。祖父很滿意，跟我二姊說這個男人可以嫁。

離開二姊家，坐公路局往彰化，到芬園我外公外婆家。父親照例要把我不光榮的偷錢事情跟我外公外婆，我舅舅阿姨們報告一番。幾乎讓我在他們眼光注視下無可遁形的丟臉。

在我極小時，曾經跟我父親回過一次外婆家。那時我很怕生，所以一直不肯叫人，不管我外婆怎麼逗我，怎麼討好我，我就是不叫人。後來意外叫了，外婆很開心。我還記得我會叫外婆，是因為看到鵝跑進菜園裡，就突然很大聲地叫：「阿嬤阿嬤，妳看鵝仔啦……」我是這樣開口叫外婆的，外婆聽到很開心的說：「……開金口了，我這個孫子終於開金口了……」我外公是看起來很嚴肅的人，話不多，不太有笑容。

我外公外婆總共有八個女兒一個兒子。我母親是他們第二個女兒，也是唯一過世了的女兒。

我眾多阿姨們，最親近的是我小阿姨。在我小學五年級左右，就偶爾會接到她寄來的信，有時還附了照片。信裡總會說些鼓勵我的話，說些關於我母親的事。記得她常在信中跟我說以後長大要做個不讓我母親失望的人。記得她還寄過兩本日記本給我，讓我無聊時多少在日記本裡亂塗亂寫。或許這跟我長大後會喜歡寫些東西有點關係吧。

離開彰化外公外婆家，繼續搭火車南下到斗六，來到我祖父的故鄉。故鄉住著我姑婆跟她幾個兒子。該來的還是要來，父親照舊又報告了遍我偷錢的不光榮事蹟。而照例要在眾人眼光裡無可遁形的再丟一次臉。

從我有記憶以來，姑婆幾乎每年都路途遙遠的到我們家走一趟，後來她年紀大了，身體不好，就二年、三年來一趟。姑婆長期以來對我們家提供一份支助，幫我們家度過困境。尤其是我上台北開刀那年，除了我開刀，我大哥被炮輪壓斷小腿骨，還有一場大火燒掉鴨寮豬舍。那年幾乎都靠我姑婆幫忙撐過的。

離開斗六，搭火車往高雄，也就踏上回家的路。

到了高雄，搭上往台東的公路局，一路翻山越嶺，也就又回到了後山台東。當三年後，我國中畢業時離家出走走的就是這條路。只是方向相反，但同樣都是翻山越嶺。

翻山越嶺離開後山，往繁華都市走去。不只我，許多後山青少年都循著這條路往外面的世界走去。

一趟西部之旅結束後，又回到谷谷山裡的家，回到只有我一個小孩跟三個大人住的家。三個大人是我父親、祖父、祖母。

其實自從三姊離家後，家裡就已是只剩下我一個小孩跟著三個大人住了。從此我生活裡寂寞的時間也就愈來愈多了。就在那段時間，大約在一種回家就像是被關起來的寂寞無聊心情裡，開始亂翻父親那幾個木箱子，翻出箱子裡父親的書看。看懂也看，看不懂也看，看懂的時候很少，只當作是無聊時間的打發。那時看書，大約只喜歡看小說，且只看小說裡有對話的部分，因爲容易看懂，也比較有情節。關於長篇論述描繪的地方就幾乎完全看不下去，大約是沒耐心，同時也看不懂不大能理解。但偏偏我父親的書，都是那種長篇論述描繪，少有人物對話的世界名著，所以也就讓我真的更是當作無聊時間的打發，在當時的無聊日子裡，想到就不時拿來翻翻。父親對我翻他的書出來看，他很高興。且當我看著一本書時，他就要跟我說說那本書所表達的涵義，也就是嚴肅主題。但有時卻也翻動他的某些情緒，一本海明威的《老人與海》，翻動起他當年剛買這本書看完時的心情。他說他看完這本《老人與海》時，就立刻想到我祖父，那時他想寫一本叫《老人與土地》的小說，來描繪我祖父好大喜功的一生。

那時，父親總認爲老人最後拖回那個大魚骨頭，是對老人做一種很無情的反諷，就像我們家那塊梯田是我祖父一生最後的諷刺寫照。父親說，老人拖回來的大魚骨頭，跟我祖父那挑了好幾月石頭才壘起來的梯田，都只是贏得許多讚美，但沒甚麼實際利益的事。

《老人與土地》，父親當然一直沒動手寫，但在清晨五點多跟他父親的吵架聲音裡，我聽父親從嘴裡寫了許多，剩下的只差沒動筆寫。

父親常拿這樣的反諷告誡他的子女們，現實是無情的，梯田、大魚骨頭，贏得讚美眼光，大家都說你很厲害，但是魚骨頭是賣不了錢的。

曾經聽過我父親跟我祖父爭論過一個關於屈原的故事。當年屈原被無道昏君貶官，懷憂失落在江邊遇到一個漁夫，漁夫告訴他，大丈夫能屈能伸，水若清我們就喝它，水若濁我們就洗洗手洗洗腳。但屈原最後仍選擇了投汨羅江而亡。父親總認爲那漁夫說得好，水濁洗洗手洗洗腳，不要喝它。屈原不聽勸，爲一個昏君而死，不值得。而我祖父剛好相反，他說如果屈原聽了那漁夫的話，那他就不是屈原了。且還認為世間太少像屈原這樣的人，才會水永遠是濁的。他們父子就是如此的不同。

父親是安於生活在一個濁世裡。他潔身自好，不愛管別人閒事。國家大事遙不可及，議論議論而已。而我祖父卻還活在他那年輕時接觸到的左傾理想裡，像小孩子般天真熱情的相信終有水清見底之日。

大約是在我父親說要寫一本《老人與土地》的小說來諷刺我祖父那好大喜功的一生時，在那段期間我大哥退伍回來了。家裡長孫長子退伍回來，給這個家帶來新的希望，在這份新希望裡，父親跟祖父休兵了一段時間，暫停了他們清晨五點多的爭吵。

在我祖父往來幾趟台東，找他那些達官顯要朋友們幫忙下，終於奔波出我大哥一個泰源國中幹事的工作。

那時剛實施國中教育，我大哥躬逢其盛，遇上百廢待舉事如牛毛的泰源國中草創期。他幹事兼出納管帳，由於生性嚴謹，凡事都要做的清清楚楚，且他人又和善，不懂得拒絕，也就攬了一堆事在身上。於是常常加班加到三更半夜才一身疲憊的回家。在這樣的工作壓力下，開始胃痛，變得神經質而容易失眠。

由於當幹事，大哥認識了住國中山腳下的大嫂，交往一陣子後，找人去提親，而在我快小學六年級時他們結婚了。結婚後，又做了一陣子，大哥實在是撐不住國中幹事的工作壓力。於是就在參加後備軍人教育召集時，簽了一個約四、五年的志願役，選擇再去當兵，脫離壓力過單純生活。大哥自做主張簽了志願役，事先沒跟我父親，祖父祖母商量，而鬧下不小的家庭風波。

記得當時大哥把簽下志願役的事告訴父親時，父親生氣到極點，隨手拿起棍子就往大哥身上打，狠狠的打，且疾言厲色的罵我大哥：「……軍人是國家飼養的狗，你竟然甘願去做狗。……」大哥沒反抗沒頂嘴，任由父親打罵。但他以沉默來做完全且徹底的抵抗，怎麼也不肯照父親，跟祖父的要求，去撤簽他的志願役。

我祖父當然不願意，而且反對。他不能想像這個在他心目中一直是乖巧順從的他的長孫，竟然會志願去當他所謂的蔣幫反動集團的走狗，而且還拗了起來，怎麼勸都勸不聽。我祖父傷心的認爲他終於失去這個孫子了。而我祖母對我大哥簽志願役的事，始終認爲是我大嫂在使弄，擺佈我大哥做這樣的決定。因此也就波及到我大嫂，鬧了一場家庭風波。

大哥在沉默裡以一種無比堅毅的決心，往他選擇的人生走去。他帶著大嫂離開谷山裡的家，在台東鎮上租個小房間，靠著他一份當志願役的薪水生活，且每個月一部分薪水要寄回家貼補家用。

簽志願役的事，是我大哥這一生唯一一次鬧過的家庭革命，堅持要走他想走的路。鬧家庭革命之前，大哥是我們家小孩裡面最乖，聽話且順從的，家裡大人們對他最放心。鬧過家庭革命之後，大哥仍然回到他之前的乖巧聽話，及順從。其實大哥是一輩子承擔著家裡長子責任，且從來沒聽他跟我抱怨過。我想我人生能擁有某些叫自由的東西，甚至是放肆揮霍，都因爲有個這樣的大哥幫我扛起扶養照顧父親的責任。父親晚年時，一直住在鶯歌的大哥家，直到他過世。

當年，當我兄姊們一個個結婚，有了自己家庭時，我感受到一種說不清楚的寂寞。更確實的說，應該說是擴大了原本就有的那一份寂寞。由於我跟他們年齡差距太大，從小他們在我眼中其實更像是大人，而不是一般觀念裡的兄姊。除了我三姊跟我比較近外，其他兄姊們對我來說，是家裡除了祖父、祖母、父親之外的大人。而使得我對他們懷著敬畏之心，而心裡有甚麼話不敢輕易對他們吐露，因爲他們是大人。原本還有個從小跟著她長大的三姊，可以分享心事，但當連三姊都走後，這個家幾乎沒有可以跟我分享心事的人了。大約是這樣的寂寞吧。

眞正強烈感受到這種寂寞，是進國中以後，且愈來愈在家裡無話可說。

人生有了嚮往

TAKE 8

未　來　，　一　直　來　一　直　來　……

（上圖）鹿野金鐘戲院。開幕時我祖父和合夥的地方仕紳合影。沒想到多年後我走上拍電影的路，當了導演。

（下圖）返回台東隨身訪談時，蔡逸君拍下這張我和柯淑卿在谷谷的照片。那天我跟柯淑卿在谷谷台地看到許多野菜，歡欣的摘了許多帶回台北，吃了好幾餐。照片裡我跟柯淑卿都眺望著遠方，這次當我們都各自書寫了自己的記憶，面對了幽暗不明的內心角落後，眺望的將不只是遠方，更往自己內心深處望去，看拍電影這幾年積了那些習性。尤其是當導演的我。

國中一年級

剛進國中時，我還處在小學畢業旅行偷錢事件的陰霾裡，沒能完全走出來。當時我如擔驚受怕的小鳥般害怕別人會隨時投來異樣眼光。總覺得在我背後隨時有人對我指指點點。尤其是那些我小學時同學校同班的同學，因爲他們是目擊者。而且擔心害怕他們會跟別的小學來的學生們說，說我偷錢被我父親從畢業旅行的遊覽車上抓下去……。

就這樣，如驚弓之鳥般的開始我國中生活。

一個多月後，一篇作文讓我得到老師讚賞，才又漸漸在同學面前抬起頭來。

「我的母親」當學生時都會寫過不只一次的作文題目。當年國一時，不知道是在怎麼樣心情下，就當我母親還活著般描寫，寫母親天天辛苦從早忙到晚，煮飯燒菜還要做裁縫賺錢，還要照顧我們一家人……她是全天下最完美的母親。……直到最後一行，我才寫出「可是，我母親在我三歲那年就過世了。」這篇作文，老師很喜歡，拿去貼給二、三年級的學生看。從此我漸漸恢復了些自信心。

這個老師除了教我們國文外，也是我國一的級任導師。國二時她還教我們國文，但不再是級任導師。

那時她剛從大學畢業，印象最深的是她爽朗的笑聲。

另一個記憶深刻的老師，是上我們公民與道德的老師。

他上課時幾乎是從來不講課本上的東西。課本上的東西由我們學生自己輪流當小老師來上課。輪到誰誰就要事先作好準備，時間到就往講台一站，開始上課，回答同學們提出的問題。老師就坐到那上台當小老師的同學座位上，彷彿他這時也當了學生。遇有台上小老師說不好，或回答不出來的問題，他才開口幫小老師解答。剛開始這樣上課時，還是老師要幫小老師回答很多問題，或者帶動氣氛讓學生們敢問問題。但久了，過了一段時間後，他就愈來愈不用開口，而眞的讓小老師上課了。他曾經說公民與道德，讀課本死背是沒甚麼用的，所以他的考試題目都是簡單易答，因爲他不考一些沒有用的高論。

通常公民與道德每星期二節課，他把一節給小老師上課本上的課，另一節課他就講課本外的東西。他最喜歡講抗戰結束，他們緬甸遠征軍從緬甸一路撤退，經過雲南、四川、湖南、湖北一路到上海。一路看著戰後軍閥相互侵占地盤，甚至看到軍閥們把國家軍隊整批像私人財產般賣來賣去。包括武器裝備，坦克車、裝甲車、大砲……都當私人財產般整批整批的私相買賣。一直到上海看到學運，他說這樣腐敗的政權，學生當然要表達他們不滿。接著就是國共內戰。剛經歷過戰爭，好不容易打贏外敵，卻淪入兄弟相殘的悲慘戰爭。公民老師說這才是最悲哀的事。

除了教我們公民與道德外，他還常到處去勸那些不讓兒女升學的父母，有困難想辦法幫他們解決，就是希望他們把兒女送來學校讀書。我們學校有讓學生住宿這件事，就是他爭取來的。有了住宿，一些走路到學校要走一、二小時以上，這些偏遠深山裡的小孩也就可以住校讀書了。

這個公民老師，個子高壯，聲如洪鐘。他是個東北人。

進國中是一種很奇怪的分界線，好像突然往前跨了一大步。突然發現別人看待你的方式不同了，且自己也不再喜歡被當小孩子看待。但同時又離大人還有好長一段距離。

「……讀國中了，自己要會想了，我是儘量不打你……」進國中沒多久，父親這樣跟我說。且從此少了打罵的懲罰，但多了對我未來人生前途著想的訓誡。

對父親來說，那時他其他兒女們，都已長大成人，且都有了樣子，慢慢定型。唯一只有我還在發展中，還充滿著各種可塑性。所以，父親把所有心力放在我身上，一方面防止我學壞，一方面又希望在我身上達成他在其他兒女身上無法達成的心願。

自許為知識份子的父親，當他看到我去翻出他那些箱子裡的書，翻出來看時，他其實是很高興的。那些書是他從年輕時代一路買過來，在那些書裡曾經寄託著他年輕時的夢想。或許是後來夢想幻滅，那些書也就只能遺棄在倉庫間角落裡。當我愈來愈大愈常去翻他那些書時，他常常主動跟我說他那些書的內涵跟主題之類的嚴肅話題。我想那時父親大約心裡是希望家裡出個讀書人，甚至不自覺的把他一生沒能實現的那個知識份子夢想寄託在我身上。我認為當時父親心裡這麼想。可是當我因為作文寫的還不錯，受到老師的一些肯定而漸漸興起或許長大我可以當個小說家的念頭時，父親知道後又害怕了。他那務實的人生態度又抬頭了，他告訴我梵谷是如何的割掉了耳朵，如何的一輩子窮困，依賴他哥哥（或弟弟）……。父親說藝術家好名，賺沒錢的。

國中時期，父親大約是在他這種矛盾心情裡教育我。

我祖父的家庭作業

記得是大年初一，還初二，我去泰源街上看人賭博，看了一上午。快中午時回到家，家裡異常安靜，進到屋子裡看到大人們神情肅然凝重。接著祖父開口說，你祖母中風了，爲了洗你一件衣服……。祖母洗我一件衣服，洗著洗著……突然頭朝下的栽進泡衣服的大木桶裡，臉泡進水裡，還好大哥剛好看到，要不然就淹死在水裡。

祖母從此躺在床上，只剩下還能說話，還有一隻手能夠用力。除此之外，身體其他部分都失去知覺，而消失了力氣。從此生活起居都需要人照顧，吃飯要人餵，大小便要人扶，洗澡時更是要兩個人，一個扶一個幫她洗。這樣的日子，她過了六年多才過世。

祖母中風，是我剛上國中一年級時，那年的過年。

中風後的祖母，她非常痛苦，不只是痛苦她個人失去行動能力，更痛苦的是，她認爲自己給家裡家人帶來麻煩。她總是說：「……我已經變成沒路用人了，讓我死一死較乾脆……。」

她不只是說，還眞的做。有一次，讓她摸到一把小剪刀，還好那把剪刀刀尖斷了，不利，讓她沒自殺成。從此以後在她周圍，她伸手可及的地方，都不能有任何利器，以防止她拿來自殺。

自殺不成後有段時間，餵祖母吃飯是一件艱鉅而漫長的工程。她拒絕吃，硬餵進她嘴裡，她就故意吐出來，有時吐得滿床滿地。唯一只有我祖父餵她，才能讓她多少吃一點。祖父對躺在床上的祖母，總是像是騙小孩般的哄她求她。尤其是當祖母久病後，脾氣變得暴躁易怒。有時祖母會突然想到甚麼而生氣的跟祖父計較，算起過去的帳。這時祖父也不做任何辯解，任由我祖母說些氣話罵她。祖父意外充滿耐心的照顧服侍他的生病妻子。

一直到祖母過世前，祖父負起大部分照顧服侍的工作。據我的瞭解，這段時間其實是他們一生最緊密在一起的一段時間。他們在度過漫長而平淡的婚姻生活後，到達晚年，竟意外在這種情況下緊密結合在一起。

記得有次幫祖母洗澡時，我扶著祖母，讓祖父幫她擦身體。祖父擦著擦著……祖母突然開口跟祖父說：「……眞害啊，無路用人，怎麼不死死咧，……你哪用對我那麼好……。」祖父淡淡地回了句：「……啊妳就我某（老婆）啊，我不對妳好，要對誰好……」祖父這句話說完，祖母沒再接話，眼中淚光隱約。幫祖母擦身體的祖父沒看見，而我看見，且留下深刻記憶。

當遙遠的多年後，我拍《春花夢露》時，電影裡也安排了一幕老祖父扶著中風的老祖母，小孫女幫老祖母擦洗身體。戲裡老祖母跟老祖父說著當年我祖母我祖父同樣說過的話，而老祖母聽完也隱約濕了眼眶。在電影裡我這樣拍的想像著當年我祖母的心情。「……這句話，等了一輩子，等到了，也等老了……」當年我祖母聽到我祖父的話時，應該是這樣的心情吧！經過多年以後，我是這樣理解當年在祖母眼中看到的隱約淚光。

關於我祖父照顧我祖母，還有個令我記憶深刻的事。當我們台東開始收得到電視看時，祖父想讓一輩子沒看到過電視的祖母能看到電視，就開始動腦筋想辦法。本來想說要牽電，因爲二姊說要買一台電視給我們家看，後來二姊電視買回來了，可是牽電的費用太高，不是我們家負擔得起。沒牽電，電視變成擺著好看。但是祖父爲了讓祖母能見識到電視是什麼樣的東西，他於是自己動手釘製了一張有靠背的大木椅。他把這張大木椅綁緊在腳踏車後座上，且在椅子裡鋪上棉被，抱我祖母坐進椅子裡，然後一手扶著我祖母，一手扶車把的推著腳踏車。推到四公里外，離我們家最近的隧道口外三岔路口小雜貨店裡看電視。

台東看得到電視，是我國中二年級下學期左右，最早只收看得到華視，因爲軍中莒光日教學的需要，華視才在台東鯉魚山設一個發射台。後來慢慢才中視、台視都看得到了。那時大約是我國中畢業前後。

有好長一段時間，祖父常常晚上就這樣推著祖母去看電視。

祖父晚年花了許多心力照顧他躺在病床上的妻子。記得有一年回家過年時，那時我已在台北當麵包學徒，過年回家時，曾經聽到祖父感嘆過這樣的話：「……一世人闖來闖去，再鬧也是這樣，也沒改變到什麼，連身軀邊妻兒都照顧不好。」我想，祖父是在他妻子中風後，在他晚年時才開始做起他的家庭作業。

我祖母病躺在床上六年，我祖父照顧了她六年。

有時回想起來，我祖母生病那幾年，可能是她人生的最幸福時光。

三八婦女節的打架

印象清楚的記得是三八婦女節那天發生的事。因爲那天全校女老師、女學生都放假，只剩下男老師帶著男學生上課。所以課上得很輕鬆，整個下午我們幾乎都在球場上打球，打架的事是發生在下午打籃球時。

雖然婦女節女生都放假，但因爲我們是偏遠地區學校，許多學生住在很深山裡，路途遙遠，走一趟路上學超過一二個小時。所以學校就有宿舍給那些路途遙遠的學生住。說是宿舍其實是教室改裝，在教室門窗掛上窗簾，裡面分二邊靠牆擺著雙層式木床，擺起來大約可以住個三十幾人。有男生宿舍，也有女生宿舍。

由於有宿舍，所以女生放假的三八婦女節那天，還是有些女生留在宿舍裡，且還跑下來跟我們打球。打架的事就這樣發生了。

在三八婦女節這天，爲了一個女生打架。在我，大約是一輩子不會忘記的事。

一個我們班女生，她也是家裡路途遙遠而住宿舍的。而恰巧她是我心裡暗暗喜歡了好一陣子的女生。下午時，她跑來跟我們打籃球，一個女生跟一群男生打籃球，當然這女生就成了這群男生的焦點，且打起球來分外有精神，像是要表現給她看似的。而我當然是拚命表現，傳球時看她，投籃時看她，看她有沒有眼光讚美的看我。當然沒有，長期以來她就沒怎麼特別注意我。而且我人矮，打籃球難有完美的表現，來讓她對我投以讚美眼光。這點我那時可沒自知之明，只是覺得心情挫敗。

在這種挫敗心情下，剛好發生一個男同學傳球時意外把球丟到那女生的頭，力道不小，那女生摔了一跤。我突然一時心情莫名的凶了那男同學幾句，那男同學被我凶的莫名其妙，想想不甘心，也就不示弱地回我幾句。那女生爬起來後，說她沒事，還叫我們不要吵架。於是又繼續打籃球，但那男同學約是在一種不甘心的情緒下槓上了，他跟我同一隊，一拿到球就假裝傳球給我的用力往我身上丟，把我丟火了，我也一拿到球就往他身上用力丟。丟來丟去就幹上了，兩個人抱成一堆滾在地上。最後我取得上風，用我比他重的身體硬把他壓在地上。架是打贏了，可我身上也有幾處瘀青。那同學架打輸嘴巴可沒輸，他不客氣的說，你打架打贏我有什麼用，我還是看不起你，怎麼樣，我就是成績比你好。

爲了賭這口氣，爲了不讓我暗暗喜歡的女生看不起我。那場打架之後，我拚命努力讀書，直到那個學期月考完，成績出來，結果我總分比他高，照排名我剛好高他一名。我在成績單上把我的跟他的成績用紅筆圈起來，貼在佈告欄上，且很臭屁的對著那個跟我打架的同學，很大聲對他說：「怎麼樣，你服氣了嗎！」我那同學低著頭沒理我。

現在想起來，我當時那句臭屁話，其實是說給那個我暗暗喜歡的女生聽的。打架，或拚命讀書比成績，也不過就是青春期荷爾蒙過多罷了。

成績單貼在佈告欄的，貼沒幾堂課，就被我們化學老師發現，撕了下來。他問是誰貼的，我舉手。他問我爲什麼要貼，我不好意思說。老師就叫了我紅筆圈起來的另一個名字，叫他起來問，他也不好意思說。但老師光看成績單也大約知道我是在跟另外這個同學較勁。他沒說什麼，轉身在黑板上寫了一行字「半瓶水搖起來都是聲音」。寫完回頭說，一個瓶子裝滿了水，你怎麼搖，聲音都是很小的，只有水沒裝滿的瓶子，才會搖起來都是聲音。他指著我，說我就像是只裝了半瓶水的瓶子，才會這麼囂張，搖起來都是聲音。只要你貨眞價實裝滿了水，你不用搖出聲音，人家都會看到的。

長大後才知道，要把瓶子的水裝滿，不是那麼容易的。

印象中，我就那次成績考贏了那同學，之後就再也沒考贏過他。

基督山恩仇記

國二時，學校來了一個女老師，教我們地理。

她上課時，總是上半堂正課，留下下半堂講故事。她跟我們講的第一個故事是基督山恩仇記，每堂課講一點，像是連載一樣，總是在最精彩的時候打住，敬請期待。下堂課準時開講。聽故事聽上癮了，等不及下堂課再聽老師講。憑著心裡隱約像是有看過這樣一個故事的印象，於是又去翻我父親的木箱，終於翻出《基督山恩仇記》這本書，幾乎在二三天內就看完，且還拿去學校跟其他同學獻寶，讓他們知道老師說的故事就是這本書。

大約是在這樣的情況下，且我作文一直寫的不錯，常受老師讚美，所以愈來愈興起對文學興趣。由於對文學的興趣，加上上國中後聽了老師說起一些大文豪的名字，才發覺父親箱子裡的書，有許多是大文豪的書，於是就勤於去翻父親箱子裡的書看。像磚塊一樣厚的書，《浮士德》、《約翰·克里斯多夫》、《戰地春夢》……這一類大部頭的書，我總是看不下去，記得看最多的是莫泊桑的短篇小說，還有歌德的《少年維特的煩惱》，海明威的《老人與海》，及尼采的書，還有些忘了作者是誰的散文。那時多少是帶著一種崇拜大文豪的虛榮心，而似懂非懂的看著這些書。至今書裡內容都已幾乎忘光了，或許只是在我腦海意識裡殘留著某些連我自己都不太清楚的甚麼東西。

這個地理老師，後來當了我們一學期級任導師，她重新排我們的座位。一個男生一個女生，不只左右，連前後都是。所以男生旁邊都是女生，而女生旁邊也都是男生。只有那些坐後排的高個子男生，由於女生不夠，他們就只好全部是男生。

排好座位，這老師跟我們說，讓你們這樣坐，是希望你們眞正的相親相愛，男生要愛女生。眞正相親相愛了沒有，我倒不太記得，只記得那陣子，我們這些男生是比較不敢那麼調皮了。不但不那麼調皮，如果遇到旁邊坐了很恰的女孩子，還都要讓她們。

因爲青春期到了，不用教，男生也要愛女生。

獵豔記

「獵豔記」說的是我跟一本書的故事，而不是說我眞的獵到了什麼豔。

有一次到我一個同學家玩，意外在他們家，他姊姊書架上看到一本書，書名叫《獵豔記》。被書名吸引，而好奇的偷偷翻了幾頁，看到裡面的素描圖案，我看得一時血脈僨張，想看又怕被我同學撞見，就索性把書藏進書包裡，偷帶回家去看。

回到家，當然還是要偷偷的看，不能讓家裡大人們發現。記得我是躲在棉被裡分好幾天看完的。《獵豔記》這本書，裡頭是一小段一小段短篇故事，書裡還有一些線條簡單的春宮素描圖，沒有暴露生殖器，現在想起來其實滿保守的，但那時是我第一次看到這樣的春宮圖。而每一段故事，幾乎都有種雷同性，都是說一個男人看上了一個女人，而想盡辦法去獵獲那個女人，得到一夜春宵。或者說一個男人如何被一個寂寞的女人誘惑，也是得到一夜春宵。

在看那本書的那幾天裡，上課總是心不在焉，腦海裡儘是想著那本書的情節，甚至等不及趕快放學回家看那本書。那本書看完後，我很小心的藏在榻榻米底下，不能被我父親發現，才可以不時拿出來溫故知新。

過了一陣子，有一天，我突然被叫去訓導主任辦公室。一進門，看到我父親寒著一張臉，我知道出事了。接著看到訓導主任桌上擺著那本《獵豔記》，我既緊張又羞愧。訓導主任問我怎麼有這本書看，我照實說了。一旁父親生氣的瞪我，且要訓導主任好好教訓我，給我最嚴厲的處分。訓導主任跟我父親說，這件事他會慎重處理，請我父親放心的回去。父親走了，訓導主任叫我回去上課，但放學後找他報到。

這一天難熬，知道闖了大禍，彷彿罪名已定，只是等著宣判罪刑。

訓導主任一整天都沒什麼動靜，好像整件事情只有我跟他知道。終於熬到降旗完，放學了，該面對的還是要面對。我走進訓導主任辦公室，他看到我沒說什麼話，站起來拿了一把鐮刀給我，叫我跟著他走，走出辦公室經過教室騎樓，彎下階梯往操場走。

走到操場最外圍雜草叢生的地方。他跟我說，你每天放學就割半個小時草再回家，每天早上一到學校，也先來割半個小時草，操場外圍這一圈草就交給你負責了。這不算是處罰，只是看你精力太多，勞動勞動，才不會胡思亂想。

沒想到事情就這樣了結，沒想像中嚴重。

放學後割草的日子，過了好長一段日子。更確實的說是有好長一段時間，放學後留在學校半個小時，但並非全都是在割草，其實有時他們老師們打籃球湊不足人數，就把我叫去打籃球，倒成了另外一種勞動勞動，也發洩了過多的精力。算一算，那陣子打球的時候，可能比割草的時候還多。放學後在學校打一陣子籃球，打完籃球才走上回家的路。而我父親還一直以爲我是在學校接受處罰。

這個訓導主任就是那個告誡我「半瓶水搖起來都是聲音」的那個化學老師。

後山單挑

班上一個男同學，不知爲什麼他去理頭髮，竟理到連眉毛都被剃掉。

他說他頭髮理著理著睡著了，回到家他媽媽問他，怎麼眉毛沒了。事情就這樣，他不知道爲什麼。一個沒有眉毛的同學，當然是很好笑的事。不只我們班上同學要笑他，甚至下課時，還會有別班同學風聞而來，跑來我們班上看他。一開始，他下課時總是趴在桌上，不讓人家看到他眉毛。但趴久了受不了，再加上他們家開國術館，從小練武的他，後來就惱羞成怒，誰要是笑他，他就兇眼瞪人的說要跟人家單挑。於是笑他的人就愈來愈少了，因爲他塊頭還不小，加上有開國術館的家，挺唬人的。

大家雖然有點怕他，但總是忍不住在背後還是偷偷笑他。有一次，我跟幾個同學在背後偷偷笑他，被他發現，眼尖的同學知道他看到了，就閉口，只有我還在說著取笑他。他走過來，按著我肩膀，就說要跟我單挑，地點時間由我挑，我一時愣住，回過神來看到同學們都看著我，只好硬著頭皮跟他約了放學後在後山單挑。

放學後，照約定到了後山，除了他以外還圍著一群同學，我跟他兩個人都不說話。從來也沒單挑過，也不知道單挑要怎麼開始，但我想反正就是要打一架。或許就像武俠片裡比劍的樣子，我心裡只是這麼想，卻看到他開始運功，蹲馬步，虎虎生風地打了幾拳。實在是有點嚇人，讓我心裡有點害怕，但一堆同學圍著看，沒辦法，只好硬起頭皮不管三七二十一，衝過去就打，亂七八糟地打。沒想到竟然把他打倒在地上，硬把他壓著，死命地壓，說什麼也不肯放，一定要他說認輸了，才放他起來。最後他說認輸了，結束了我生平第一次的單挑。

後來，過了好一陣子，我跟他又恢復友誼，才知道那天他還沒運好功，就被我亂七八糟打，搞亂了他的招式才輸的。他說如果讓他運好功，你會輸得很難看，不信我們再單挑一次。我說我信。說什麼我再也不跟他單挑了，畢竟他們家是開國術館的。我那時心裡是這麼想的。

那時期，我們正是血氣方剛，加上有李小龍的電影催情，幾乎每個男同學有事沒事總要比劃個兩下。甚至有些同學還帶著雙節棍到學校，一有空就耍著雙節棍，很勇敢，但常敲到自己頭，敲痛了也不敢喊痛，還要裝得很勇敢的繼續耍雙節棍。或許過了一堂課，你會發覺他額頭上腫了一塊小瘀青。

關於練武這件事，我也曾經認眞參與過。那個跟我單挑的同學，他送我一罐練武用的藥水，這種藥水是用很多中藥材浸泡而成。當練武練到肌肉拉傷或筋骨痠痛時，就拿這種藥水來推拿按摩，很有效，他說的。他送我一罐這種練武用藥水，且教我練一套空手劈磚劈木頭的要訣，我就開始練了起來。劈痛了，晚上睡覺前就用他送的藥水按摩，搓揉我的手刀，搓揉直到筋脈發熱，才上床睡覺。

自己秘密練了一陣子，覺得應該是行了，就開始在下課時，加入那些比誰劈的厲害的行列。從木板劈到磚頭，再劈回愈來愈厚的木板，愈來愈神勇的跟同學們比著。直到有一天，我連著劈贏了幾個同學，大約是劈紅了眼，一個同學不知從那裡拿來的一塊厚木板，我看了看，順手就發狠一劈，厚木板應聲而斷，彈了起來，往我手背釘下去，釘在手背上。原來木板上有一根鐵釘，我們誰也沒發現。我痛的悶哼一聲，且又忍著痛讓旁邊同學把木板拔起來，又是一痛。後來又有同學說鐵釘生銹，要打破傷風針。於是去了健保室，讓健保老師打一針破傷風，且在傷口上藥包紮，整個手背纏上紗布。

那時我已是國二下學期，因爲父親希望我升學，所以就讓我住宿學校，不用每天走路上學，浪費時間。由於住宿學校，我手背纏著紗布的樣子，才逃過被父親看到，而挨罵的命運。同時也因爲住宿學校，才能練功練到如此走火入魔。

其實，那時根本還沒感受到升學的壓力，彷彿那還是很遙遠的事。

我的住校日子

大約從國二開始，我們男生們的青春期把戲就開始多了起來。因爲突然身體裡荷爾蒙激增了。

一般的把戲，大家應該都知道了。比如說故意在鞋帶上夾放一面鏡子，趁女同學，甚至女老師不注意時，把腳往她們裙子底下一伸，看到她們內褲的顏色就很開心。然後就竊竊私語，像交換情報般的分享著各自所看到的。像這類事，大部分男生幾乎都知道，不見得都做過。但總知道班上哪幾個同學會幹這種事。但因爲我們學校有讓學生住宿，所以就發展出更多荷爾蒙激增情況下會做的傻事。

就有個男生事先躲進住校女生洗澡的廁所裡，在廁所隔間上挖個小小的洞。等到住校女生來洗澡時，就屏息輕輕貼著小洞看。這是我當年聽過最大膽的。但那個偷看的男生，很快就被捉到，記了一個大過。

關於我那時期做過的蠢事，說來還眞是夠蠢的事。

當時我們住校，每天吃完晚飯，就開始晚自習做功課，大約到九點左右開始準備就寢，刷牙漱口，在九點半之前床上躺平，就寢完畢。只有我們到三年級時，才因爲要準備考高中，可以書讀得晚一點。這書讀到晚一點，名堂就來了。

通常九點半過後，連老師也一個一個去睡了。而我們就開始蠢蠢欲動，看老師走得差不多時，就開始摸出教室。摸到教室大樓邊，順著釘在牆上ㄇ字型鋼條釘成的消防梯，一個個攀著那ㄇ字型鋼條往頂樓爬，爬上頂樓矮著身子小心翼翼的伏身潛行，潛行靠近女生宿舍的頂樓上，蹲低著身子，眼睛睜大大的，透過一些窗帘縫看進女生宿舍裡，看了半天，眼睛不再睜大大，流露出失望。窗帘縫裡的女生一個一個包的像肉粽般的睡覺，沒有想像中的春光可看。但總是不死心，多看一會兒，還是沒看到什麼。有段時間，前前後後攀爬那ㄇ字型鋼條釘成的消防梯，攀爬了好幾回，總是失望沒看到什麼，後來才算是死了心。

住校這件事，是我第一次過集體生活，每天早上五點半以前起床。很快的要收好蚊帳摺棉被，摺得整整齊齊。收蚊帳摺棉被的事，在家裡都是我祖母在做的。我們住校生，一定要在其他學生還沒到校之前吃完早餐，坐進教室裡早自習。

下課後，有時要先做勞動服務。後在七點以前要洗完澡，吃過晚飯，且坐進教室裡晚自習做功課。直到九點結束，九點半以前就寢完畢。這就是住校生活的例行公式。到後來當兵時，才發覺我住校時就已經過了一段類似當兵一樣的生活，只是老師沒班長排長那麼凶。

放學下課後的勞動服務，有時在學校裡割草，有時去後山撿木柴，撿回來給廚房煮飯煮菜，或燒熱水用，通常撿木柴時，會有老師帶著我們。

有一次，有兩個老師帶著我們去後山撿柴。有個女老師是我一年級時的級任導師，就是她讚賞我那篇〈我的母親〉作文寫的很好。另外一個男老師是我現在三年級的國文老師。那時同學們都傳說他們在談戀愛。可是我總是抱著懷疑態度，不肯相信。我不肯相信，其實是我心裡有一種連當時我自己都不清楚的某種曖昧心緒，而讓我總認爲那男老師配不上這個我喜歡的女老師。但在這次撿木柴過程裡，我看到了一幕，讓我不得不承認他們是一對情人。

那一幕，我看到他們靠近山崖邊站著，那男老師指著滿天彩霞，跟我喜歡的女老師說，像不像，這滿天彩霞像不像《亂世佳人》裡那一幕。我喜歡的女老師輕點著頭，回以甜美笑容的看著男老師，男老師也看著她，二人對望著。好像是那時期我常看的愛情電影裡的男女主角。

看到了，而確定他們是一對情人後，心裡悶悶的，有一種說不清楚的不痛快。有好一陣子的時間處在這種不痛快心情裡。

學校對住校生管的很嚴，基於保護我們的安全。晚上一到就不能隨便外出。但是每天晚上，還是總有幾個學生找理由跟老師請假，說要去村子裡買東西，而不用參加晚自習。當然是先說先贏，晚說的就只好把要買的東西寫在紙條上，紙條連錢交給那先說的學生，讓他幫你買。但老師常常會偏心，或者認爲女生比較乖，出去的大部分是女生，我們男生出去的機會少，尤其是被歸類爲比較皮的我們這幾個。

還好我們有準備升學當藉口，可以書讀到比較晚。等九點半過後，我們讓教室的燈亮著，幾個想出去混的就呼朋引伴，偷偷摸摸溜出校門，跑到泰源街上去晃一晃，吃個冰，打個撞球，看看街上熱鬧，就覺得很開心。其實現在想起來，那是一種做壞事的快感。

這樣偷偷摸摸溜出去玩，記得有一次在街上被一個老師遇到，那個老師沒說什麼，只說聲東西買完趕快回去。我們一群人心裡想說明天完了，運氣好的話只是罰站，運氣不好搞不好會被記個警告或小過之類。隔天，我們懷著忐忑不安的心情度日如年，可是什麼事也沒發生，那個我們昨夜遇到的老師，看不到他臉上有什麼特別表情。過了一天，還是沒事。但我們做賊心虛，忐忑不安了一、二天。

還有一次，又跟幾個同學偷偷溜到泰源街上玩，突然被我父親的聲音叫住。我父親還跨騎在腳踏車上看著我，很訝異的問我，你不在學校跑來這裡幹什麼？那時我對我父親說謊已經說的很習慣了，就隨口說跟老師請假出來買東西。父親問我買什麼，我隨口說買原子筆。父親就跟著我，看著我買了原子筆，然後看著我回學校去。在父親的目光下，我只好乖乖回頭往回學校的路走去，走過泰源橋，回頭幾次還看到父親目光盯過來，只好乖乖回學校去。那次在那幾個一起出來的同學們面前，覺得好糗，而他們也只好倒楣的跟著我一起回學校，他們罵我「衰萎道人」。

一直到三年級下學期，開始模擬考以後，才感受到一點升學的壓力。第一次模擬考成績發下來，總分不到二百分。而班上考最高分的，記得也只是考三百分左右。接著一次又一次的模擬考，才意識到事情的嚴重性，因爲要從一年級的書看起，堆起來比人還高。到這時才開始有了點肅殺的讀書氣氛，漸漸認眞埋首讀起書來。愈來愈確定必須拚個高中來讀。連我祖父都感受到我這種想拚個高中讀的讀書肅殺氣氛。爲了我的升學，他晚節不保，利用選舉的政治錢爲我買了一整套參考書。

有一天，祖父從台東提著一堆參考書回來，心情非常愼重的把參考書放到我面前，跟我說：「阿公這世人沒貪過人家錢財，就這一次……。」就這一次，爲了幫我買這些參考書，祖父從幫人助選的活動經費裡，扣取一小部分，買了這些參考書。對我祖父來說這是貪人錢財。

國中畢業前二、三個月，我幾乎每天讀書讀到十二點多，模擬考試的成績愈來愈高。據老師說，再拚一點就穩進省立台東高中，說不定還有希望考上花蓮高中。算一算我從進小學到國中畢業，眞正埋首在課本裡的時間，大概就這國中畢業前的幾個月，大約是三、四個月吧。

最後的暑假

最後的暑假，我是在彰化外公外婆家過的。

當我如火如荼埋首在課本裡，一心一意想拚個高中讀時，我父親卻在一旁不時提醒我，他希望我考高工或高職。他說，工商業時代到了，未來能賺到錢的人，一定要有一技之長。所以讀高工高職才有前途。但我跟父親說我想要考高中，高中畢業再考大學讀。父親聽了問我一句，如果到時候大學考不上，怎麼辦？我說我高中會很認眞讀，請他放心。父親最後提醒我說，大學若考沒上，高中畢業是沒甚麼前途。類似這樣的對話，我們父子間談過幾次。當然會讓我心裡有隱憂，擔心父親眞的不讓考高中。但讀書的壓力讓我只是隱憂了下就過去了，還是埋首功課。而同時父親也低估了我想考高中的決心。

終於到了塡報考報名表的時候，父親沒想到我那麼堅定的要報考高中，最後他只好以父親的威嚴，不容懷疑的對我說，要考就只能考高工高職，不然就不用考了。就這樣我甚麼都沒考，但我並未完全放棄希望。

於是畢業後，我偷了父親二百元左右，第一次自己一個人出遠門，順著當年父親帶著我回西部走過的路線，我找到外公外婆家，跟我舅舅、阿姨求救。

舅舅，跟小阿姨問清楚我想考的是高中後，才發現高中報考期限早就過了。舅舅要我考慮報考私立高工或商職，要不就只剩下私立明道中學還來得及報考。我說那我就考明道中學。記得當時我一這樣說，旁邊我有一個表哥立刻說，你考不上啦，明道錄取分數很高。後來問清楚了錄取分數，才知道中部學校的錄取分數，不是我這個從台東跑來的鄉下小孩能考得上的，於是對考試就變得心灰意冷了。愈來愈沒要沒緊，到後來也就不了了之了。

想起來，當時其實是一種鄉下小孩的沒自信，總認爲萬一考不上會很丟臉，而且還是自己路途遙遠跑來外婆家說要考高中。在這種怕丟臉的心情下，就拖呀拖，拖過了所有考期。當然也一方面是到了新環境，有了新朋友，太多新鮮好玩的事吸引我到處玩去。

或許是因爲我母親過世了，且很久才看到我一次，外公外婆對我疼愛有加，甚至是放縱的。尤其是我舅舅，常常帶著我出門玩，一個暑假，彰化台中一帶走了許多地方。光是去看我那些阿姨們，就已經走過不少地方。我阿姨們有住員林，有住鹿港，有住草屯，有住台中大里……。當然也有幾個阿姨是住外婆家附近。而住外婆家附近那些我的表兄弟妹們，就成了我的玩伴。

我外婆家在芬園縣庄，那附近出產荔枝、龍眼、鳳梨。整個暑假正是這些水果出產的季節。印象中，中午過後，每家大埕就會有一擔擔火紅的荔枝挑進來。

外婆家，家家戶戶雞犬相聞，我度過了一個熱鬧農村生活的暑假。只是沒想到竟成了我人生最後一個暑假，度完這個暑假，我永遠脫離了當學生的日子。

一直到荔枝收成結束，我外祖父才有空帶我回台東。或許是我外祖父帶我回去的關係，我父親對我跑去彰化外婆家住了將近二個月，一個學校也沒考這樣的事，他罵也沒罵我一句。

離家出走

時間循環著走，彷彿繞了一圈又宿命般的回到遙遠以前那個我祖父反對我父親讀書的時光裡。只是當年的兒子變父親了，但同樣做著當年他父親對他做過的事，做在他兒子身上。

外祖父在我家住了幾天，走了後，父親非常生氣的跟我說，讓你讀書你不讀，那你就種田，要當牛不用怕沒有犁可以拖。可是我不想種田。祖父勸父親說，讓我出去見見世面，看是學個功夫也好。記得祖父是這樣說：「……人啊，都嘛不到黃河心不死，不見棺材不掉淚，你還是放牛吃草，讓他自己去試一下人生的鹹淡咧，他才會甘願……。」可是父親仍然要我留在家裡種田。

但，過了一個禮拜後，我逮到機會又偷了我父親五百塊，然後在淸晨天濛濛亮時離家出走。「男兒立志出鄉關，學若無成誓不還，埋骨豈唯墳墓地，人間到處有青山」。我留下一張這樣寫著的紙條，然後離開了谷谷深山裡唯一一戶人家的我的家。

身上帶著從父親口袋裡偷來的五百塊，我踏著濛濛亮天色，往隧道口方向走。穿過隧道走到三岔路口，懷著怕父親發覺趕到的緊張心情等車，終於等到公路局巴士，跳上車而鬆了口氣。鬆口氣後，浮起茫然惶惑的心情，想到就此一去人海茫茫，何去何從。到了台東，想去找住火車站旁鐵花路上的一個國中老師。她家我來過一次，她就是我國一導師跟國文老師。想找她，卻又不知道找她能做甚麼，且又怕她勸我或甚至帶著我回家。所以也就沒去找她。大約就在這種徬徨心情裡，在火車站附近晃了一整個下午，到了晚上，下定決心坐上一班往高雄的金馬號夜車。到達高雄時是半夜二、三點，在火車站坐到天亮。天亮後搭上早班火車，是普通車，一路坐到台北時，已是華燈初上黃昏時刻，走出火車站眞是茫茫人海，何去何從。

這一趟遙遠的旅程，是跟當年父親帶我到板橋看我三姊時同樣的路線，也同樣的遙遠。

遙遠的不只是時空距離上，同時是人心距離裡的遙遠。遙遠到讓我感覺到回頭無路，只有往前。

一路上坐車連吃飯，花掉了二百多元。到達台北時，口袋裡剩下大約還不到三百元。但前途茫茫，不知道接著該怎麼辦，也就不敢花錢去住旅社。所以就在車站、新公園、後火車站一帶逗留，晚上就在火車站裡睡，吃就吃那時一碗二塊錢的陽春麵。

後火車站很多職業介紹所，但我不敢進去。有時會有職業介紹所的黃牛到火車站來，東晃西晃到處找，找看起來好騙的，通常像我這種鄉下來的小鬼，很容易被他們盯上。我被盯上過幾次，但都不爲所動。也不知道爲甚麼，就直覺認爲他們不可相信。

這樣的日子過了幾天後，開始心慌。想找工作又不知從何找起。出們時有帶當時三姊內壢地址，也就硬著頭皮去內壢找三姊。照著地址找到三姊家，站在門外猶豫了好一陣子，才硬著頭皮進去。

我突然出現，令三姊訝異，也同時高興。訝異的是我憑著地址就能找到她家，高興的是總算可以跟家裡報平安了。過幾天，在大姊夫介紹下，我進了內壢工業區一家拉鍊工廠工作，同時住進工廠宿舍裡。

在拉鍊工廠裡，我的工作就是推著推車到處送料。三班制輪班，常常加班，且是硬性規定的加班。那時小孩子愛玩，加班是很痛苦的事。記得在拉鍊工廠時，晚上沒事就看《包青天》、《保鏢》連續劇。那時一個月薪水，連加班費大約一千多元。

但也不知道爲甚麼，就一心嚮往台北，心想著如果能夠在台北工作，那該多好。且加上幾乎天天加班，就愈來愈不想做，做不到三個月我就離開拉鍊工廠了。

離開拉鍊工廠之後，我沒跟三姊連絡，就直接往台北去。沒敢跟三姊連絡，讓她知道我離開拉鍊工廠，是因爲怕她會唸我，唸完後又幫我找家工廠，叫我去上班。所以也就不跟三姊連絡的直接上台北。

上了台北，離職時領的薪水，跟之前剩的，身上約有七、八百元。身上有點錢就去當時後火車站附近找了家便宜旅社住。住進旅社就開始想找工作的事，想來想去，想半天想不出個所以然來。唯一知道的就是看報紙上的徵才分類廣告，看了二、三天分類廣告，發現依我的學歷跟年紀，能找的幾乎都是工廠作業員的工作，要不就是去做粗工。但當初我偷錢離家出走時，心裡想像中的未來工作，都不是這些工作。於是我陷入猶豫掙扎，想認命找個工作做，卻又不甘心。就在這個時候，我終於被職業介紹所的人騙了。

當時住的便宜旅社，附近就一堆那時代流行的職業介紹所。職業介紹所跟便宜旅社之間，像是存在著有種默契，介紹所黃牛會常在旅社櫃台閒晃，看哪些房客適合下手，且當他下手時，旅社歐巴桑還會在一旁幫腔鼓吹。我當時就是在這樣情況下，被半哄半騙的帶進職業介紹所裡。

被帶進介紹所裡，介紹所黃牛說有個好工作介紹我去，雖然一開始不怎麼樣，但將來很有發展。就是去唱片公司做跟車送唱片小弟，不但薪水比一般工廠作業員高，而且有將來性。「……唱片公司呢，說不定你以後變成歌星哦！……」我記得那黃牛最後是這樣跟我說，說得天花亂墜，而我也聽的茫茫然，信以爲眞的答應。我答應後，他叫我坐到另一邊桌椅，煞有其事的拿表格叫我塡，然後他回頭開始打電話，打了幾通電話後，就跟我說，等一下會有人來接你，你跟他走就對了。說完，接著就開始要我繳費，手續費、介紹費……甚麼亂七八糟費，加一加好幾百元。於是我就又猶豫起來，但在他又一番天花亂墜下，最後我還是掏出錢交給他。他還煞有其事的開了幾張各種收費的收據給我，然後跟我說，放心啦！我不會騙你，你就等著以後當歌星。過了一陣子，來了一個中年人，介紹所黃牛就跟我說，你跟他走就對了。於是我坐上那中年男人的重型機車，一路從台北過台北大橋，往三重、蘆洲方向走……。

最後被載到五股，中年男人帶我走進一間堆滿麵粉、米、沙拉油、煤油……的殘破倉庫間，跟我說以後就住這裡，交代了下廁所浴室所在後，他就走了。中年男人走了後，我一個人傻傻呆看著這殘破倉庫間，那裡有唱片，堆滿麵粉、米、沙拉油……完全不像是跟車送唱片的地方。可是那介紹所黃牛說的一副信誓旦旦。在滿心疑惑裡，過了一晚……。

第二天一大早，中年男人就來叫我起床，然後跟著他，及他太太把麵粉、米、沙拉油、煤油……一袋袋，一桶桶搬上一輛摩托三輪車。搬好後，中年男人駕駛，旁邊坐著他太太，我坐在後面油桶上。就這樣出發，繞在蘆洲、泰山一帶的大街小巷裡，把這些米、麵粉……發放給眷村軍眷們，按配額發放。整整工作了一天，到晚上七、八點左右才結束工作，又回到那殘破倉庫間。至此我知道完全受騙了。且覺得自己很笨才被騙，覺得很丟臉，所以也沒敢跟那中年男人興師問罪甚麼。

當晚，在殘破倉庫間裡，我看著口袋裡剩下的一百元左右，想了想，還是提起我的行李，走了。

在經過這麼久之後，回想起來，跟著中年男人到處分發軍眷米糧那天，雖然只工作了一天，卻比拉鍊工廠來的記憶深刻。那一天坐著摩托三輪車穿梭在大街小巷裡，迎面街景不斷而來，一個個眷村歐巴桑歐吉桑、少婦、小孩們，熱熱鬧鬧圍過來領米糧，分完一處，又往下一處眷村去。如今回想起來，記憶中有份流動的美好。但當時是處在被騙生氣，及面對未來的茫然裡。

離開殘破倉庫間，我又回到台北車站，身上只剩大約一百元左右。

心情茫茫，不知道接下來該怎麼辦，該去哪裡才有機會找到工作。在這種無法可想的情況下，又不想整天待在火車站附近，就突然興起一種念頭，跳上一路公車隨便亂坐。但我怕迷路，所以不管坐到那裡，下車在附近逛了逛後，就找回原來坐來那路公車，再坐回台北車站。那時一張公車票記得是一塊錢，通常我每天大約會坐二路公車，去二個不同的地方逛一逛。但是每次都先回台北火車站，再從台北火車站找另一路公車坐，這樣才不會迷路。在這種坐公車情況下，我發現一種找工作的方法，就是當看到店家門口有貼紅紙條徵人，我就進去應徵。但是常常當最後人家問我怎麼連絡，等有了決定再通知我時，我就退卻了。我總不能告訴人家我住在火車站。這種日子，過了將近半個月，還是沒找到工作，且身上錢愈來愈少，公車愈來愈不敢坐，也不敢吃陽春麵，只好常買大饅頭啃。

大約是這樣到了快山窮水盡時，有一天，我順著後火車站方向，順著延平北路往大稻埕方向走，在永樂市場旁邊一家麵包糕餅店，看到店門口貼著一張徵學徒的紅紙條。我鼓起勇氣進去應徵，老闆看了看當時我那已經多少像個流浪漢的樣子（雖然每晚會在火車站廁所，用毛巾揉水擦身體，早上出門會洗臉），就說好。當晚我就住進這家麵包店。就此開始了我將近十三年的麵包工作生涯。也開始落實我對台北這繁華之都的夢想。

台北的繁華，多年前，我在那趟醫病之旅裡就看到見識了，且從此在腦海中記住。

偷錢逃家後，再次回家面對我父親時，是隔了半年後的過年。那時父親已知道我在台北一家麵包店當學徒，是透過我大姊告訴他的。

逃家的路難行，回家的路也同樣難行。上了火車一路南行，車上開始淡淡的不安起來，想著回家如何面對父親。坐著金馬號巴士，翻山越嶺到達台東，下車。當搭上往泰源的公路局巴士時，一路上害怕不安愈來愈重，猶豫情怯！……巴士駛進隧道，一片漆黑，遠遠前方的隧道洞口小小亮光，慢慢在車子前進裡愈來愈大愈亮，駛入亮光車子出了隧道，轉個彎……看到隔岸的谷谷台地農田，看到遠遠公路邊谷谷山裡唯一一戶人家的我家。

不安害怕猶豫情怯，心蹦蹦跳……至今還感受得到那蹦蹦心跳聲……

在轉彎處下了車，往我們家走，走到屋後停步，遠遠看向我們梯田，看到除夕當天還在田裡忙著的我祖父，我父親……看著梯田裡他們那像個小點般移動忙碌著的身影，看著我才心情漸漸有份回家的落實感。

走進家門，進到我祖母房間裡，看著躺在床上昏睡的祖母。半年不見，眼前祖母已瘦到皮包骨，雙眼深陷成兩個黑洞。我心生愧疚的坐在床沿靜靜看著祖母。……祖母醒來，卻像是一點都不認識我的瞪著我看，嘟嘟噥噥的講些我聽不清楚，也聽不懂的話。

到了傍晚時，在忐忑不安的心情裡看著收工回來的父親、祖父涉水過溪，順著山坡小路走上來，走近看到我。父親愣了下，瞪著我說了句：「……不簡單啊，還知道要回來。」說完就忙他的去。丟下我一個人呆呆站著。祖父經過我時，他說，知道回來過年就好。

整個過年，父親沒跟我說幾句話。只記得他告訴我，他對我沒什麼期待，只要我在台北認眞學功夫，不要學壞，這樣就好了。這句話讓我過完年回台北時，心裡有一份心安踏實。

回台北那天，記得是祖父陪我去隧道口雜貨店的三叉路口等車。祖父當我是大人般的跟我說，你老爸就那個性子，看不開，你做兒子的不能跟他計較。既然已經在台北工作了，以後就看你自己的了。在祖父這一番話裡，我搭上公路局巴士離開，又翻山越嶺，又清晨早班火車……。

青春年少

TAKE 9

未　來　，　一　直　來　一　直　來　……

（右圖）拍《春花夢露》時的工作照。太陽炎熱，笑起來都瞇著眼睛。那陣子工作人員在夏日炎炎裡揮汗工作，很辛苦。

（上圖）我跟柯淑卿同年生，結婚時我們都二十九歲。如今這個當年依傍在我身邊的新娘已因緣俱足就要舞起屬於她的人生美好。翩翩起舞，做她自己。祝福她！美好的新娘。

（下圖）在梨山經營果園時，開搬運車的我。那年是我跟柯淑卿最美好幸福的一年。

學徒生涯

我當學徒時，《保鏢》連續劇還在演，賈糊塗還在那兒神龍見首不見尾。隔年四月，在一個雷雨交加的夜晚，那個我祖父收音機聲音裡的蔣介石反動份子，而在我們讀書課本上稱他總統蔣公的人過世了。隨著這個人的過世，電視節目變黑白，且沒有綜藝節目看。到後來還三台聯播反共連續劇《寒流》。我大約是在這樣的年代裡，過著我的學徒生活。

那時，我當學徒，一個月薪水六百元，吃住都在店裡。每天工作時間差不多十小時左右，工作時間長短，就看生意好不好，訂單多不多。生意好訂單多時，工作超過十三、四個小時也是常有的事。

我們當學徒的，通常早上五點多就起床，開始準備前一天晚上收工時，師父交代的工作。準備好，師父來了，才開始進入製作工作。只有麵包部門，要趕在早上上班人潮之前出爐，所以一起床就如火如荼的工作。剛當學徒時，我在西點蛋糕部門。

剛當學徒時，我的工作是一直在洗東西。洗打蛋糕的桶子，及各種攪拌器；還要洗各種西點蛋糕模型，最怕的是有人訂彌月布丁蛋糕，有時一訂就一、二百個，光是洗模型就洗半天。然後還負責擦烤盤，刮地板，洗地板。剛當學徒時，就重複著這些工作。

直到有一天，又來了個新進學徒。這些工作就換他做，我頂多是在他忙不過來時幫手一下。而我就開始跟到師父旁邊工作了。跟在師父旁邊工作的，有好幾個，分二手、三手……。我剛升上來，就當個跟班的，幫師父準備工作器具，秤原料……等等。記得第一次師父叫我秤原料準備打蛋糕，他說了遍蛋幾兩、糖幾兩、麵粉幾兩……。我照他說的秤好，蛋糕也作好烤出去賣。過二天，這種蛋糕賣完，又要做新的。師父就叫我再去秤原料做那種蛋糕，我很自然的問他蛋幾兩、糖幾兩、麵粉幾兩。這時，師父看著我，伸手往我頭上一敲，才說：「你上次是秤假的啊，講過一次了，還不會。」這就是我當學徒的學習。從此我印象深刻的記住，只要每當做新種類的產品，秤原料時都要記下來。秤過了再問就會挨罵，為了不挨罵，就要認眞記下來。我是在這樣的學習下學會做麵包，不只學會做麵包，同時也學會做人不能讓人看不起，也就是自尊心愈來愈強。

當時我們店裡，師父連學徒加起來，通常都保持在十二到十五人之間，在那時算是滿大的麵包店。麵包店只是一個通稱，其實我們店裡做的東西很多，從各種漢式糕餅，到各種西式蛋糕、點心及麵包，幾乎都有做。所以也就分成漢餅部、西點部、麵包部。剛進去時，我是在西點部，從學徒一直做到二手師父。到二手師父時，就幾乎從打蛋糕到蛋糕烘烤（包括各種點心），全都學會了，只剩下還不會裝飾畫出生日蛋糕，及裝飾一些點心。

雖然是在西點部，有時候麵包部缺人時，就必須支援兼著做。所以當我西點學到差不多時，麵包也學了不少。後來當我做到西點二手時，過不久就調到麵包部，直接從二手師父學起，過了半年多，我就獨當一面做了麵包部門的師父。

雖然我們店裡有分部門，可是當訂單多時，大家就不分彼此的熬夜工作，這是不成文的默契。因爲如果不這樣，麵包部會最輕鬆，因爲麵包部訂單不多，訂的份量也不大。訂單最多是漢餅部，常常結婚禮餅一訂就是七、八十盒，甚至上百盒。加上我們店最主要，且最有名的產品是漢式餡餅，所以漢餅部工作量最大。而西餅部工作量也不少，且做蛋糕、西點裝飾花樣多，很費工。在這種情況下，麵包部的人在做完自己的麵包工作後，就去支援幫忙漢餅部。我是在這種情況下，多少學會做一些漢式糕餅。所以做漢式糕餅，我比較弱。

由於人手調來調去，有時會發生一些衝突，解決辦法，通常都是弱肉強食。你講話比較小聲，比較沒人挺你，就會有一堆工作落在你頭上。明明你手上工作才剛做完，卻又要幫別人做，而那個該做這工作的人，卻早已不知跑到那裡玩去了。我剛當學徒時，這樣被人欺負，當我當二手師父時，也這樣欺負別人。像是一種宿命般循環著，被人欺負，然後欺負人。

年少輕狂

除了工作上的學習外，還有工作外時間裡的吃喝玩樂學習。或許後者學到的東西還比前者學的多，且或許對我的未來人生更有影響。

關於我當學徒生涯裡的吃喝玩樂，確實而簡單的說，其實這是一個傻乎乎的鄉下小孩，一頭栽進一個他夢想中的繁華都市。他的心跟他的眼睛都茫茫的，完全的high……像夢遊般的在這都市裡揮霍放肆他的青春。

當時我們店裡人數眾多，一出門常常就是五、六個，或七、八個，甚至十幾個。人多就走路有風，天不怕地不怕的。動不動就要看人家不順眼，跟人家打架，自以爲是行俠仗義。打的最厲害時，是繞著當時一片矮房子，像迷宮般的迪化街布市裡追打，有時追打人家，有時被人家追打。打到興起，也不管店家老闆怎麼想，往人家店裡一衝，隨手拿起捲布的軸木，隨手一拿就反擊互毆。有時還往那裁布大木板檯一跳，跳上木板檯上揮舞著木板條，居高臨下好打人。

這種追打來追打去的日子，每個月總會追個一、二次。直到有一天，終於停止這種追打。

會停止這種追打，說起來一點都不光彩。不是浪子回頭的改過自新。其實是在一次跟人家打架後，以爲打完就沒事了，於是就各自散了，各人晃各人的。記得我是晃到對面巷子裡的大光明歌劇院時，突然看到一輛計程車停下來，車上下來三、四個（其中有剛剛跟我們打過架的）拿著用報紙包起來的武士刀，往我這邊走來。我一看不對掉頭就跑，跑往巷子裡，拚命穿來穿去，彎繞了好幾條巷子，才躲掉他們。躲在一家按摩院的後門裡，躲了很久。要回去時，不敢用走的回去，怕被他們在路上堵到。於是只好繞往圓環方向，叫了輛計程車坐到店門口，一下車就往店裡衝。這之後，就愈來愈不敢看人不順眼就跟人家打架。

當時黑道還不流行槍，武士刀算是頂級的。我是這樣被嚇到，而停止我的打架日子。其實當時不是眞的跟人家混黑道，只是人多勢衆發洩一些連自己都不清楚的年輕氣盛，及精力過多吧。

除了打架外，其實打架只是偶一爲之，正常玩樂的地方，大多在西門町一帶。收工後，趕緊洗澡，把麵包工作的一身汗水油膩都洗掉。洗完澡，穿上那時流行的喇叭褲，大翻領（其實只是中翻領，不敢穿那麼誇張）襯衫，皮鞋擦得油亮，最後頭髮抹上髮霜，剖邊梳得油亮整齊。一身打理滿意，就三五成群的往西門町出發。

到了西門町，有錢就去看場電影，再吃個小吃。錢少的話就小吃跟電影只能選一樣，就算是沒錢，光是往人群中一站，彷彿就青春熱鬧了。

去西門町最快樂的日子，就是領薪水後那幾天。那幾天到西門町除了看電影，吃小吃外，還到處逛店亂買東西，口袋裡有幾個錢，蹦啊蹦的，不把他花掉很難過。起初，我還照父親要求每個月寄錢回家，後來自己花都不夠，就愈來愈少寄錢回家了。

那時流行娛樂沒現在花樣多，最多的就是看電影。再加上剛開始還年紀小，且剛從鄉下來，還很純樸。且也因我這份純樸而讓店裡其他人不好帶壞我。所以西門町就只是我看看電影逛逛街，吃喝一番，感受一下青春熱鬧的地方。對那些站在街角喊著：「少年仔，入來坐啦……」這些三七仔，那時都遠遠就避開。

當時間久了，跟大家混熟了，也就是到了會一起做壞事的時候了。那時還不敢進去有三七仔招喚的理容院，當兵前頂多是看跳脫衣舞。最多的是過台北橋去三重看八釐米小電影，那時流行丹麥的春宮電影，日本A片是後來有錄放影機之後的事了。

記得那時我還保留著偶爾寫日記的習慣，印象中那時期的每篇日記，寫到最後結尾時，總是寫著：「……不能再繼續墮落了，切記。」「……這是個紙醉金迷的世界，趕快覺醒吧！」「……不要忘了當初來台北的夢想，自勉之。」日記結尾總是這樣寫著，寫了好幾年。

我的麵包朋友們

關於我當學徒期間那些朋友們，在我記憶裡，保留著一些鮮明樣貌。

有一個高雄仔。他之所以叫高雄仔，是因爲他睡覺常說夢話。有一次他睡覺說夢話時，有同事調皮問他，你叨位（哪裡）來的?夢裡他回答說，高雄啦。從此他就叫高雄仔。高雄仔個子很高，但人很溫和，遇到不好意思而難爲情的事情時，他會浮現很靦腆的笑容。但當遇到不平之事時，拉開嗓門，說起話來，完全是南部人的豪爽之氣。

宜新，他是從宜蘭來的。個子不高，瘦瘦的，很安靜，安分做著自己的工作。我剛當學徒時，就是從他手上接過所有的工作。而他就升格開始學烤蛋糕、烤西點。宜新，給人一種穩穩做著工作的感覺。所以很得我們師父信任。

有個從瑞芳來的，他叫黑龜仔。他之所以叫黑龜仔，是因爲他常把東西烤焦。有次他連把麵龜放進烤爐裡溫熱一下，蒸的時候比較容易發酵，他竟然放到忘了，烤到黑焦。從此大家就叫他黑龜仔。黑龜仔喜歡跟人爭辯，任何事情都要爭出個道理來，且要每爭必贏。他跟人相爭辯從來沒有認輸過。但黑龜仔對人天生熱情天眞，通常收工出門時么喝的最大聲的就是他。

有個叫空明仔的，他又高又壯。跟黑龜仔是一對，也只有他爭的過黑龜仔，因爲他講話不照邏輯，有些瘋瘋癲癲，常跟黑龜仔爭的面紅耳赤。空明仔有個令人討厭的地方，就是他很懶。我當學徒時，他已是二手師父了。到我當了二手師父時，他還是二手師父，但他總是倚老賣老，只要師父一走，他隨後就跟著溜走，留下一堆工作給其他人做。有一次我氣不過，做完工作回到宿舍後，一句話也不說，衝過去就把他推倒在地上，死命壓著他，但被高壯的他彈開，二人扭打作一堆，很快被宿舍裡一群人勸開。其實在工作輩分上，我比他小，打他會被師父罵。但那次師父只說了我幾句，倒是罵了幾句空明仔重話，但是空明仔還是空明仔，依然照他的方式過日子。

我師父，年紀比我們大很多。記得我剛當他學徒時，他已三十七歲。師父沒結婚，前額有點禿頭。每天收工後，固定會去柔道館練柔道，練完柔道回來，大約八點多九點，這時有人找就去喝個酒。有時往華西街去找個女人做愛，做完回來睡覺。他的生活大約這樣的循環著，很有紀律。對他有個印象，是永遠苦著一張臉，但很少罵人。罵起人來也永遠只是那幾句，比如「那天是叫你做假的啊，做過了還忘記……」，「手腳快一點啦，手腳那麼慢，脫褲子來不及相幹……」這類的話。因爲常苦著一張臉，也就很少看到他笑。其實他笑起來滿好看的。如果我現在還遇到他的話，最想跟他說：「師仔，其實你笑的時候眞的好好看哦。」這就是我學做麵包的師父。最後一次見到他，大約是十五、六年前，有一次在街上突然遇到，就站在街邊聊了幾句，聽他說，他那時已在三峽開了家麵包店。而那時我已經編導班畢業，決心離開麵包這個行業。

漢餅部的師父，叫義順。他是我們店裡最帥最有味道的男人，那時我是這樣認爲。他個子不高，一百六十多公分吧，臉白白，像書生。說起話來不慍不火，有種讓人信服的感覺。義順對政治很熱情，是黨外時代的信徒。他常帶著店裡面跟他有同樣興趣的人，帶著一起去聽當時黨外的競選政見會。我記得有一次跟著義順去聽當時競選台北市議員的康寧祥的政見會，對當時康寧祥聲音沙啞演說的樣子留下深刻印象。那大約是我第一次見識到黨外政治運動的激情。後來康寧祥當選了，義順說這就是民主啦。這樣一句話，我那時覺得很了不起。受義順影響，對黨外運動漸漸有了感情。

回想起來，義順跟我祖父都是那種會對他們心目中的眞理，懷抱著浪漫信仰的人。常常想，或許這是他們的幸福吧，能一輩子那麼單純天眞，像個孩子般的信仰著屬於他們自己的眞理。

最後一次看到祖母

最後一次看到我祖母時，是來台北工作後，第二次回家過年。

那時她整個人瘦到皮包骨，像是一張皮掛在骨架上。而兩個眼睛深陷成兩個黑洞窟窿，像骷髏頭般。更確實地說，看起來她像是還活著的鬼魂，整個人像只剩下一張皮，摸起來像是風乾了般，乾乾的很光滑，感受不到一點皮底下的溫度。深陷的眼睛，給我一種像是會瞪人的骷髏頭般的感覺。這樣的祖母活在一個離我們很遙遠的地方，而我們這些孫子，她一個也不認得了。那時她已經失去說話能力，唯一她一直眼睛瞪的大大的，像是看到甚麼的一直瞪看著。瞪看著屬於她人生裡頭那遙遙遠遠的過去，瞪著那一路走來的人生悲喜……

那樣的祖母，深刻記著，至今無法忘懷。

那時那樣的祖母，其實是她的靈魂被困在她的破敗身體裡，失去自由，而漫長等待著死亡來臨。

前一年回來時，祖母還能說話，只是聽起來很吃力。但那時她就已經不認得我們這些孫子了，只偶爾清醒時，像是記起你是誰來的同你說話，說了半天原來她說的是別人，且說著許多是我不認識的人。

其實那時祖母已對生活沒有眞實感，分不清現在和過去的活回她遙遠的過往年代裡，且彷彿過往那些人，一個個走到她面前來。而她睜大著深陷在黑洞窟窿裡的眼睛，睜大大瞪著這些走到她面前的人，有時生氣大罵，有時細細碎唸，有時嗚咽低語……。那樣的祖母在她的記憶狀態穿梭，有時才剛回到二十歲，下一刻又跑到三十幾歲去。前一刻還在牛擔灣，下一刻可能跑到池上山上，甚至跑到一個我從來不知道的地方去。尤其是她的童年，她的父母，我竟然一無所知。

從小到大，我從來沒見過任何一個我祖母娘家親人。而祖母自己也很少說起她娘家的事。唯一有個印象，聽祖母說過她哥哥。

祖母這個哥哥，並不是親生哥哥，而是她養父母的兒子，本來是要跟她送做堆的。關於她養父養母，祖母並沒多說，就只是聽她說過這個哥哥。

這個差點跟我祖母送做堆，祖母養家的哥哥，我當然從來沒見過。只是在我祖母幾次提到的敘述裡，感覺得出那個我應該要叫他舅公祖的人，像是一個非常逃避現實的人，但卻又透著一種蒼涼神秘的生命美感。

照我祖母的說法，她這個養家哥哥，從小在家裡呵護下，過著好日子。他的人生很像只要把書讀好，接著就有美好的前途。但不幸他們家家道中落，讓他不但不能再讀書，還必須面對現實去工作。他的第一個工作是看守平交道。在那個時代能到鐵路局上班，算是不錯的工作。可是當他第一天上班時，看到火車遠遠衝過來，嚇得害怕跑掉，且再也不去工作。害怕被火車壓死不守平交道後，只好去打零工賺錢，但是他少爺當久了，留了一手長指甲，人家叫他剪掉，可是他就是不願意。因爲長指甲是他身分地位的最後象徵。且他又怕弄斷了他的長指甲，因此工作起來很不俐落，僱請他工作的人愈來愈少。最後他過著有一頓沒一頓的日子。

後來他就不見，不知道流落到哪裡去了。過了很久很久，有一天，他被人送到我祖母家，一身是病窮困潦倒。我祖母照顧他，把他病養好。病養好後，有一天他突然又不見了，且從此沒跟我祖母連絡。這樣一個人，來沒通知，去沒相辭，好像一場午後的西北雨般說來就來說走就走。……又過了很長一段時間，那時我祖父跟我祖母，已經是燒石灰賺到大錢以後，我祖母輾轉聽到他的消息，聽說他帶著一隻會騎獨輪車的猴子，靠著他那隻猴子騎獨輪車，表演一些雜耍，來賣一些奇奇怪怪的中藥偏方。我祖母說，她實在無法相信她哥哥會去當王樂仔仙（江湖郎中），當年讀那麼多書，讀讀去當王樂仔仙。

當我祖母睜大著眼睛，活在她遙遠的時光裡穿梭著時，我那帶著一隻會騎獨輪車猴子走江湖的舅公祖，常常成了我祖母病床邊的訪客。我祖母瞪著他，說他無情，愛來就來說走就走……。祖母晚年久病後，活在她自己的一份想像裡，跟空氣中那些不存在的她那些過往親人們說話。看似癡呆神志不清，我卻以爲那是她一生最神智清醒的一段時間。我一直這麼認爲。

我祖母死時，父親跟祖父在辦完喪事後，才告訴我們這些孫子們，且要我們不用一趟路那麼遠跑回去。父親說，對病那麼久的祖母來說，死亡是一種解脫。由於是事後才知道，對祖母過世的悲傷，感覺上變成一種很遙遠的悲傷，一種想念。

第一次看到我祖母的墓時，又是一個回家過年的日子。祖母葬在我們家一塊凸起來的農地上，之前我跟父親在那裡葬下我母親的骨灰甕……。

最後的旅程

在我祖母過世九個多月後，我祖父也跟著走完他的人生。就像他充滿傳奇的一生一樣，我祖父在他臨終前，仍要給他的子孫們留下一個完美的驚嘆號。

大年初三，我們這些回家過年的孫子孫女們，都各自回自己工作的地方去了。祖父也開始了他的田裡工作。因爲是過年，他帶了些還沒吃完的雞肉、豬肉和幾塊年糕，想說半午肚子餓時就這樣打發。沒想到年糕冷了變硬，他吃下去刺傷到胃，痛到受不了。到了傍晚時，父親送他到醫院檢查，是胃出血。醫生決定幫他開刀，開刀後復原的很好。在醫生交代下，他不能再上田裡工作，只好養病休息，少量多餐。

對祖父來說，或許這樣的日子，是很無聊的吧。於是有一天，他決定要做一趟環島旅行，去看看他那些多年沒見的親戚朋友，以及我們這些孫子們。這是祖父將近二十年來，第一次離開台東。

自從他敗光鹿野的家產，搬到谷谷山裡後，他就再也沒離開過台東，再也不回斗六去見他任何親戚朋友。在我小時候的記憶裡，從來都是西部親戚們來探望我們家。我祖父從來就不回西部。他自尊心就是這麼強，事業失敗後就再也不回西部了。

祖父提著簡單的行李，和一個我父親爲他準備的保溫壺。因爲開完刀後要少量多餐，保溫壺讓他每當要離開一個地方時，就請人在保溫壺裡裝些像粥之類容易消化的食物，帶著車上吃，往下一站出發。

據我所知，他第一站是回他老家看他妹妹，及一些他同輩的親戚們。第二站是到台中看我二姊，同時拜訪他幾個中部舊識。第三站，到桃園看我大哥，及三姊。第四站，到台北看我大姊、及看我，當然也同時拜訪幾個舊識。

祖父來看我時，剛好我前幾天跟人打架的眼角瘀青還沒退。

那時我正在烤蛋糕，聽到祖父跟老闆上樓來的講話聲，聽到後一時緊張，趕緊裝出很認眞烤蛋糕的樣子，避著臉不讓祖父看到我眼角的瘀青。但躲不了多久，還是讓他看到了。祖父詢問，我只好老老實實的說是前幾天跟人打架。祖父憂心的看著我眼角瘀青，跟我說了一段話。「……你想要學阿公少年時做流氓是嗎！別傻了……就算你有阿公的膽頭，你敢有阿公的志氣……」記憶中祖父是這樣說起，告訴我他們那時代當流氓，是爲了替自己村子出頭，不讓外面欺負。不像現代的都市流氓，動不動就恐嚇人，要收甚麼保護費，太沒志氣了……。祖父叨叨絮絮跟我說了一堆當流氓要有志氣這件事，說到最後他語重心長的說：「阿公跟你講這些，你可以用紙包起來，等阿公若百歲年老死了後，等你大漢了後，你再打開來看，看今天阿公跟你講的這些話，有道理還是沒道理……」祖父這樣的話，當時年少沒聽進去。如今照祖父說的，我重新打開來看，對志氣二字有很深的感受，不容易啊！

祖父到店裡看過我之後，繼續他的旅程，去探訪他的朋友們。

過了大約一星期左右。有一天，我突然心情莫名的獨自在街上亂晃，自己一個人毫無目標的順著民生西路晃往雙連方向，經過雙連繼續晃。不知晃了多久，突然發覺前面就是大姊住的錦州街，想想就繞進錦州街，走到大姊家門口，按了門鈴，過了會，大姊的小兒子來開門，開門看到我就衝口一句：「阿祖死掉了！」我本能反應的巴他一下頭，罵他亂說。他一臉委屈的大聲說：「眞的啦！我媽媽在哭。」我巴他的手停在半空中，我知道這是眞的。但很難聯想前一陣子還對我苦口婆心的祖父，好好一個人，怎麼說死就死。進去聽抽泣哭著的大姊說，祖父是在電影院看電影看到死的。

在一列南下火車上，一路上來我的兄姊們。我跟大姊一家人在台北上車。到了桃園大哥跟三姊兩家人上車。二姊一家在台中上車。而斗六的姑婆，父親怕她人老受不住傷心，不敢讓她知道。但記得有我叔叔（姑婆的兒子）帶著他大兒子上車。這一路像往常過年一樣，火車坐到高雄，換搭金馬號巴士，翻山越嶺回到台東，同樣的路，但心情不同。

一路上在兄姊們的談論裡，才知道祖父是如何走完他這趟人生最後的旅程。

大姊心直口快，當我無意間晃到她家而意外撞到祖父的死訊那天，大姊就抽泣哽咽的說了我一頓，她說阿公過世前最操心的就是我，要離開大姊家時，再三交代大姊要常常去看我。大姊說，阿公對我最大的擔心，就是擔心我聰明過頭了。

桃園三姊、大哥她們上車後，聽他們說，才知道祖父除了上來時去看過他們，回程時又去了一趟。祖父叮嚀剛到桃園工作沒多久的大哥夫妻，叮嚀他們萬事起頭難，夫妻同心。也跟大哥、三姊說，你們兄弟姊妹就都在北部發展了，出門在外要互相照顧。

到了台中，二姊他們上車。二姊說起祖父回程又到她家住了幾天，身體有點虛弱，去看了趟醫生。醫生說沒事，只是身體虛弱，多休息就好了。因此祖父就被二姊留下住了幾天。二姊說那幾天祖父最常唸到的就是我。「妳那個小弟，最怕就怕他聰明過頭了……日後，很有可能不是大好就是大壞……他若在大壞時，你要容忍他一點，看能不能把他拉回來……」我二姊這樣轉述祖父說過的話。住了幾天，祖父決定要回台東。決定回台東，就叫我二姊幫他裡裡外外都買了新衣服新褲子，包括內衣褲。還叫二姊幫他理了頭髮，且把手指甲和腳指甲都修剪得乾乾淨淨。隔天，他裡裡外外一身乾乾淨淨的起程回台東。

「買衣服，理頭、剪指甲……一項一項都阿公他自己討著要的，像是知道他要走了一樣……」二姊這樣說。

「愛面子啦，阿公一世人愛面子，連過身回去也穿得整身都新的……」大姊這樣說。而我這個祖父死前最操心的孫子，一路上自頭至尾沒敢多說話，懷著愧疚的想著：「祖父的死，或許是因爲太操心我的關係。」

翻山越嶺回到台東，聽父親說才知道祖父原來回到台東後，沒直接先回泰源谷山裡家，而是在看到一張《死亡遊戲》（李小龍最後一部電影）電影海報，他忍不住跑去電影院看這部電影。電影結束散場時，整理打掃戲院的歐巴桑，看到一個老人還在座位上，以為是睡著了。歐巴桑過去跟他說電影散場了，叫了沒反應，發現他死了。我祖父就這樣看電影看到死了，還看的是他最喜歡的李小龍電影。死因是看《死亡遊戲》看得太緊張而心臟痲痺。

回到台東，當趕到殯儀館看到從冰櫃裡拉出來的祖父遺體時，我完全無法相信他已過世，因為他還微微笑著。躺在冰櫃裡的祖父那張臉，嘴角微微曲著，彷彿帶著笑意。

當祖父被掃地歐巴桑發現死在戲院時，戲院的人一時慌張，趕緊報警。警察來，在我祖父口袋發現這個死去的瘦瘦小小老人，身上一堆達官顯要的名片。警察們一時傻眼，不敢輕忽，就找了其中名片，照著名片上號碼，打給縣政府機要秘書，於是在這秘書交代下，慎重的處理。且也因此我祖父的葬禮，不再能照我父親想法，一切從簡。

公祭那天，除了我們家親戚朋友們，還來了一些我和我兄姊們，甚至我父親也從來沒見過面的人。他們就是我祖父生前那些地方政要朋友們，甚至還有幾個是名字會出現在報紙新聞上的達官顯要。一個個來弔唁，都安慰著我們說，我祖父很好命，一點都不痲煩到人的離開，講起來他很疼惜你們子孫。

靈堂繞著花圈，輓聯滿滿高掛，布幡飄動，備極哀榮。這是祖父該有的風格，風風光光的劃下他的人生句點。

祖父過世時，從聽到死訊，到整個辦喪事過程，我一直沒哭。一直到當棺木放進墓穴裡時，我才痛哭出聲……

記憶裡，淚眼模糊的海面上閃動著刺眼陽光。

那天，太陽很猛烈，雖然只是春天。

我祖父葬在靠海邊的公墓裡。

過了六、七年，祖父撿骨，撿完骨裝在甕子裡，跟我祖母的骨灰甕一起拿回鹿野隆田的山上合葬。

當然，這是有經過道士擲筊請示過他們，經過他們雙方同意。

在斗六做麵包師父

去斗六做麵包是父親的意思。他說有一個我要叫叔叔的人要開麵包店，叫我去幫他做師父。

去了，認識後才知道那叔叔是遠親的叔叔，算是我曾祖父那一代的兄弟姊妹傳下來的。我那叔叔原本就在斗六市場有個三角窗小店面，專門賣糖果餅乾，門市跟批發兼營，生意很好。

會找我去做麵包，起因是我祖父過世後，過了半年，父親把谷谷山裡的我們家農地都賣了，賣了十幾萬元，然後到桃園投靠我大哥。

剛住到我大哥家那段時間，他一時不知道該做甚麼，時間很多。於是就常到兒女及親戚家走走，一方面跟久沒見面的親戚聚聚敘舊，一方面父親還想找事情做，那時他才五十六歲，還不想就此養老。

就在這種情況下，他在斗六我姑婆家住了一陣子。住久了，也就見到一些失去連絡很久了的親戚。父親就是這樣見到我這遠親叔叔，且在聊天裡聊到我在做麵包。後來，當我叔叔起了念頭想兼著做麵包賣時，就想到可以找我當師父。

因此這叔叔就成了我的老闆。這次我要完全獨當一面，無論麵包、西點蛋糕以及漢餅都要一手負責。我當師父，帶著四個人一起做。兩個是請來的學徒，兩個是我叔叔的兒子，年紀小我二三歲，都叫我哥哥。

第一次獨當一面，意氣風發，想把我在台北所學都盡展出來，一心一意想做出我認為最好吃的西點麵包。於是我原料要下最好的，且要下得足，相對就提高了成本，可是我叔叔不敢提高價錢，因為斗六的麵包店沒賣像台北那麼貴的麵包，且價錢比別家麵包店貴，顧客就不買了。

但這個叔叔老闆，一直很支持我。無論我叫甚麼原料用，他都同意。於是我盡展所學，產品一樣樣推出，看的我叔叔嬸嬸眼花撩亂，許多產品都是當時斗六麵包店沒有賣的。那時我認為那是他們不會做，只有我這台北師父，才做得出這種高級西點麵包，讓他們開開眼界。

一個多月後，我叔叔老闆，終於忍不住跟我說他沒賺到甚麼錢，只賺到忙，賠錢是沒有，只是賺沒甚麼錢。他問我，能不能原料不要放那麼好，降低一點成本。我當然不願意，還跟叔叔老闆說了一堆道理。

但說一堆道理解決不了沒賺錢這個事實。現實就是現實，它沒得商量。

在賺不到錢的現實下，我不得不妥協，不得不放下我這台北師父身段，心不甘情不願的降低原料等級，做出讓叔叔老闆有錢賺的西點麵包。慢慢我櫥窗裡的西點麵包，就愈來愈跟斗六其他麵包店櫥窗裡的西點麵包一模一樣了。只是我還是會偶爾心情騷動，忍不住做出一、二樣我心目中認爲的好麵包，好西點蛋糕。

隨著時間愈來愈久，心裡騷動愈來愈少。也就在一種固定形式裡工作著，但店裡生意卻愈來愈好，同時工作時間也就愈來愈長。那時大約都晚上九點多開始工作，做到隔天中午前。這是我第一次完全獨當一面做師父的經驗。我在這裡做了一年多，那時父親常到斗六來看我，他來斗六就住我姑婆家。

這段期間，我喜歡上一個女孩，同時也讓另一個女孩喜歡上我。

那個我喜歡的女孩，是我嬸嬸的姊姊的女兒。她在雲林縣政府當僱員。下班後，她常來店裡幫忙照料生意。她人很安靜，臉很白，穿著打扮很樸素。對她有印象，是有一次我在罵徒弟，莫名火氣很大。才剛罵完，就突然聽到她跟我說，叫我不要隨便生氣，怨氣沖天的，不好，會結惡緣。而且常生氣心情不好，連帶著會身體不好。她講話的樣子充滿自信，一副好像事情本來就是這樣，我只是說出來而已這樣的自信。她這樣的自信，讓剛罵完徒弟的我，一時接不上話。且從此對她有了印象。開始會沒事時喜歡找她聊聊，有時找她一起去吃個宵夜，吃完宵夜，騎腳踏車載她回家。慢慢的會在黃昏下班時間裡，等待她下班後趕緊到來。偶爾有時她有事沒來，我心裡就會隱約失落。嚴重時，還會騎著腳踏車到她家附近繞。問題是我一直不確定，也不敢問她是否也喜歡我。其實更準確的說，是我始終摸不透她的心思。

或許是一直猜不透，無法確定她對我的感覺。所以當後來店裡來了個女店員，在一段時間的熟悉後，當這女店員對我流露出有那麼一點意思要跟我交往時，我就很快被她吸引，跟她交往，而漸漸疏遠那個我喜歡的女孩。同時我卻很快就跟這個喜歡我的女孩掉入迷惘激情裡，且愈陷愈深無法自拔。直到我當兵時才結束這段年少輕狂的慾望迷惘。

在我即將入伍時，喜歡我的女孩，辭職回她草嶺山上的家。臨走時，她送我一個手錶，眼眶裡含著淚水。

入伍後，我寫了封信跟她報平安，她回了封信給我，且還附上一些錢。但當我看到她信時，信紙上歪歪斜斜幾行字，有些字看不懂還要猜，甚至有些語意不通。當時我看了心裡一陣失望，所以沒回她信。之後她連著寫了幾封信來，我一直沒回，我跟她就這麼荒謬的結束了。

我無法忍受她字醜，跟文意不通。那時的我就是這麼自私。

在金門當兵的日子

當兵於我是一種生命的過渡狀態。更準確的說，在接到入伍通知時的感覺是「……終於要當兵了」！而入伍後就等著「終於要退伍了」。當兵就是在這二個「終於」之間把時間過掉。

新兵訓練中心，反正就是操，班長愈病態就愈魔鬼。其實操來操去就那些招數，幾個男人湊在一起，一說就都說完了。而我的訓練中心經驗，跟大家的也都大同小異，不用多說。倒是有個類似冷笑話這樣的事情可以說說。我在訓練中心時，有次父親星期天來探視我，看到一些新兵走路一跛一跛的，父親問我說：「現在是那麼欠兵啊！連跛腳的也要當兵……」父親不知道那些跛腳的是被操到跛腳，不是真的跛腳。

新兵訓練中心結束，分發部隊抽完籤的隔天清晨，在台中火車站搭上南下火車，一路上不安的猜想著我不會那麼倒楣分發到金門吧。一直到到了衛武營，心裡落實了些。當搭上軍用大卡車往高雄大樹走時，心裡完全放心了。但是，當一踏進營區，看到一箱箱大箱子盤點打包好的疊放著，才知道我分發到一個一星期後要移防金門的部隊。

於是我整整在金門待了二年多，我當兵大部分的日子都在金門度過。

移防，坐了二十幾個小時的船，才到達金門料羅灣。這是我第一次坐船，有點頭暈，但不嚴重，也沒吐。連上準備了一堆泡麵，給我們士兵在船上吃。由於大部分人都暈船暈的厲害，吐到不行，根本吃不下任何東西。所以就泡麵剩一堆，我們這些不大暈船的，就吃了一堆泡麵。由於我不怎麼暈船，所以除了睡覺外，沒事就往甲板一站，迎著風享受一下乘風破浪的感覺。有時浪大湧上甲板，船身左傾右斜，整個海天搖晃著，眞的是有乘風破浪遠渡重洋的感覺。那是我第一次離開台灣島。當我再次回來時，是一年後我因參加講習成績優異，而得了一個航次的榮譽假返台。同樣坐了二十幾個小時的船才回到台灣。記得當船駛近而遠遠看到高雄港、高雄夜都市裡那萬家燈火時，許多士兵激動的把軍帽拋向半空中，而我眼眶裡盈著淚水。

第一次乘風破浪抵達金門，當下船剛踏上土地時，腳浮浮的，頭還在暈，看著眼前景物都還微微搖晃，像還在海裡船上般浮浮沉沉著的。感覺上彷彿還站在甲板上乘風破浪般。這是我第一次坐船的經驗。

待在金門這二年多，我大部分時間都是在當採買，只有新兵那幾個月有吃了一點苦，後來的日子過得還算舒服。

至於爲甚麼會選上我當採買，可能是我的專業是麵包師，總是跟吃有一點關係吧。當了採買，在別人眼中就認爲你是連長、輔導長心目中的紅人，所以也就少被找麻煩，而日子好過。

當採買，除了不用出操不用站衛兵，不用早點名跑五千公尺外，其實我最喜歡的是每天四點半左右起床，踏著夜色出門。踏著夜色走在湖下小路裡彎來繞去，經過一些高粱田，也經過農家。聽早起的老農人用一種金門腔的閩南話跟我打招呼，且隨口寒暄幾句。在這樣的一段路裡，讓我覺得脫離了一點當兵生活。走了大約四十分鐘左右的路，愈走天愈亮，天光濛濛亮時到達金城。照例這時就先到市場邊一家廣東粥店裡吃碗熱騰騰的粥，吃完就一份心裡滿足的買菜去。幾乎每天都去吃，好像吃不膩似的。

當採買唯一痛苦的就是躲憲兵，遇到憲兵就躲，只要往民家店裡一躲就沒事了。憲兵頂多在外頭看你一會，照規定他不能進來，看一會，沒輒只好走了。當採買的，任你出門時如何注重儀容整齊，但只要買菜時，往菜市場走個幾圈，就褲管也髒了，皮鞋也不亮了……。所以憲兵最愛抓採買。

一個部隊裡總有幾個叫天兵的人，且這種人處在一種永遠的弱勢，任誰都可以看不起他，可以欺負他。在這裡我想說說兩個這樣的倒楣人。

其中這個人，他比我晚進這個部隊，他很認分很安靜地過他的日子。他的床位在靠牆最邊邊的位置，旁邊還空了個床位，沒有人要睡他旁邊，因爲他身上有一股酸酸臭臭的味道。這個人背上長了一種很奇怪的皮膚病，尤其是到夏天，就會分泌滲出湯湯水水，結著一粒粒細細像疙瘩般的紅點，渾身散發著酸酸臭臭的味道。於是幾乎所有人都不喜歡他，不跟他接近。在這部隊裡好像他永遠一個人活著般。他的存在跟別人沒什麼關係，有關係時，通常是被人嘲笑，或太靠近人家被人趕開。

這樣的一個人，當然我也離他離得遠遠。直到我看到他做了一件事後，才開始對他產生一種複雜心情。雖然還是離他離遠遠的，但對他，我常心裡懷著一種心有不忍的同情心。

有一天，我跟他在同個時間站哨，我站五〇機槍哨，他站砲班碉堡上的哨，相隔大約十幾二十公尺。就在這樣的距離裡，我突然隱約看到他腰身怪怪的扭動著，像是猥褻動作。我好奇的站高點想看清楚，結果我驚嚇呆住……他正強姦著一隻被他抓在跨下的雞……。被這景象驚嚇呆住的我，啞口看著……。

有好長一段時間，我盡量避免跟他正面相對，因爲看著他就會想起他做的那件事，會感受到一種生命殘酷。

經過這麼多年後回想，當時沒出聲制止他，且事後沒跟連上任何人講，是對的。像他這樣的人，大約妓女也不願意賺他的錢吧！只好對雞做了那件事。

另外一個人，他頭腦不太靈光，早我很久就進這個部隊。我進部隊時，第一個跟我擺出老兵樣子的就是這個人。這個人喜歡倚老賣老，但賣不久，只能唬幾天剛進來的新兵。因爲新兵很快就會看到他出糗，看他出了幾次糗以後，就不再把他放在眼裡了。

這個人話多，很愛招惹人，尤其是一看到新兵來，就擺出老兵姿態說說教，但再說也就那兩句：「……你們這些菜鳥啊，眼睛皮扒亮一點啊，眼睛皮不扒亮，常常你就要扛棺材跑相追……」。但常常扛棺材跑相追的就是他。有事沒事就看他被出軍紀操。站衛兵打瞌睡有他，不假外出有他……出狀況的事常常就有他。明明幾個人都犯錯，但總是他被處罰的最重，因爲他理由最多。其實這個人除了愛擺擺老兵姿態，跟話多之外，在其他地方算是個很善良的人。也沒看他眞正欺負過誰。關於他被出軍紀操這事，一般形式的軍紀操就不用說了，唯一令我印象深刻的就是被他班長罰抱在大樹上，抱著大樹幹吊在半空中，常常一吊就吊半個鐘頭以上。看著他全身發抖的死命抱著大樹幹的樣子，讓我想到小時候被父親罰吊在門樑上，腳尖微微似有若無的沾到地，吊到後來也是全身發抖。

這個人還有個毛病，就是不喜歡洗澡，也不知道爲甚麼就是不愛洗澡。常常每隔一陣子就會看到他班長押著他洗澡，甚至還拿著刷地的刷子往他身上刷，這樣的強迫他洗澡。他是我見過最不愛洗澡的人。

差點被送明德管訓班

發生這件事時，我們部隊已經移防回台灣，在田中附近下基地。且已經離我退伍的日子近了。

因爲一份當採買養成的習慣，也算是一種特權，讓我每天早上起床後，就把棉被軍毯收到個大紙箱裡，往士官長房間一放就行了。會這樣做主要也是因爲當採買每天四點多就起床，摺棉被很容易吵到隔壁床的人，所以連上長官也就默許我這樣做。

從金門一直到回台灣，我幾乎都在當採買，在金門間斷過二、三個月，回台灣因爲營開伙，所以開頭二個多月沒有當採買。第三個月輪到我們連上派採買，很自然就派我。結果買了一個月後，營輔導長說我菜買的好，以後就都我買，不用再輪了。於是我又恢復長期當採買的日子。只要當採買，我的棉被軍毯照例就收到箱子裡，放進士官長房間裡就行了。

直到有一天，我買菜回來，伙房的人告訴我你們副連長找你，叫你回來立刻找他報到。我把菜單跟伙房交代清楚，當然立刻找副連長報到。

報到後，他看我一眼，二話不說，就叫我全副武裝到連集合場等他。我知道有狀況了，但想不出自己出了什麼情況。我全副武裝站到連集合場，過一會副連長出來，一句話也沒說，就直接前滾翻後滾翻的出我軍紀操。出了約有十幾、二十分鐘的軍紀操後，才問我知不知道犯了什麼錯？我當然說不知道。他屌屌的點著頭問我說，誰規定你起床不用摺棉被？這時我才知道是摺棉被的事。爲了棉被沒摺整我，我心裡不服氣，但也沒輒。他大概看出我一臉的不服氣，就屌屌的問我，你不服氣是不是？信不信我能讓你服服氣氣的。本來沒那麼不服氣，被他這一說就激起更強的不服氣，且在衆目睽睽之下，我一個都快退伍的老兵被整成這樣，實在面子掛不住。突然自尊心變的很強，沉默的抵抗著。任他下任何口令出我軍紀操，我就是動也不動站著。最後這副連長盛怒氣極的指著我鼻頭說：「你信不信，我立刻送你明德管訓……你不要以爲我不敢，我馬上就簽公文……。」一聽到明德管訓這四個字，我心裡害怕脊背發涼，但就是不肯示弱，一股很強的自尊心撐著我。那副連長盛氣之下大聲喊文書，邊喊邊跑開……。

那副連長找了文書，眞的簽了公文要送我去明德管訓班。而且他還親自跑公文，讓我們輔導長、連長簽了字，然後送到營部。結果被營輔導長迎面潑了一盆冷水。營輔導長說，如果連林正盛都要送明德管訓班，那我們營上一半以上都要送。就這樣我逃過送明德管訓班的厄運。

這件事讓我眞眞實實體驗到什麼叫當兵當不完。軍中流行一句話：「凡事可大可小。」這句話像是眞理般的在軍中被奉行著。任何事只要扣上抗命這頂帽子，那就算是雞毛蒜皮的事，也變成可大之事。

我站著動也不動，完全不理那副連長口令，這就是抗命。

人生總會有某些時候是低空掠過驚險萬分。回想起來，差點被送明德管訓班，就是我人生低空掠過驚險萬分的時候。

過了幾個月後，我終於退伍了。脫離了那只有集體沒有個人的當兵生活。

尋找一個出口

（右圖）這是結婚後一、二年內拍的照片，記得旁邊還有柯淑卿，美術在編輯想法上的需要而切割成像是我個人獨照。

（上圖）在梨山蒸酒的照片。梨山經營果園那年，蘋果大賤價，所以都拿來做酒。

（下圖）小時候我們家屋後的公路，現在拓寬，也鋪了柏油路面。小時候，這條路只有現在的三分之二大，且是砂石路面。這條路通向泰源，上下學我走了九年。

蔡逸君 攝影

退伍後……

從當學徒開始，到我當兵那段日子，是我跟父親之間的太平歲月。

退伍回來，我決定不再做麵包。但所有家人都反對我放棄這已經一技在手的麵包工作。

剛退伍時，父親給了我一筆錢，且告訴我，不管你要做什麼都可以，但錢用完之前你要找到工作。可是錢用完了，我沒找到我心目中的理想工作。找不到理想中的工作，當時我把原因歸咎於我只有國中畢業。而因此心裡那早已種下的那怨嘆我父親的根苗，隱約在滋長起來。

當時我心目中理想的工作，剛開始是不拘做甚麼，只要是能很快賺大錢的工作都行。但過沒多久就知道這個工作其實是不存在的。唯一比較接近我這種理想的，就是當業務員，且要是高級業務員，而不是一般挨家挨戶賣小東西的推銷員。但大公司的高級業務員學歷限定都是至少高中高職以上學歷。而挨家挨戶的推銷員我做過二、三天，推銷八卦雜誌。一個有經驗的推銷員帶了我兩天，很辛苦，常吃閉門羹，且一天下來做不成幾個客戶，甚至連一個也沒有。看來沒前途，我就不跟了，且我也實在拉不下臉來，巴著陌生人說話。

當發現賺大錢的工作不存在時，就想說或許我可以找個文職工作，坐辦公室裡上班。當時我想自己作文還寫的不錯，坐辦公室寫寫字應該沒問題。於是開始在報紙徵才分類廣告裡注意文字企劃之類的工作，可是也都至少高中以上學歷，有些還甚至要大專以上學歷。當時我還是鼓起勇氣寄出一些履歷表，但都石沉大海沒音沒訊。

最後，只好又回去做麵包。但是，做的心不甘情不願，常常一家店做了一、二個月，領了薪水，口袋裡有了錢不做了。等到口袋裡的錢快花完時，才又去隨便找個麵包店工作，做個一、二個月賺了一點錢又不做了。當時我的生活就這樣循環著，且愈來愈嚴重。父親對這樣一天到晚換老闆的我，愈來愈無法忍受。

剛退伍時，父親在桃園龜山一家紡織廠工作，一來是想趁他還能動時多少賺點錢。二來也是不想太早過養老生活。那時父親五十九歲，隔一年滿六十，工廠也就不能再雇用他了。於是他回我大哥桃園鶯歌家跟我大哥一起住。那時我父親存摺裡有一筆錢，那筆錢是他當年賣了我們家谷谷農地的錢，再加上這幾年他在紡織廠工作賺的錢。還有一部分是我兄姊們孝順他給他的零用錢。這些錢都在他一份省吃儉用的生活習慣裡省下來。父親常說：「我沒抽菸，沒喝酒，也不吃宵夜，三頓吃有飽，衣服穿有燒，日子就過了。」父親一生以此自豪。

父親一輩子住在鄉下，突然在他五十五歲左右搬到都市住，一直很不習慣。他的不習慣反應在過馬路時最明顯。每次過馬路時，他總是站在路邊很認眞的盯著左右兩邊看，一看沒車，就立刻快步不停的衝向對街。每次看他過馬路，都看的提心弔膽替他捏把冷汗。但怎麼勸他，勸他不要怕，看著兩邊馬路走慢一點，這樣才比較安全。但他還是怕車子，每次過馬路時仍然這樣用衝的。

當他六十歲，離開工廠住到我大哥鶯歌家時，父親更寂寞了。他住在一個二十出頭坪的公寓裡，整天埋首在報紙堆裡過日子。再加上我大哥大嫂天生對報紙裡的國家大事國際新聞沒甚麼興趣，且又每天上班，有時又要加班，也夠累人的。所以沒太多心力跟父親談他報紙新聞上的國內外大事。於是父親只好早上看過的報紙，下午睡過午覺起來又拿來翻一遍。而當我在換工作的間隔期間回到家裡住時，他就跟我談起這些國內外大事，而我對這些國內外大事也有興趣，所以多少能跟他談論，多少排遣一些他的寂寞。然而後來我卻不自覺的彷彿利用父親這一點排遣寂寞的需要，而騙了他許多錢花。

如今回想起來，其實當年每當我回家，父親就拉著我談國內外大事時，就彷彿好像又回到遙遠以前在那清晨五點多父親跟祖父談論國內外大事時的情景。只是童年的祖父變成了我。如今終於知道童年時那早上五點多的時光裡，在父親跟祖父的爭吵聲裡，其實是夾雜著某種人生寂寞的排遣。對我父親來說，他的那份寂寞來自於自許爲知識份子。當年在跟他父親的爭吵聲裡得到排遣，後來卻在我這叛逆兒子身上得到排遣。

時間好像是又回到小時候

在我不斷換工作的循環裡，我們父子之間淪入一種相互折磨卻又相互需要的複雜情境裡。

當我處在一個工作換到另一個工作，而金錢上青黃不接時，我就會回鶯歌家，一方面有吃有住，一方面父親會多多少少給我零用錢。當然這時我就必須陪父親談國內外大事，聽他長篇大論分析社會時事，國家，及國際形勢。聽他說之餘，我也總是能提出一些意見或想法跟他聊聊。關於這點我是很少讓父親失望，甚至有時他還會誇讚我幾句。通常在家裡住了幾天這樣的日子，就心情慢慢又騷動起來，想往外面走。想往外面走，口袋裡就得裝一些錢，而錢在我父親身上，在父親的郵局存摺裡。而我總是能找個理由立個名目，跟父親要個一、二萬出門逍遙去。眞的是逍遙，有了錢，到了台北，往我樂在其中的西門町晃去。當年當學徒時那些我遠遠就避開的「少年仔，入來坐啦……」的馬殺雞理容院，這時成了我流連忘返的地方。但每次進理容院時，總是低著頭，等不及三七仔說完他那些幼齒的……兼的啦……大學生女工……不等他說完我就低著頭趕緊閃身進門。因爲心裡還是有做見不得人事情的罪惡感，或是覺得丟臉。但只要進了門，鬆口氣，丟臉跟罪惡感就消失了。走進一片黑壓壓裡，往躺椅一躺，任由一個不認識的小姐在身上捏捏摸摸的亢奮起慾望，且言不及意的隨口有一句沒一句。

晚上找家旅社住，通常會花錢找個女人來解決馬殺雞馬起來的吭奮慾望。渾身顫抖的起一陣雞皮疙瘩，慾望解決，女人走了，接著就只剩下無邊的寂寞跟空虛。寂寞空虛的躺在床上看電視，直到昏昏沉沉的睡著，第二天早上醒來，電視還在那邊閃著，彷彿還殘留著昨晚的空虛寂寞。

醒來，買份報紙，找家咖啡廳一坐，邊吃早餐邊看報紙，看的都是國內外大事。這時口袋裡還有幾個錢，不忙著找工作。但多少會翻一下求才分類廣告，看到不少徵麵包西點師傅的廣告，心裡有分踏實感。同時也不免忍不住要看看那些心目中嚮往的好工作的分類廣告，但奇蹟從來沒出現過，仍然寫著限高中以上學歷，甚至大專以上學歷。於是只是翻看一下，彷彿愈來愈是遙遠而不可及的事了。

吃完早餐，還早，還不到適合墮落的時候。通常會去看場早場電影。進了電影院，燈光一暗，在銀幕上上演著的愛恨情仇人生悲喜裡，我笑我哭我感動，同時我感受到一點虛幻的人生希望。其實像是進入告解室告解認錯了一番，出電影院時彷彿已是無罪之身。那時台灣電影已是瓊瑤式愛情電影走到盡頭，開始興起女王蜂式的黑道電影，以及許不了的搞笑片。而好萊塢電影則是《ＥＴ》、《法櫃奇兵》那時代。印象中對我最有告解功能的一部電影是《ＥＴ》，熱淚盈眶的洗滌了長期做壞事累積下來的罪惡。還有一部是《絲克伍事件》，這兩部電影，當時剛看完時，都在我腦海中縈繞了一段時間，那段時間不敢放縱慾望做壞事。

通常在電影院內隨著劇情告解認錯過後，走出電影院迎面車水馬龍又是眞實人生，而剛剛那才在電影院裡感受到的一點人生希望，如幻影般消失在車水馬龍裡，剩下的只是空虛寂寞。空虛寂寞的如同處在那做愛後的旅社房間裡一樣空虛寂寞。慾望解決女人走了，電影散場車水馬龍，對那時的我是同樣的空虛寂寞。

由於電影散場後的空虛寂寞，必須塡滿，所以很快就又鑽進一家理容院裡去讓一個陌生女人捏捏摸摸，消磨時光，且亢奮起慾望……。晚上又是一家旅社，一個女人，最後又只剩下無邊的空虛寂寞。於是日子就這樣循環著過，直到身上的錢快花光了，就認眞翻看報紙徵才分類廣告，趕緊去應徵個西點麵包師工作做。但去做了麵包師工作後就後悔了。更確實的說，是應徵時一踏進麵包工廠，在迎面那股熱烘烘油膩熱氣裡，我就後悔了。但總是要賺錢。總不能一花完錢就又回家跟父親要錢。於是忍耐工作，做到領了錢，大約我就不甘心再做下去，而走人了。

領了錢，又去循環一陣子慾望滿足跟空虛寂寞的日子。等錢快花光了，要不再找工作做，要不回家住幾天，陪我父親聊幾天國內外大事，逮個機會趁父親心情不錯時，編個理由名目，開口跟父親再要個二萬、三萬就又去循環著慾望的滿足跟空虛寂寞的日子。

於是時光倒流又把我帶回童年時的感覺裡。童年時我一次又一次偷祖母藏在祖先牌位後的私房錢，而現在我一次又一次的騙父親省吃儉用存下來的錢。而到後來當我開始偷父親的存摺領錢時，卻意外發現父親的存摺跟印章也都藏在祖先牌位後面。彷彿時間循環著走，我又面對著辜氏歷代祖先，面對著他們牌位，且輕輕移動一下的偷了父親存摺去領錢。

由於一直不願意面對現實，認命當個麵包師，也就愈來愈不想做麵包工作。同時也就更依賴騙父親的錢花過日子。當然父親也就愈來愈擔心我，且嚴厲指責我，問我做麵包有甚麼不好！你不做麵包能做甚麼？他告誡我，不要一天到晚空思妄想，人生不是我想的那樣，錢不會憑空從天上掉下來，錢是用賺的，一元一元慢慢的賺。這樣的話，父親說到最後，總是以一句：「……你啊！最好不要學你阿公……」或者「沒救了啦，愈來愈像你阿公……」以這樣的話做總結。

但，我實在不甘心當個麵包師過一輩子。每天一大早起來，就做做做……油油膩膩，悶在熱烘烘像烤爐般的窄小工廠裡從早忙到晚。生意好訂單多，常常要忙到晚上七、八點十幾點，忙完洗個澡，想出去玩，想到明天又要一大早起床工作，就不敢玩太久，也玩的不痛快。甚至不敢玩，只是往街上晃一圈就回店裡睡覺。躺在床上，眼睛一閉，再睜開眼時，又是一堆工作等著，又是油油膩膩熱烘烘的一天。我實在不能想像我必須在這樣的生活裡打滾過一輩子。這是我當時的寂寞，悲哀的是父親跟家人不能理解，然而更大的悲哀是我自己那時無法面對這樣的寂寞，而走上逃避，逃避進慾望放縱裡更加寂寞。於是寂寞像雪球般愈滾愈大，像個黑洞般永遠塡不平。且常常爲了塡平寂寞而做出帶來更大的寂寞的行爲。最後我活在自己一手編織的重重疊疊的寂寞網子裡，空虛的活著。最後我連走出網子的勇氣都沒有了。

自卑人生裡的荒唐歲月

退伍回來半年後，我幾乎是不做麵包師工作了。同時開始巧立名目的從父親手中騙取整筆整筆的大筆錢，常常一騙就是四、五萬。

這時我活動範圍已不再只是西門町，開始往林森北路一帶移去。且不再只是馬殺雞理容院，而開始在三溫暖或酒店之類的場所出入。當然這時我身上的衣服愈來愈講究，穿出一身看得見的名牌。

當父親警覺到時，已經到了我一發不可收拾的時候了。父親開始減少供應我錢，過沒多久就甚至不給我錢了。可是我卻變本加厲的偷他存摺，直接去郵局領錢。領了錢，再把存摺偷偷放回祖先牌位後面。然後就從家裡消失，到台北都市裡一個旅社住過一個旅社，買名牌衣服打扮自己，出門都是計程車，吃飯都進出林森北路的日本料理店，或一些西餐廳。儼然過著像是有錢闊少般的日子。而把偷來的錢都在吃喝玩樂裡花掉。

那陣子，我變得陰鬱沉默，獨來獨往的穿梭在台北這個都市裡遊蕩。我幾乎沒有朋友，當兵前當學徒時那些朋友，我不想去找他們。那時我穿著一身名牌，光鮮亮麗的想在陌生人眼光裡看到自己的社會地位，而那社會地位完全是由外表打扮及出手大方表現在陌生人面前而得到的尊敬或羨慕眼光。因爲陌生人不會知道我國中畢業，更不會知道花的錢是跟父親偷來的。

錢花光了，當然就只有回家。回家當然要被父親罵，被父親罵時，總是低著頭。但低著頭的那張臉是橫橫的表情，像是心裡在說：「你罵啊，你罵啊，這一切都是你造成的，誰叫你當初不讓我考高中，害我現在找不到理想有前途的工作……。」每次被父親罵時，我心裡就這樣怨恨著。

「誰叫你當初不讓我考高中，害我現在找不到理想有前途的工作……」這是我當時合理化自己行爲的藉口。且一心一意的認定我人生所有的美好，在父親不讓我考高中時就都已經斷送了。於是我有理由繼續偷他的錢，繼續過我的荒唐生活。

回家被父親罵過後，在家裡過了幾天陪父親聊國內外大事的日子。然後處心積慮的想辦法趁父親不在，或不注意的空檔，從神案後偷取父親的存摺印章，又去郵局偷領個一大筆錢……。

當時每次偷存摺印章時，老是想說父親怎麼這麼笨這麼固執，不會存摺印章換個地方藏。但後來讀編導班，看了小津安二郎的一些電影後，才覺得那或許是父親對我這兒子留下一點餘地，讓我不至於走投無路而做下不可收拾的惡事，比如搶劫……。我想父親的心意是這樣的。

錢到手，又從家裡消失，繼續在台北都市一家旅社住過一家旅社，繼續獨來獨往的在陌生人面前擺出有錢闊少的派頭。但同時對父親對家人總是騙他們說我在找工作，或者騙他們已經找到工作。有時還要給他們假地址，騙他們我在外面租房子住。於是一個謊圓過一個謊，圓來圓去圓出更大的謊。

而我就活在自己用謊言編織成的網子裡，愈來愈動彈不得。

記得有一次，我大姊氣得在電話裡對我破口大罵，大罵我不孝，匪類，是不是要把父親氣死才甘心……。電話裡大姊罵我竟敢給老爸假地址，「害他從桃園鶯歌跑到台北市來找你，找沒人……害他在公車上氣到昏倒，你做人兒子是這樣做的啊！……還好車上一個好心少年人，扶他下車，一路把老爸扶來我這……。」大姊說父親進門後只說了一句，「他騙我，給我一個假地址。」說完靜靜坐了才又開口，「我怎麼那麼好騙，每次他說什麼，明明就覺得不對，但是到最後還是相信他了。」

記得那次在電話中被大姊罵完，我滿心愧疚，可是說不出一句認錯的話。不只說不出認錯的話，且還已經活在自己用謊言編織成的大網子裡動彈不得，找不到回頭的路該怎麼走了。同時連回家的路也愈來愈遙遠難行。這種遙遠完全是心理上的遙遠，是一種情怯寸步難行的遙遠。

我依然過著騙了父親錢在都市裡荒唐的日子。但卻愈來愈害怕當錢花完時，必須回去面對父親的那一刻。於是當我錢花到剩不多時，就開始不敢住旅社。爲了苟延殘喘拖延回去面對父親的那一刻，到了晚上要睡覺時，我就在都市巷子裡繞，找一些老舊的車試運氣，總會讓我找到一輛車鎖壞掉沒鎖車門的車。找到後窩進車子裡睡覺過一夜。或者躲到沒人的頂樓陽台，找個角落窩一晚。且也開始吃路邊攤，看兩片三十的二輪電影打發時間，這樣的拖延著遲早要面對的回去面對父親。感覺上彷彿又回到我剛到台北時那睡在火車站裡，吃二塊錢一碗陽春麵的日子。唯一不同的是，當年是傻呼呼的初生之犢，如今已是靠著一身名牌的外表在滿足著那其實已經不堪一擊的自卑感。在我睡車子裡，睡頂樓陽台上的那段時間裡，每天早上起來我還是找個地方把自己一身上下整理得乾淨整齊，不留下一絲一毫流浪漢的痕跡，而總是體體面面走在街道上，走在人群裡。

其實是走在極大極深的寂寞空虛裡，也同時走在自己一手編織起來的謊言迷宮裡。

鐵門裡的父親

有一天，跟往常一樣，我在苟延殘喘拖延到完全沒錢的情況下，才不得不回家的拖著沉重腳步走在通往五樓大哥家的樓梯上。愈走腳步愈重，且愈心虛情怯。卻同時心裡暗暗的在跟自己說：「就準備挨罵吧，罵完就過了，過幾天還是能拿到一筆錢……」這是每次錢花完回家時，我必經的心理過程。照例這次也在同樣的心理過程裡走到五樓家門口，舉起手，停在半空中……心虛的猶豫再三，才鼓起勇氣按下門鈴，過了一會，我父親來應門，打開在鐵門裡面的木板大門，看到我愣了下，回過神後靜靜的瞪著我看，像是沒打算要打開鐵門大門的樣子。就這樣靜靜瞪著我看了好一會，他才開口。「要我開這個門，你就跟我去警察局，我已經報案了，你去關，關完還是我的兒子，要不，你永遠不要回來了，反正偷父親的錢是小案子，可能不會通緝你。我們脫離父子關係，這個門，我不會再替你打開。」父親說完，仍然瞪著我看。

聽完，我腦海中完全一片空白，嚇住，羞愧而整個人僵硬著身體站著，僵硬的彷彿四周空氣都凝結凍住般。我毫無退路只能說：「那我去關。」

當我說願意去關時，父親沒開鐵門的轉身進去屋子裡打電話叫警察來。打完電話探頭看我，跟我說，後悔的話，現在要跑還來得及。說完回身進屋裡去，再出來時已穿上他出門常穿的白襯衫。我沒跑，也沒得後悔，因爲當時我已身無分文。

父親從屋裡出來，看我一眼，面無表情，靜靜站在斜著些午後陽光的陽台上。隔著鐵門，我站在門外陰暗樓梯間裡。過了一會，父親大約是看到樓下警車來了，就走過來打開鐵門，極度鎮定而簡短一句：「警察來了，走！」說完就逕自下樓，我隔著一段距離的隨後跟著……。

到了警察局，我跟父親都被問了筆錄。問完筆錄，我被銬上手銬，帶上警車送去土城看守所。上車時，我低著頭，不看我父親，心裡夾雜著愧疚、羞辱以及恨。

送進看守所，檢察官開庭，可以保釋，但父親不准我兄姊們保釋我。而我在心裡告訴自己：「父親要關我，那我就關吧。」就這樣我在土城看守所關了四個多月。

被關期間，開了二次庭。開庭時父親原告，我被告，父子站在法庭上回答法官問話。我只是不斷回答「是」的不斷認罪，回答了五、六次。最後一句回答「沒有」是回答法官說我無話可說，沒有任何理由可以陳述。父親也是跟我同樣簡短，只是最後陳述時，父親說：「因爲我怎麼樣也管不好這個兒子，只好交給法律管……。」開庭結束時，我重新被戴上手銬帶走，離去時我跟父親目光短暫對望，父親看著戴上手銬的我，被法警帶出法庭。第一次開庭我跟父親互相沒開口說話。

第一次開庭後，過了幾天父親來探監。這是進看守所後他第二次探監，第一次是我剛進看守所時，那次是給我送換洗衣服，及一本羅曼羅蘭的《約翰·克里斯多夫》來，只登記送東西給我，沒申請跟我面會見面。這次是他第一次跟我面會。隔著玻璃窗，拿著對講機話筒，父親沉默了下，父親告訴我他會撤銷告訴，我應該很快可以出來。

第二次開庭就是宣判，父親沒來，只有我自己站在法庭上聽法官宣判。雖然已撤銷告訴，但只能撤消竊盜罪。關於我填寫領款單，盜領父親郵局存款的行爲所造成的僞造文書罪，是公訴罪無法撤銷。法官判我有期徒刑六個月，緩刑三年。

過幾天，我被釋放。出來時，是舊曆過年除夕的前一天。

每當我回憶起被父親送去關這件事，最先浮現我腦海，且記憶深刻的是站在大哥家鐵門裡的父親。記憶裡是個有點斜陽日花閃動的陽台，父親已換上他出門慣穿的白襯衫，從屋裡走出陽台時看了我一眼後，就不再看我的靜靜站在陽台上，面無表情，目光定定的。直到警車來……。

父親，他是一個從時代夾縫裡走過來的人。很無情的被夾在新舊時代交替的縫隙裡活著。年輕時，他父親說了就算，雖然心有不甘，但還是必須遵從父親的權威。等到他當父親時，卻不幸遇到我這種完全叛逆他權威的兒子。在我的叛逆裡受盡折磨……。

我在看守所的日子

看守所的日子，是我人生的意外經驗。

進看守所，首先你必須脫下所有衣褲，脫光光的接受從頭到腳的檢查，所有可能藏東西夾帶的部位都要檢查。連肛門都要自己扒開，讓警察用手電筒照一照。這樣的一趟檢查之後，我好像是一隻挫敗夾著尾巴的狗。

通過檢查，穿回衣服，隨身所有東西都必須交出來。然後分配牢房，分配好帶進牢房。進到牢房裡，如果你乖乖接受安排，那你就從基層幹起，擦洗廁所、洗地板、洗碗盤，甚至服侍同房裡幾個老大。甚至一天到晚被差來遣去，不如人意時，就被打被羞辱。如果你不想乖乖接受這種從基層幹起的安排，那就看你能不能讓那個原本因爲你來，而有機會把工作交到你手上的人，讓他無話可說乖乖地繼續做下去。通常就是打一架，且要狠狠地打倒他，甚至要打倒所有站在他那一邊的人。我當然自知沒這個能力，只有接受該有的命運，從基層幹起。

但是，我意外的因爲在看守所裡發揮了一點寫東西的能力，而竟然很快就脫離了這種從基層幹起的苦日子。

學校畢業後，我大約就沒再寫過甚麼長篇大論的文章，有也只是剛當學徒那一、二年，多少有寫一些日記。而其實當時寫日記都草草寫個幾行，彷彿是一種對自己的安慰，安慰自己還在振作，同時提醒自己不能墮落。這樣的日記，寫了一、二年就沒寫了。沒想到隔了那麼久以後，我竟然是在看守所裡重新提起筆來寫東西。

起因是我們關同一舍，且下同工廠的一個做代書的犯人，大家都找他寫聲請狀，他忙不過來，問了很多人都沒人可以幫他寫。當我進來時他也問我，我答應試試看。於是他拿了些範本給我看，教我怎樣照本宣科的寫，也提醒我一些重點。我真的就拿著範本參考，開始寫起聲請狀來。且還很快就幫一個犯人達成他想回老家宜蘭服獄的聲請請求，這讓我有了信心，同時也讓別人對我有信心。隨著我愈寫愈熟練，手上的案子就愈來愈多，也就理所當然的免了我那些基層工作。因爲會寫聲請狀之後的我，變成有能力回饋我那些同房們。

自從開始寫聲請狀後，我就有了一點小小地位。尤其是同房們，更是對我另眼相看。因爲我常把寫聲請狀得到的好處跟他們分享。我每當幫人寫一張聲請狀，就會有份報酬，有時是幾道大菜，有時是一包長壽菸。在看守所裡吃的差，有大菜可以分享別人，別人當然對我好，至少客氣。監獄犯人不准抽菸，看守所買一包走私進來的長壽菸，大約要七、八百元。當我手上有包長壽菸，且不吝嗇跟人分享時，許多人自然就願意對我好，跟我交交朋友。於是就沒人會欺負我了。

回想起來，當時在看守所裡，竟然還因爲自己能寫些東西，而得到了這些好處。但更有趣的是，我又動手寫東西了，且還寫出了些小小成就感。同時在這成就感裡，我想起國中時就有的一份文學家夢想。

看守所裡幾個印象深刻的人

想起在看守所的日子，就會有幾個人形象鮮明的浮現我眼前。

印象最深刻的，是一個叫小白的人。他是道上兄弟，平常話很少，很安靜，習慣獨來獨往，他是我下工廠工作時的小組長。我下工廠被分配到做收音機天線裝配工作。那是一種很單調的工作，重複不斷的把一管管白鐵管連接起來，連成收音機天線。每一組六個人，有個小組長。每天固定分配到一定的工作量，做完就可以休息。通常小組長的工作，只是負責把工作量分配到每個人手上，很少會也給自己分配一份工作量的，頂多也只是在量多做不完時幫幫忙。

但是小白都給自己分配一份工作量。因爲他認爲，在外面再怎麼大條，進到裡面都一樣大。於是小白跟我們一樣，也每天有一份工作量要去完成。他動作很快，做完後，有時還會幫組裡其他人做。我們組裡有個聽說在外面混得滿大條的人，把做天線當作好像是羞辱他般的做得心不甘情不願。常常我們做完了，他還做不到一半，我們只好幫他做。但幫他做，還被他視爲理所當然，不但沒個感激，且還常常當他還在外面當老大般的對我們呼來喚去。小白跟他好好說過一、二次，他卻依然故我。

有一天，事情突然就發生，突然聽到一聲哀嚎，我嚇一跳抬起頭一看，看到那個耍大條的人，額頭像蜂窩般一個洞一個洞的鮮血汩汩而流，而小白手上握著一把做天線的白鐵管，繼續又往他額頭挫打了一下。那人連還手的機會也沒，抱著頭彎曲著身體，滾在地上，而且沒人同情他。

最後，小白被銬上手銬帶走。從此，我再也沒看到小白，只聽說他被關在獨居房，關了一個多月。關出來後，分配到別一舍去。

另外有一個人，記得好像他是偷了一堆出口電腦零件的竊盜集團裡的其中一個人。當時電腦還是很昂貴的東西，所以他賺了不少錢。

看守所裡的犯人，都是被告身分，且都還在打官司，所以十個有八、九個都認爲自己是無辜的，要不是被人陷害，就是被冤枉委屈。只有這個人，他從來不說自己是無辜，不表現冤枉委屈。加上他有錢，常請人吃大菜，也就人際關係很好。熟了之後，聽他說才知道，他原本是經營一家製鞋廠，因爲週轉不靈，跟地下錢莊借錢，本金利息一直滾，滾到後來他根本還不起，而地下錢莊的人找他要了幾次要不到後，就放話下了最後期限，時候一到，如果沒還錢，就要讓他全家雞犬不寧。

他就在這樣已是人生走投無路時，剛好遇到朋友有門路，有這樣一個機會，讓他弄到一筆大錢把債還了。他想都不用想就毫不猶豫的參與，且還眞的讓他得逞，不但債務還清，還留下一大筆錢給家人好好生活，讓他坐牢坐的無後顧之憂。

曾經聽他這樣說：「人生有時候，你明明知道前面有一個洞，跳下去會很慘。但是遇到了，你不跳不行，牙齒筋咬著，跳下去。問題是，跳得下去，也要跳得出來，跳出來了才是你的人生……。」他說他只是在付他犯罪的代價，代價付完，他人生還要重新來過。

這個人，他是我在看守所那段期間看到過活得最理直氣壯的犯人。不知道出獄後，他重新再來過怎樣的人生。

當我出看守所後，很長一段時間，一直想著他說的話，「跳得進去也要跳得出來……跳出來了才是你的人生……」。

出看守所後

在除夕的前一天，我走出土城看守所大門，手上提著領回來的一些隨身物品，茫然站在看守所門外的街道邊，看著人車來去……。

回到家，我們父子倆沉默無語。我不知該如何開口跟父親說話，而父親只簡短的跟我說了幾句要我忘掉過去，過年後好好找個工作做……這樣的話。而大哥安慰我，勸我說人生沒我想的那麼複雜，其實過得愈單純愈好。

隔天就是除夕，我過了一個有生以來最沉默的年。

過完年，我二姊叫我下台中，去她家住一陣子。我知道這是二姊的善意，希望我暫時脫離一個令我不自在的地方，也讓我跟父親的關係，能夠得到緩衝。二姊不逼我找工作，給我一個房間，給我完全自由的進出，隨我高興怎樣就怎樣。有時二姊跟我聊天，聊起過往我們家的經歷，聊起祖父祖母，聊起我母親，聊起父親。也聊她自己一路從學徒走來的人生悲喜。在這些聊天裡慢慢拉我走出陰霾。除了二姊的苦口婆心外，還有我那三個外甥，有他們常陪著我到處走走，給那時心情陰霾的我，帶來天真燦爛的笑容。

在這樣的情況下，我過了兩個多月，認真想過我如何跳出一個洞這件事。但怎麼想也想不出除了做麵包外，我人生還有其他可能。最後我決定認命就這樣子了。

「我這一生大概脫離不了麵包吧！」我這樣告訴我自己。

我心裡想就好好做個麵包師，然後結婚開一家麵包店，做個麵包店老闆，穩穩當當的把一生過完，就算了事了。

在這認命的心情下，我在台中市一家麵包店找到工作。於是開始工作，油膩膩熱烘烘的一天做過一天，第一個月領薪水時，心情有些騷動。但我忍了過去，接著就一個月一個月做下去，一步步要認命安定下來。

但，造化卻在不久後把我帶離這份我已然要開始認命的生活。

造化讓我人生轉了彎

那一天，是梅雨季節裡難得的晴天，剛好輪到我休假，本來只是想在台中市區裡晃一晃。或許是離開台北有一段時間，而有點想念台北。於是突然一個念頭起，就跳上一輛往台北的中興號，去了台北。

到台北下了車，一路順著中華商場閒逛，毫無目標的這邊走走那邊看看，東晃晃西晃晃的晃到當時統帥戲院的騎樓下，看了看櫥窗裡的電影海報及劇照，想說看一場電影也好，就去買了票。

買了票，走樓梯上二樓戲院時，意外看到牆上貼著一張編導班招生簡章，看著簡章，突然心裡興起一種莫名念頭，而一股衝動的抄下報名處的住址電話，也抄下報名要準備哪些東西。

一種突然興起的莫名念頭，不是那種就是要讀編導班的明確念頭。而只是一種不清楚一定能幹嘛的模糊念頭。或許是因爲編導班招生的簡章上竟沒有學歷限制，而觸動了我甚麼開關，而讓我模模糊糊的想著：「或許可以吧！」

回到台中，我繼續我的工作，可是心裡一直想著那個編導班招生的事。同時又猶豫自己不會寫劇本，如何交出一個劇本去應徵。想了幾天，大約是不甘寂寞的心戰勝了理智。我去書店裡找跟電影劇本及分鏡有關的書，想要臨時抱佛腳，很幸運地讓我找到王禎和《嫁妝一牛車》的劇本。我照著王禎和的劇本形式，動手先寫了一個故事大綱，然後開始寫劇本，每天利用下工後時間，拚命的寫。本來是想寫完一個故事，可是寫到三分之一時，報名截止的日期快到了，於是只好把只寫了三分之一的劇本以及完整的故事大綱寄去報名。

由於劇本沒寫完，寄出去後，心想大概是沒希望吧，但心裡還是有期待。但期待隨著眞實的做麵包工作，一天天過去而慢慢消退。就在消退得差不多時，竟然收到通知，叫我去面試。

面試我的人，叫黃建業。我當時不知他是誰，因爲那時我除了看電影外，從來不看影評的。面試前先書面上寫了心目中最喜歡的十部國片跟十部外片。面試時，黃建業就挑了其中一部我喜歡的電影，要我說說爲甚麼喜歡那部電影。那部電影我寫的片名是《亞歷山大與芬妮》，但我說了半天，黃建業愈聽眉頭愈皺，最後忍不住跟我說你說的不是亞歷山大與芬妮，亞歷山大與芬妮的劇情不是這樣的。被這樣一說，我頓時傻住，有些心慌，不知如何繼續。還好黃建業人溫和，叫我繼續說完沒關係。於是我大約是言不及意的說完面試。過了很久後才知道我當時說的電影其實是《亞歷山大，大帝》。這部電影是我荒唐歲月裡的某一天，晃過在舉辦金馬獎國際影展的電影院，一時興起就買了一張票進去看了這部電影。這是我第一次接觸到藝術性電影，看電影過程裡昏睡了些時候。但有一幕卻讓我異常感動，那一幕是男主角被圍困，自知要敗亡了，於是全身繁華戎裝的站在舊式大相機前，要留下他人生最後的盛裝圖像。但是，當照相機一閃，他人卻突然憑空消失在空氣中，只留下他一身繁華戎裝，而山谷裡迴響著彷彿是他遠去的馬蹄聲……答、答、答……。

這一幕令我異常感動，無法言明的感動。

面試完後，我回到台中繼續我的麵包工作，對編導班這件事不敢再抱希望，覺得是沒希望了。只因當時面試完時，行政小姐有叮嚀我一聲，若沒收到錄取通知單，不放心，可以打電話來查詢。就因她這句話，讓我在沒收到通知單時，還敢鼓起勇氣打電話去查詢。在電話裡她訝異的說你錄取了啊，怎麼沒收到通知單？

這個行政小姐叫素櫻，後來成為朋友，受她很多照顧。跟她熟了後，談起來才知道，當時她沒把我的錄取通知寄到我當時住的台中，而是寄到戶籍地址桃園鶯歌家。而父親當時是害怕那麼壞的我，如果再進入五光十色的虛榮電影圈裡，一定是更無藥可救。所以就不告訴我編導班錄取的事。

至今，每當回想起遙遠多年前的那通電話時，總覺得當時我是打了一通預約未來人生的電話，是造化攤派下的一份機遇。就如那遙遠許多年前，那個梅雨季節裡出現了一個難得有陽光的日子，而我又剛好休假，且又突然興起莫名念頭的往一輛上台北的中興號跳上……

要不是我跳上往台北的中興號，照說我人生不會是今天這個樣子。

如果當年我沒跳上那輛往台北中興號，照我當時的一份麵包師工作，繼續著，繼續到現在，或許我成為一家麵包店老闆，每天早上五、六點開店門，一直到晚上十一點打烊關店門。生意好就多請幾個師父，自己樂得輕鬆。生意不是很好，那就自己還得兼著做師父。

照例應該是結了婚，或許還生了一、二個小孩。每天的生活，除了跟老婆輪流顧店做生意，再來就早晚固定接送孩子上下學。當然，也有可能我還繼續領人薪水當師父。也或許還沒結婚，還過著單身漢的生活。

原本我可能會有這樣的人生，可是當我跳上那輛往台北的中興號時，這樣的人生就注定沒機會在我身上發生了。當我往上台北的中興號跳上時，我的人生就開始轉了彎，彎向一個我從來沒想到過的方向去。

在那裡，開始了我人生全新的學習。

船艙般屋子裡的我的貧窮年代

TAKE 11

未 來 ， 一 直 來 一 直 來 ……

（右圖）（下圖）都是在梨山經營果園時的照片。是一個叫蔡雅琴的朋友，在我不注意時，幫我跟少年仔拍下的。少年仔是我身後的小狗。從梨山開始，牠陪伴著我們，至今已將近十四個年頭。如今牠已是老狗，耳力、嗅覺都在退化中。牠帶給我們許多快樂。

（上圖）拍《一個住飯店的男人》單元劇時，我跟林強在彰化車站月台上，買飲料喝。

學電影　學人生

知道錄取後，當天趕到台北報名繳了學費。然後回到台中繼續我的麵包工作，但心裡等待著上課的日期趕快到來，心想看了那麼多電影以後，終於就要知道電影到底是怎麼拍成的。且害怕自己對電影一無所知，上課時會聽不懂老師在說甚麼，於是找了幾本電影的書來看。

看著電視上影像如行雲流水般流動著，聽著老師不疾不徐，充滿自信的說著什麼叫做電影。我眼睛發亮的聽著看著，感受著「原來電影是這樣拍成的」，隱約感受到電影是很迷人的東西。這是我編導班的第一堂課，是那個面試我的人上的課。他是黃建業老師。

回想起來，其實在第一堂課時，我就迷上電影了。因為迷上了電影，我跟老闆商量，得到他諒解同意，讓我每個星期一、三、五提早在下午四點離開，搭中興號上台北，趕晚上七點到達那時中華路的電影大樓六樓上課。上到十點下課，再搭中興號回台中，回到台中二姊家，上床睡覺時大約是晚上一點左右。而早上六點左右我必須上工，開始做麵包。這樣台中台北來回跑的日子，我過了三個多月。直到後來在小津安二郎的《東京物語》這部電影裡得到感動，更深刻的感受到電影的動人之處。於是我辭掉台中的工作，回桃園鶯歌家裡住，開始完全專心的上編導班。

其實在遇到小津安二郎前，我已經遇到了沈從文。

我讀編導班時，坐我旁邊的是一個瘦瘦小小的男孩。有一天上課時，這個瘦瘦小小的男孩輕輕的把一本線裝書推到我面前，封面是深黃色，封面下方散落著幾個類似小花、小狗，或者小人之類的素描，簡單幾筆，素樸單純。書名是《從文自傳》。他推到我面前，我隨手翻了翻，且因在上課無法專心看，再加上沈從文是誰，我一無所知，唯一那封面和線裝書的感覺，很新鮮，吸引我。想跟他借回去看，可是他不肯，因爲那本書是他寶貝。

雖然《從文自傳》沒借我，但過兩天，他拿了本沈從文的短篇小說集，借我回去看。他特別介紹我看一篇叫〈新與舊〉的短篇小說。至今我仍記得小說裡那個守城門的老戰兵，和那一對小學年輕教員夫妻。老戰兵閒空時常遠遠看著那教員帶著學生們打球，有時球滾到他身邊，他就撿起球丟回給他們。他們在這樣的一粒球上有了淡淡關係，且都給彼此心裡留下個親切印象。但到頭來，老戰兵還是得把手上一把磨利利的刀，往那年輕夫妻脖子上砍去……。

老戰兵原本是個劊子手，但時代改變，流行槍斃。他這劊子手就被派去守城門，過著一份寂寞日子，過了很久了。……有一天，地方軍頭因一時無聊，而興起再玩玩砍頭把戲，所以就把老戰兵找來，要他當劊子手。老戰兵這下可又有了當劊子手的神氣尊嚴了，首先他得先把那把多年沒用的大刀拿出來磨利，磨得光亮，他聽說要砍的犯人是一對革命黨人夫妻，但長甚麼樣子，倒還沒見過。

臨到刑場時，捧著大刀，才看見被綁跪在眼前的是那對年輕教員夫妻……可臨到頭了，他捧在手上一把大刀還是得揮落砍下……。

〈新與舊〉這個故事深深感動我，且吸引我很快往下一篇篇看完這瘦瘦小小同學借我的這本沈從文短篇小說集。就這樣沈從文一步一步走進我生命裡來。

至今，每當想到沈從文，或重新翻看沈從文的書，都會讓我想到我那個瘦瘦小小的編導班同學，他叫林健鋒。如今仍住在新店，住在我跟柯淑卿結婚後，他就跟我們做鄰居一起住的地方。幾次跟他碰面，仍感覺到他從以前就有的調皮童心，缺了門牙仍笑起來燦爛。

小津安二郎的《東京物語》是我進編導班，看了許多藝術電影後，第一次覺得自己完全看懂的藝術電影。不只看懂，且還連結到我的生命經驗裡，讓我產生許多感受，關於我跟我跟我父親之間……。

跟許多人一樣，當我進編導班，開始看大師作品時，或許有些片片段段的感動，但總無法完全看懂一部影片，而得到完整的感動。甚至有時因爲影像節奏的緩慢，而打瞌睡。但看完不敢說看不懂，且還要跟著言不及義幾句美學或哲學意涵這類的話。直到遇到小津，一切開始改變……。影片裡，講的是一對老夫妻從鄉下到東京都市探望兒女子孫們，這樣的一段旅程。故事單純的繞著老夫妻這趟旅程，看到他們跟兒女們的關係。兒女們都長大了，每個人有每個人的事業要忙，雖然高興父母來訪，但也多少造成他們的負擔。

要招待父母出遊的大兒子，臨出門時，卻遇到急診上門，而只好取消了這趟出遊。大女兒開美容院，生意忙，沒時間接待父母，最後只好用錢打發，出錢讓父母親去熱海溫泉鄉度假。但溫泉鄉是年輕人地方，整夜歡樂熱鬧，吵得老夫妻一夜睡不好。

老夫妻只好又回到東京，坐在小公園裡，不知道該往何處去。二人討論著不好再去打擾兒女們。討論結果，妻子勉強去打擾那個還在為他們死去兒子守寡的媳婦，在這個媳婦家住一晚。丈夫就去找多年不見的老朋友喝酒話舊。結果喝醉了酒，被送回美容院的大女兒家，惹得大女兒一頓生氣。最後他們結束了東京之旅，兒女們送他們搭上火車，回鄉下老家。然而半路上妻子生病，且一病不起，回家不久妻子病危過世。於是兒女們又搭上火車一路趕回老家奔喪。經歷了母親過世的悲傷、及喪事繁瑣儀式，喪事才剛結束，兒女們又各自有自己事業，而不得不急著跟老父告別，離開。

妻子死了，做丈夫的更寂寞了。老人靜靜站在清晨的陽光裡，河面傳來輪船汽笛聲：嗚……嗚……。

電影看完，一些熟悉感覺浮現，且隨著時間浮現愈多熟悉感覺。我想到祖父臨死前那趟旅程，他把他的孫子們都看過了，但不知他懷著多少牽掛離開人世。我想到父親拿著我給他的假地址，穿梭在都市街道裡找不到我，結果在去大姊家的公車上昏倒。那樣的父親對我有多絕望啊！多心痛悲傷啊！我想到多少也被我騙了些錢花的我兄姊們，想到他們對我的容忍。

我想到童年時清晨五點多吵架聲裡的祖父跟父親，同時想到了祖母罵著：「瘋子，這一家人都是瘋子……」

我想到祖父的寂寞，也想到父親的寂寞……

想到了，也就對他們愧疚不安，甚至悔恨自己曾經做過的罪惡。開始很極端的想要從此就做一個順從父親意思的小孩，別再讓他生氣了。可是很快就發現自己做不到，因爲我跟父親的想法畢竟差異那麼大，而他對我人生的期待，跟我對自己人生的期待是完全不同的。於是我心裡產生極大的矛盾衝突，是走自己的路呢？還是順從父親的意思，順著他的期待去走人生。其實這無從選擇的，當生命本能奔竄起來，不自覺的已往一條路上走去。唯一的不同是，心裡常常有家人的存在，且能從他們角度多少理解我做的事情會讓他們產生怎樣的感受，尤其是父親。

半年多後，又看了遍《東京物語》，看到了上次沒看到的感受。也就是電影裡沒有要批判誰，或說誰對誰錯。電影裡只是呈現狀態，一個普遍的，眞實的家庭關係狀態。在那個狀態裡，我們看到一種父母跟子女的宿命關係。這種宿命關係就是兒子長大了，慢慢會有自己的世界，且無可避免的要往他自己人生走去，這時做父母親也就愈來愈孤單寂寞了。在小津的電影裡，我感受到了兒女長大離去後，父母親的寂寞。

常想到父親這樣的寂寞，是我跟父親關係改變的主要原因。

我無法停止往我人生繼續走去的腳步，但我知道當我走遠時，父親會寂寞的。他已經寂寞了，我不該再傷他的心。

當辭去台中工作，回到鶯歌住後，跟父親相處的時間就多了。我們慢慢的恢復了討論國內外新聞的習慣。當我後來在一個同學的影響下，開始接觸沙特的小說及存在主義那段期間，他也跟著我看存在主義，且還要跟我討論。後來當我開始穿著T恤、短褲，腳上一雙拖鞋出門上課，尤其是有件T恤還穿到背後破個大洞。記得那段期間，當我穿著這樣要出門時，父親常常會說，我穿成這個樣子就叫做存在主義。

那時父親對我這樣穿，其實滿高興的，但總也擔心我這樣穿會不會太隨便。父親高興的原因是，我終於不再注重外表一身名牌了。

至今，我仍很清楚的看到當時我剛進編導班時那極度自卑，沒自信的樣子。我刻意打扮得像是很嚴肅的人。常穿著一件類似青年裝的薄外套，自己覺得這樣穿比較有氣質。可是當上了課後，愈來愈發覺自己一身穿著打扮，放在一群同學裡顯得很可笑。於是就不再這樣穿。只好又穿回我長期以來的名牌穿著打扮，可是穿沒多久又發覺自己一身名牌，看起來很俗氣，且班上沒幾個人像我穿的這麼俗氣。於是我就去買幾件樣式簡單的短袖T恤穿，褲子不變，還是西裝褲。這樣的變化其實時間滿短的，大約在一個月之後，我就開始穿T恤了。

那段期間，那時的我其實是在自卑心作祟下，努力想以外表穿著的改變來得到同學們認同之下的一種荒謬過程。

記不得也不知道是編導班上了多久後，我就完全沒去管怎麼穿怎麼打扮這件事了。加上那時身上錢不多，必須省著用才能讀完編導班，且那時我已下定決心不再跟父親開口要錢。所以到後來就買便宜短褲，無袖T恤，鞋子壞了就穿拖鞋，不再買新的，一切從簡。

整個夏天永遠是短褲，永遠背心T恤，有件T恤穿到背部破了個大洞我還繼續穿。記得到我結婚後，那件T恤還穿了一陣子。

從全身上下名牌，到短褲T恤。我彷彿慢慢在脫離過去的一些甚麼，不只是外表，還關於一個腦，及一顆心的改變。

我最後一個麵包工作

編導班是七月開課，上了半年的課，畢業時是一月初左右。編導班結束，有一種現實感迎面而來。「……接著呢！」是這樣的現實感。

可是當班主任李行導演，他問我想不想跟片時，我竟然脫口而出說還沒準備好，所以我還不想跟片。或許是一種初生之犢的意氣風發讓我這樣回答吧。其實當時我身邊已沒什麼錢，台中麵包工作賺的錢所剩不多，賺錢又成了我人生迫切的事。

「真厭惡生活在這個處處都要錢的資本主義社會裡……」這是我當時的心情。

會有這樣的心情，除了當時自己沒錢貧窮外，也因爲在學電影過程裡接觸了些左傾的想法，而讓我彷彿像久遠年代前那個左傾青年的祖父。關於我的左傾，也跟祖父差不多，根本沒看過什麼馬克斯思想的書，大都只是聊天聽來的。如果要說有受什麼的影響，那就是陳映眞的小說。我是在陳映眞的小說裡看到我祖父一輩子掛在嘴上的：「剝削，這是資本主義的剝削……」。〈山路〉、〈我的弟弟康雄〉、〈將軍族〉、〈鈴鐺花〉、〈萬商帝君〉……。

可現實上，那陣子我必須去賺錢，或者繼續跟父親騙錢偷錢。我決定去賺錢，且重施故技的找家店工作個兩個月，先賺點錢再說。

我在信義路一家新開幕的西點麵包店應徵到工作，不得不的又做起麵包師工作來。那段期間我邊做著麵包師工作，邊心裡醞釀著要開始寫劇本。且那時幾個比較談得來的同學，常沒事就聚在一起高談闊論，談電影，談文學，談人生，甚至談起未來對電影的抱負。談了很多，但就是不知該如何踏出第一步。

通常我們都是去電影圖書館放映室看完電影後，就開始了這樣的聊天。當時圖書館放映室是在中華路的電影大樓七樓，看完電影走下一層樓就是我們編導班教室。那時我們看完電影，總是走下六樓按教室門鈴，看素櫻在嗎？素櫻在，就開門讓我們進去，於是我們就在教室裡聊開來，常聊到素櫻要走，必須關門了，我們才只好結束。但有時還沒聊盡興，還邊走邊聊，下樓站在中華路路邊，繼續聊。其實很多時候素櫻不在，我們看完電影也都就往中華路路邊一站就聊開來。有時邊走邊聊，看到個小公園，就往小公園裡找個地方坐，聊得口沫橫飛。

跟我常在一起聊天的幾個同學，那時都很窮。都過著窮開心的日子。

由於我的麵包師工作，讓我不能盡興看電影，盡興高談闊論，再加上想寫劇本的慾望愈來愈強烈。所以硬撐了兩個月麵包師工作後，就眞的辭掉了工作。身上帶著這兩個月存下來的三萬元左右，決定先完成個劇本再說。沒想到就此我再也沒回到麵包師這個工作，而信義路那家麵包店成了我最後一家做麵包師工作的西點麵包店。

而那時在我們學生要求下，編導班同意開高級班，讓前後三期的學生，可以有個繼續進修的機會。

現在回想起來，高級班對當時的我來說，是個莫大鼓舞。同時讓我對電影的熱情，繼續有個出口。也就是說，路還在前面，繼續上路。

認識學姊

認識柯淑卿是我那一段看電影，高談闊論日子裡的一個意外。

有一天，我照例去七樓放映室看電影。那天沒遇到那幾個常跟我高談闊論的同學，但看完電影後，照例下六樓到我們編導班教室晃一下。進門時看到一個女孩子，表情看起來有點嚴肅。素櫻跟我介紹說，她叫柯淑卿，也是編導班學生，但早我一期。早我一期，所以素櫻就玩笑說我應該叫學姊。當然素櫻也跟她介紹了下我。介紹認識後就聊了下，記得那天我處在剛看完《大國民》之後的心情裡，講到成長原來是在社會化的過程裡失去了最單純美好的童貞，失去了再也找不回來。還講到社會結構的龐大跟綿密，讓人身處其中顯得渺小，然而卻在擁有權力時愈來愈狂妄……。跟往常看完電影一樣，看完電影就有一堆話要說。記得當時柯淑卿只是聽，聽我說了半天後，她才開口說了一件事。她說她實踐畢業以後，第一份工作是在一家出版社當編輯，編幼稚園教材。當她看到自己第一次編的教材印出來時，很嚇人，像山一樣一堆一堆，堆在她面前。柯淑卿說看到那一堆堆的書，突然覺得很龐大，這些書會送到多少幼稚園小朋友手裡當教材讀啊。想起來就心虛，甚至可怕，再也無法把它當成只是一件工作這樣想法。她說那是她第一次對社會有龐大的感覺，當白紙寫成黑字印出來，一堆一堆像山一樣，很嚇人。

我就這樣遇到了柯淑卿，且在不久之後，當我住進新店那間船艙般的房子裡時，和她意外做了隔著一條巷子的鄰居。

也就慢慢的跟她熟悉起來，知道她讀完編導班之後就開始跟片了。知道她進編導班之前是在公館巷子裡開一家租書店。知道她讀實踐時演過話劇；知道她曾經學過皮影戲；知道她小時候愛看歌仔戲，愛租小說看。所以從小的夢想是長大要住在廟旁邊，最好旁邊還有一家小說出租店，這樣看歌仔戲跟租書看就都很方便。

跟父親拿最後一次錢

辭掉麵包師工作後，我回到鶯歌家裡住。父親不免會唸我幾句辭掉工作的事。但看我日子過的簡單，且眞的動手寫起東西來，也就安心了些。不過日子久了，他還是要擔心的勸我說，寫作沒我想的那麼簡單，要寫到人家願意採用，很拚的。父親說著說著就又說起梵谷割耳朵的事，又說起川端康成、海明威、三島尤紀夫……都是以自殺結束生命的。當他又這樣跟我說時，我就開玩笑跟他說，我又不是要當大文豪，我只是寫劇本，頂多以後有機會當個導演，你聽過有哪個導演會自殺。說到導演他知道的沒幾個，當然不知道有哪個導演是自殺死的。但說到導演卻引起他對我走電影這條路的隱憂。他認爲電影圈是個五光十色男貪女愛，誘惑很多的地方，做導演做演員的都私生活不檢點，亂愛一通。父親擔心我如果眞進了電影圈後，一定無藥可救變的更壞。每當父親說到這裡時，我就只好保持沉默，因爲愈說只有愈亂。

父親雖然擔心我會在電影圈變壞，但畢竟我那時跟電影圈根本八字還沒一撇。只是看到我在寫劇本，看到我帶回來陳映眞、黃春明、沙特、卡夫卡……等等人的小說，這讓父親有份安心，覺得學電影很像不是他想像中那麼壞的事。同時他也看起我帶回來的小說，看完也總要跟我聊聊。於是我跟父親的聊天話題就不再只是報紙新聞上國內外大事。

除了在家裡寫劇本，陪父親聊聊天外，我還是保持著常去電影圖書館放映室看電影的習慣，且看完電影後幾個人高談闊論一番。

那段時間最常在一起高談闊論的，是那個瘦瘦小小的女同學，以及一個藝專畢業的男同學，常常就是我們三個人聊在一起。那時我們不管是聊每一部我們看過的電影，聊文學，聊存在主義……聊到最後就歸結到人要自我解放，尤其是一個創作者，他希望透過作品去解放別人，解放這個社會，如果他不先解放自己，如何能創作出解放別人的作品。

想起來，當時我是把創作這件事，過度看重了。但那時就是這樣想，或許像我祖父說的，是一種志氣吧。做流氓跟做創作都一樣要有志氣。

在我們的高談闊論聲裡夏天悄悄來臨了。

或許是夏天陽光的誘惑，或許是談多了創作，談久了總會談膩，於是就興起出遊念頭。那時，我們最常去的地方，是淡水海邊。

會去海邊，多少是因為那時期非常著迷楚浮的《四百擊》。當影片結尾時小男孩逃出感化院，往海邊一直跑一直跑時，一種徹骨的痛在我心裡盤旋不去。痛的不只是戲裡的小孩，也痛著記憶裡那個小時候，童年時的我。

看完《四百擊》這部電影，讓我第一次隱約感受到我不該對我的童年一直抱著「我啊，小時候就是那麼壞……」這樣一種簡單化了的自責心態。且隱約意識到我小時候那麼壞這件事，好像裡頭有很複雜的情境，等待我去瞭解。

當時因爲著迷《四百擊》，所以常到海邊玩。

到海邊玩，我們總是不願意安分的待在海水浴場裡，跟著熱鬧人潮一起戲水。總是能找到沒人管的安靜沙灘，沒人，就只我們三個。我因爲從小在我們家門前的溪裡游泳長大的，所以一到海邊，就往海裡跑，泡在海水裡游泳，游個盡興。瘦瘦小小的女同學不會游泳，也就從來不下水，但她喜歡海邊，她說光是坐著看海就讓她很舒服了。藝專畢業的男同學，他游泳不是很行，就總是在很淺的岸邊，有時候有我陪他，他才敢離岸，走到深一點的海水裡。

有一次藝專畢業這個男同學問我敢不敢裸泳，我愣了下，回他說有什麼不敢，你敢嗎？他說我敢他就敢。於是我們就這樣開始裸泳起來，此後每次去海邊游泳時就都裸泳。且愈來愈喜歡上海裡裸泳那種全身肌膚都跟海水直接接觸的感覺。

於是後來一有機會下水游泳，我一下水就一定裸泳。

拍我第三部電影《放浪》時，有一場戲是就在當年我們裸泳的淡水海邊拍。爲了等黃昏光，午後沒事，一群工作人員們，會游泳的都往海裡開開心心游泳去。不只我，好幾個男生都在深海裡脫掉內褲裸泳起來。

還記得拍第一部電影《春花夢露》時，在台東池上、關山出外景拍了兩個多月。拍片期間，每當休假時，就男男女女一群工作人員，往南橫入口的新武溪游泳去，我跟好幾個男生也都脫光光裸泳。有時游累了，就靠著石頭躺坐在溪裡泡水，躺久沒動，游來一隻隻小魚，繞著我臀部、大腿小腿慢慢游著，而小小的嘴巴不時輕輕啄吻著我的臀部大腿股。彷彿又回到我童年時泡在水溝裡泡久了，蝌蚪也游來啄吻著我的小屁股。

從小就跟著我祖父在溪裡游泳，同時看到那些AMIS男男女女在溪裡洗澡。如今在我腦海裡，他們都成了大自然風景裡的一部分，自然動人。

裸泳，說起來其實一點都不驚世駭俗。

日子一天天過去，我的生活循環在寫劇本，跟父親聊天，跟幾個同學高談闊論，或去海邊裸泳裡過著日子。直到有一天素櫻告訴我們編導班高級班確定開班，可以開始報名。我們幾個常聚在一起高談闊論的都報名了。當我報名繳了學費後，當時離開麵包工作時存下來的錢，已經所剩不多了。於是我又面對了人生最迫切的金錢問題。那時我跟父親的關係已經比較好了，我知道我只要跟他開口，他多少會給我一點錢。

可是，我害怕一開了口要到錢後，可能就一直開口要下去，結果又回到以前的關係裡循環，甚至當要不到錢時，又偷他存摺領錢。

沒錢日子過不下去，最後還是跟父親開了口。當我跟父親開口時，我心裡暗下決心，告訴自己這是最後一次，此後無論如何是不能再跟父親開口了。我硬著頭皮跟父親開口要了一萬元，父親唸了幾句還是把錢給我。拿到一萬元後，我對自己沒信心，意識到繼續住家裡，對花錢沒警戒心，不夠覺悟，想說等錢花光又跟父親開口，結果跟父親的關係又淪入像以前一樣。

剛好我那個瘦瘦小小的女同學，以及素櫻也想租房子。且我們對新店文山國中後面，巷子裡一間像船艙的房子都還算滿意。於是我拿了父親一萬元後，就跟她們合租了這間房子，搬離鶯歌家。我告訴我自己，就用父親這一萬元完成幾個劇本，且讀完編導班高級班。

但是，我害怕父親一來找我，或一通電話，我又會心裡妄想要去騙，或偷他錢。所以我狠下心不給父親我新店住處地址，連電話也沒留。而且我住新店的八個月左右，也沒打過幾通電話回家，直到過年才回家。回家時，我跟父親說我要結婚了，父親嚇一跳說：「鬼要嫁你啊！」

住在船艙般屋子裡的我的貧窮年代

瘦瘦小小的女同學，素櫻，跟我，我們三人合租了一棟像船艙般的房子。說它像船艙，指的不是外表，而是住在屋子裡面的感覺。從門進去，迎面是個長條形的細長客廳連飯廳，而左邊三個房間，及一個擺神案桌的小廳堂。右邊靠邊的窗戶一個個都是圓形的，坐在窗邊往外看，給人一種像坐在船艙裡往外看風景的感覺。而那段時間我連睡覺都睡在客廳裡，所以一早醒來，除了出門離開屋子以外，我的生活活動範圍都在這個客廳裡。寫劇本，看書，有朋友來聊天都在這客廳裡。劇本寫累了，書看累了，側個臉往窗外一看，真的很像坐在船艙裡看風景。且這房子蓋在小斜坡上，有點高度，也就視野開闊，更有幾分海上視野遼闊的感覺。這讓我後來每當想起那段日子，就覺得那是一段生活在船艙裡的日子。

我會睡在客廳這件事，一來是因爲房東保留了一間房間來儲放東西，但也因此才願意把房子很便宜組給我們。少了一間房間，剩下的兩間房間理所當然是給我兩個女室友住，那我當然只好睡客廳了。其實夏天睡客廳還滿舒服的，再加上因爲我睡客廳，我的兩個女室友就說房租她們攤多一點，我出少一點。這對當時貧窮的我是有很大幫助的。省了我好幾百塊錢房租，那時我一個月房租，連水電費大約只要一千元。

住進船艙般房子裡後，我開始寫故事、寫劇本，毫無目的的寫。

通常下午時，我會去碧潭游泳游個兩小時左右。要不就去電影圖書館放映室看場電影，看完電影幾個同學又是打屁聊電影。那時就在這樣的情況下，等待著高級班開課。

住進船艙般房子沒多久，有一天那個我在編導班教室意外遇到的學姊，柯淑卿又意外出現在我們家門口。原來她也住新店，且離我們住處只隔了一條巷子，於是我們成了鄰居。且去了她住的地方以後，發現她家屋旁屋後都爬滿地瓜葉，是房東種的。發現她家的地瓜葉後，對我當時的省吃儉用又提供了一大幫助。

當住進船艙般房子後，我就有計畫的過起簡單生活來。新店碧潭邊有個傳統市場，我喜歡去那裡買歐巴桑自己種的菜，便宜又新鮮。同時也買一些豆皮，跟豆豉一起炒，炒的鹹鹹，很下飯。有時煎幾塊鹹魚，配好幾頓飯。買肉就買五花肉，像小時候一樣用醬油炒的乾乾鹹鹹的，既下飯又不容易壞。自從知道柯淑卿屋後屋旁爬滿地瓜葉後，我就連買青菜的錢也省下來了。要吃青菜就往隔壁巷柯淑卿住處摘地瓜葉回來炒。有時，素櫻看了不忍，會幫我加個菜。

後來高級班開課了，我跟柯淑卿從學姊學弟變成同學。瘦瘦小小的女同學，跟柯淑卿，跟我，常常一起出門上課，一起下課回家。傍晚時出門上課，晚餐我們就在中華路跟貴陽路交叉口那幾家小吃店，買一個饅頭或兩個大水煎包吃，塡飽肚子解決晚餐，然後上課。

時間循環著走，彷彿又回到當初十六歲離家出走剛到台北時的樣子。同樣的省吃儉用，但那時人地生疏，前途茫茫。而這時心裡篤定了一個方向，而有份心甘情願。

在這船艙般房子裡，前後我大約住了八個月左右。

在那裡我讀完編導班高級班，且完成了我一部八釐米短片，是我第一次試著完整的敘述一個故事。

在那裡我跟柯淑卿漸漸認識，而成了男女朋友。後來結婚，結伴同行彼此壯膽，且也爭過吵過的一路前行，直至今天。

在那裡透過素櫻我認識了許多朋友，有黃純夫妻、黃翰荻、老嘉華、有阿秋、雅琴，還有一個我們都叫他算命的，他叫東樵，是素櫻的男友。除了有他們共度過一段美好時光外，同時也在她們身上學到了許多人生。印象最深的是第一次跟黃翰荻見面時，那次是素櫻生日，我還特別做了些蛋糕，素櫻邀了他這些好友們來共聚歡度。那次是我跟黃翰荻第一次見面，在吃喝聊天過程裡，他言語犀利，引我忍不住眼光注意他。但他不只言語犀利，眼光也犀利，所以每當看到他眼光看過來時，我就莫名的趕緊避開。幾次後，黃翰荻就不客氣的開口說：「喂！你怎麼這樣看人，要看就看，不要怕，有自信的看過來……」他還示範了某個藝術家看人的樣子，來教我看人要有自信。當時被說得有些不舒服，但事後卻慢慢覺得他當時或許看到了我心裡還存在著過去的陰影，而還沒完全長出自信。因此讓我明白到過去的陰影終究是要去面對的，唯有如此才能長出我眞正的自信來。

住在船艙般房子裡那段時間，最幸福的就是有素櫻的照顧，每當有朋友來，只要有素櫻在，有她張羅，吃吃喝喝的總是不缺。直到後來我們一群朋友聚會時，她也總是照顧著我們吃吃喝喝。後來我們都叫她「阿嬤」，她就是那麼會照顧人。

一年多前，素櫻肝病過世了，火化後骨灰撒在東北角海面。從跟她通電話，在電話聲裡聽到她告訴我錄取了哦！從那時開始，經歷了編導班，經歷了一起住在船艙般的屋子……一直到她過世前，受她照顧很多。

住在船艙般屋子裡的我的貧窮年代，在那裡我經歷了一段重要的人生學習，慢慢的眞正告別了我過往的人生陰影，就此走向一個新的，但不可知的未來。

我搬離船艙般屋子時，我跟柯淑卿已決定在一起，所以也就搬過去跟她一起住。

柯淑卿的女朋友們

當我還住在船艙般屋子裡時，因爲隔個幾天就會去柯淑卿那裡摘地瓜葉，且還常一起出門上下課，所以也就跟她愈來愈熟了。

那時，柯淑卿她們有幾個女孩子，常常在她家聚會聊天，當然聊的也是電影或文學，也聊自己一些生命經驗。我因爲和柯淑卿熟了，慢慢的也就加入她們聊天的行列。

好長一段時間，大約半年多，常常就跟柯淑卿她們幾個女孩子混在一起。其實我大部分時間都是在聽她們聊天。且她們幾個女孩子聊天聊開來，彷彿當我這個男孩子是不存在的。很自在的說她們的，可以三八可以放肆。有時她們還甚至開玩笑說，我不算男生，頂多算半個男生，也許還是半個女生。那時我對這樣的玩笑話，不但不以爲忤，且還幾分得意。因爲那段時間我正努力讓自己中性一點。

那時我跟柯淑卿還沒談戀愛，只是好朋友。

有時聊起了興頭，她們就把一些認識的男孩子，一個一個拿來品頭論足一番，通常結論是沒有幾個是好貨，也不知道爲什麼，當時我對這樣的談論不但不尷尬，還常常是話最多，擺出一副男人最了解男人的立場，跟著批判男人的劣根性。其實批判的是過去那個放縱慾望的我。

有段時間，我幫裡面其中一個女孩子拍紀錄片。她不只是柯淑卿的朋友，也是我編導班的同學。她家住西門町西門市場邊，她想拍西門町的紀錄片，找我當她助理。只有我跟她兩個人，拍起來有些膽怯不自在，但畢竟是拍了。這是我第一次參與拍片，拍了一天。

她讀美工畢業，靜照拍的很好，所以她自己拿攝影機，我的工作就是幫她牽腳踏車，穿梭在西門町街道上拍攝，讓畫面不斷地流動。記憶最深刻的是，爲了偷拍一些西門町老色狼，她把紙箱挖一個洞，把攝影機藏在紙箱裡，然後固定在腳踏車上，慢慢牽著腳踏車在西門町晃來晃去，有時就把腳踏車停下來，讓畫面固定在一些老色狼跟年輕女孩身上。

我拍片的第一個工作，就是牽著腳踏車讓畫面流動起來。

這個女孩有沒有完成她的西門町紀錄片，我不知道。但我在那次跟她拍紀錄片的過程裡，第一次用不同的角度看西門町。角度不同，但西門町還是西門町，只是好像突然抽身旁觀，而有了種莫名清醒。莫名清醒的彷彿看到以前那個年少輕狂，一身名牌打扮的我，在西門町街道上晃著，晃過我面前。

柯淑卿的女朋友們，其中有個跟她最要好的，是個才十九歲的女孩子。她才十九歲，那時我已二十八歲，可是對她我只有佩服的份。她絕頂聰明，懂得的事已超過她年齡該懂的，且還懂得比我多。她說話永遠很簡短，卻都一語命中要害。如果沒聽懂，要她多解釋些，她就說，就只能這樣說，再說感覺就不對了，反而愈說愈亂。或者她會說，你要自己想啊，我該說的都說了。

「一句話說的清楚的事，就不可以用兩句話說。其實話愈多常常只是把事物的感覺說渾了，不能命中要害。」這是那個當時十九歲女孩子說的話。直到多年以後，我開始拍東西以後，才對她這句話有了深刻了解。一個鏡頭能夠表達，就不要變成兩個鏡頭，感覺到了位置，不要怕觀衆不懂，你拚命想讓觀衆懂，結果卻是模糊了那原本已到了位置的感覺。雖然知道懂了，但我本性裡有種改不掉的叨叨絮絮。

過了這麼久以後，我想說，在我二十八歲時，遇到一個十九歲的老師。

桂花樹下

柯淑卿家不只有地瓜葉摘，她庭院裡有幾棵大桂花樹。

入秋後，一進她家庭院，空氣裡瀰漫著桂花香氣。尤其當一群人聊天聊到半夜，聊累了聊空虛了，也聊盡興該走了。推開門，夜涼如水幽幽桂花香，總讓人放緩腳步的晃過小庭院，在桂花樹下揮手說聲 bye bye！

有時在聊天的過程裡，總不免有些時候會想起身往庭院裡隨意晃晃，同樣夜涼如水幽幽桂花香，但屋裡還傳來朋友們淡淡的聊天聲音……卡夫卡、沈從文、費里尼、小津安二郎、楚浮、黃春明、張愛玲、廣欽老和尚……。屋裡昏黃燈光下榻榻米上坐著那幾個正聊得起勁的我的朋友們。看著她們，心裡生出一種莫名的幸福感，一種全新的，從未有過的幸福感。

記憶裡，夜風徐徐花香常漫，是我人生美好的時光。且我跟柯淑卿從朋友變成愛人，也跟這桂花香有些關係。

那天，素櫻找我到柯淑卿家摘桂花，說要炒桂花茶。桂花細細小小的，摘起來很費工，矮處素櫻摘，高處由我來摘。我站在枝枒樹幹上，專心摘著桂花，香氣濃郁撲鼻的摘著摘著，「林正盛，記得幫我跟老師請假啊，記得哦！」聽到柯淑卿叫我，專心摘桂花的我才點著頭說好的抬頭看向她，一看有些訝異，訝異的是她身上穿著打扮跟長期以來我看到的她有很大的不一樣，最大的不一樣是一襲深藍色長裙，記得上身是件黑線條格子的套衫。我看著這樣子的她，忽然產生一種微妙心情，看著她交代我們摘完桂花記得把門帶上，交代完出門走在圍牆外，走了幾步才想到抬頭跟我跟素櫻揮手說 bye bye，然後腳步輕盈的走到轉角下階梯去。這時站在桂花樹上的我，在微妙心情裡想著，我跟她的關係，或許可以在「朋友」前面加個「女」字，及加個「男」字。

那天，柯淑卿剛好要回她岡山家，她穿著打扮比較女性化，而不是平常的中性穿著。且我剛好被素櫻找來摘桂花，因而看到了。

接著有一次，柯淑卿知道我長期睡在地板上，覺得我這樣不是辦法。而剛好有個素櫻朋友，叫老小姐（姓老，人不老）的，她搬了些東西來寄放，其中有五、六塊榻榻米。柯淑卿就用那五、六塊榻榻米，及原本舊有的桌椅，幫我在客廳角落佈置了個小臥房。

當初我跟父親借了一萬元搬到新店住時，就打定主意不再跟我父親借錢。可是省吃儉用過了將近四個月後，這一萬元也快花光了。眼看著就要山窮水盡時，柯淑卿知道後，就說可以借我一萬元。那一萬元幫我度過人生最尷尬的困境，不但讓我順利讀完編導班高級班，且同時真的不用跟我父親再開口借錢。那時我跟柯淑卿之間已經隱約有了愛情的影子，至少我自己當時是這樣感覺。

過沒多久，我們的愛情影子明朗了。後來我們申請到編導班一筆經費，有機會拍一部八釐米短片。於是我跟她，再加上幾個編導班同學們來當攝影師，當燈光師，一起把片子完成。片名叫《樂觀的人》。

拍完《樂觀的人》，編導班接近尾聲，我離開船艙般的房子，搬過去跟柯淑卿一起住。接著就在我們住的地方，開始土法煉鋼的進行影片剪接、配音的後製工作。忙了快兩個月，完成了影片，但由於沒經驗，不知道八釐米聲帶很窄，禁不起我不斷更改重複配音，配到最後整個聲音糊糊的。對我來說這是一部失敗但讓我學習到很多經驗的作品。

結婚

柯淑卿借我一萬元，讓我能順利讀完電影編導班。同時也在有片場經驗的她幫忙下完成了一部八釐米短片，短片在農曆過年前完成。完成後各自回去過年，我跟柯淑卿約定大年初二去她家，跟她家人碰面。

自從我跟父親要了最後一次錢，拿了他一萬元，住到新店那間船艙般的房子後，就一直沒再回家，只偶爾打過幾次電話回家。一直到過年時才回家，這期間已經過了九個月左右。過年回家，當我跟父親說，我可能要結婚了。父親一臉訝異的說：「鬼要嫁你啊，別騙我了。」父親不相信，他說我現在這個樣子，誰敢嫁你呀，走不知道路的才會嫁給你。當我耐著性子一五一十的跟他說淸楚，我跟柯淑卿的狀況時，父親才慢慢相信，而變得開心。

大年初二早上，當我要出門去岡山柯淑卿家時，父親看家裡年菜還很多，就幫我準備了一個便當，讓我在車上吃，省點開銷。

當我在車上吃完這個便當後，很自然就隨手放進一個當時我常背在肩上的手工縫製皮包袋裡。沒想到在一腳跨進柯淑卿家家門時，不小心皮包袋滑落，便當盒掉出來，空便當盒摔出一串淸脆聲音，讓我一時很尷尬，卻看到我岳母面帶微笑看著我。這是我上柯淑卿家的見面禮，像是擲筊擲了個「聖杯」。

後來回想起來，當我摔出一串空便當盒淸脆聲時，或許我岳母在那時已心裡同意了把女兒嫁給我。我一直是這麼猜想的。畢竟會帶著便當出門的人不多了，雖然便當是我父親準備的，但那時我的確已過著一種單純簡樸生活，已脫離了我以前那虛華奢侈的荒唐生活。

由於我岳父母的開通，讓我跟柯淑卿的結婚變成一件很簡單的事。在當時我一無所有的情況下，若非岳父母的體諒，我如何能結婚。還記得當時爲了要我回娘家請客時穿西裝的事，我還寫了一封信給我岳父，請求他同意我不用穿西裝回去，因爲平常日子裡我又不穿西裝，爲了結婚做一套西裝是很划不來的事。當時我岳父沒回我信，聽到柯淑卿轉述說，我小舅子只說了一句話，叫他穿內褲回來不會啊。當我聽到柯淑卿轉述後，突然覺得自己很好笑，竟然爲了一個結婚穿西裝的事，在討價還價。而忘了人家把女兒養這麼大嫁給你，就只這麼一點點要求，其餘的繁文縟節幾乎都免了，連聘金結婚禮餅都免了，我還在囉嗦什麼。

我們拍結婚照時，拍照的婚紗禮服是一個朋友從婚紗公司帶出來的。而幫我們拍照的是那個當小學老師，且當我八釐米短片攝影師的編導班同學。一切都是免費的，只花了底片跟沖印的錢。

結婚那天，早上先回鶯歌家拜祖先。拜完祖先，經由大姊夫的安排在迪化街一家海鮮餐廳請客，擺了二、三桌，請的都是雙方家族親戚。還是請那當小學老師的同學幫我們拍照，留下一些紀錄。

我在人生最困境的時候結婚，我的家人及親戚們都完全意外，錯愕驚喜的看著我跟柯淑卿眞的結婚了。

結婚三天後，第一次回娘家，柯淑卿家請客，場面盛大隆重，讓我感受到一種南部人的豪情。這是我十六歲離家，進入台北都市生活了這許多年來，幾乎沒有感受到了的。光是柯淑卿家那些親戚們，我是剛叫完這個，又忘了那個。直到多年後，我才淸楚的知道誰是誰，才不會認錯人，叫錯稱呼。

結婚後，我岳父大約是看她女兒嫁了我這窮小子，怕會跟著我餓肚子，所以還拿了九萬元給柯淑卿。這筆錢，安頓了我們結婚後的生活。

跟柯淑卿結婚對我的人生有很大的影響，尤其是對家庭的感受。我是一個從惡裡學習成長過來的，從小對家庭溫暖的感受總是片段而短暫，更多的是看到一家人的彼此折磨。相互折磨住在同一個屋簷下，只因爲我們是流著相同血液的一家人。這樣長大的我，對家庭懷有很深的宿命感，且因而淹蓋了那些曾經有過的片刻溫暖感受。

跟柯淑卿結婚後，我才眞實感受到，原來人其實是可以很陽光長大的。柯淑卿就是很陽光的長大。她出生在一個公務員家庭裡，從小父親在郵局上班，領著一份固定薪水，按部就班的把兒女養大，且給予兒女們有適度自由去選擇自己的未來人生。據柯淑卿說，小時候他們家小孩很少被打，通常被罵就是很嚴重的事了。

吃晚飯時，我最能感受到一份家庭和樂的氣氛。晚飯時間是定在她祖父看完閩南語連續劇之後，在這之前家裡大大小小都陸陸續續洗完澡，祖父一看完連續劇，時間到一家人就上桌吃飯，有說有笑閒話家常。

在柯淑卿記憶裡，小時候睡覺前，她父母親還會說故事給他們聽，說的是陳三五娘、陳世美反奸……等等敎忠敎孝的民間傳說故事。這是我小時候從來沒有過的事，我的故事永遠是我祖父口中聽來的那些英雄了得的歷史神話人物。

我跟柯淑卿是三月二十九日結婚的。結婚後，我們天眞浪漫，毫不懷疑的就要往拍電影的人生走去。且都認爲既然要走電影這條路，在看得見的未來，至少十年內是無法安定的。

所以我們不敢想生小孩的事，於是我提出我去結紮，她同意，所以我就去結紮。

生孩子，對我來說是很嚴重的事。孩子生了，重心當然就是孩子，享受他帶給你的喜悅，也就同時必須付出爲人父母的責任。有了孩子，要爲他調整人生方向，改變生活方式，要工作賺錢，給孩子一個安定的家。如果做不到這些，那就不要生了，與其生了小孩之後，做個自私父親，還不如現在就承認自己的自私，不要生小孩。

當時，我們（尤其是我）是那麼一意自私的要往電影的路走去。

而我這個長期叛逆折磨父親的人，也許心裡底層害怕著時間循環，到頭來輪到我被自己的兒女叛逆折磨。這是我當時結紮前後那段時間常拿來調侃自己說的話。如今看來卻是更能反映出那時我決定結紮的心情。

其實在結紮之前，柯淑卿已墮了一次胎。雖然每次做愛都有戴保險套，但還是意外發生，懷孕了。柯淑卿對自己的身體很敏感，懷孕半個多月，她就感受到了。去醫院檢查前，我們就做了決定，如果檢查出有懷孕，那就順便墮胎。果然懷孕，也就墮胎了。還好才剛懷孕不久，墮胎手術時間不長，讓在外面等待擔心的我，還來不及擔心到胡思亂想時，就已看到她走出來了。出醫院後，我問她痛不痛，她淡淡回答一句說：「還好。」想起來當時是問了個白癡問題，當然痛啊，還用問。

接著換我結紮時，就知道有多痛了。

結紮這件事，原本在家庭計畫裡是可以申請做免費結紮的。我們照程序提出申請，也獲得允許。但當我躺在手術台上時，醫生隨口問我結婚幾年了，生了幾個小孩。我很自然的回答說，剛結婚還沒生小孩。於是醫生立刻停止，不願意幫我做結紮手術，還義正詞嚴把我訓了一頓，告訴我傳宗接代不孝有三……。最後還說，今天我不幫你結紮，你以後一定會感謝我的，如果我幫你做了結紮，以後你一定會後悔，會恨我的。最後我們只好離開，在公立醫院做不成，就只好自己花錢到私立醫院做。私立醫院的醫生也很猶豫，我跟柯淑卿費了一番唇舌才說服了那醫生幫我做了結紮手術。

躺在手術台時，我等著麻醉，但看著醫生戴手套，拿手術用剪刀……都準備好後，也沒麻醉的就拿著剪刀往我鼠蹊內側用力一剪，「啊！」悶哼一聲的突然一痛，突然的令我完全沒準備。「痛哦！」醫生完全是一副興災樂禍的調皮樣子。剪開後才開始麻醉，麻醉後就拿把手術鉗夾住我的輸精管，夾住拉出來打個結綁住。醫生邊做這些動作邊告訴我說，做結紮手術，一定要剪開後才做麻醉。當結紮完一邊，要結紮另一邊，當醫生拿起剪刀時，我已經咬緊牙根先痛著等，等剪刀靠近時那用力一剪……。

出醫院時，我不用等柯淑卿問，就自己說出那結紮時剪刀一剪有多痛的感覺。想起來我跟柯淑卿竟如此不同，我像個小孩子，永遠外放我的感受。而柯淑卿內斂自己感受，自己承受，同時要承受我的感受。

結紮後，柯淑卿一個實踐家專的同學，叫秀端。她還提了一個蛋糕來慶祝我結紮，慶祝我們勇敢的做了決定。在慶祝的聊天裡，我們聊到說，結紮了，從此一輩子沒兒沒女，老的時候可能會很寂寞吧。可是，誰又敢保證有了兒女，老了就不寂寞。萬一明明有兒女，卻還活得像沒兒沒女般的老人，這樣的寂寞多可怕啊。在聊著這些時，我想到那個被我折磨的我父親，想到那個被我父親折磨的我祖父……。

墮胎，結紮，是當時我們結婚後兩個月內做了的事。

隔了十幾年後，回想當初做這兩個決定，心裡既無後悔也不認爲自己做了甚麼了不起的決定。只是清楚的知道當初當我們做了那樣的決定時，就注定我們的人生將會失去些甚麼？同時也當然會得到些甚麼？失去的是爲人父母這樣的人生學習經驗，我們是不會有的了。而得到的，最重要的不是我們終於拍了電影這件事，而是因爲沒小孩，而使得我們夫妻關係更直接更緊密，好起來快樂加倍，當然吵起架來也就痛苦加倍。

結婚後，文藝老青年的高談闊論，仍不時進行著。唯一我比別人實在的地方，就是我開始寫故事。寫劇本，明知道寫了也不可能拍成電影，但就是寫，寫了參加新聞局優良劇本甄選，但我總是摃龜沒得獎。沒得獎就把評審們罵一遍，算是了事，然後繼續寫劇本。寫到後來，得了一次優良故事五萬元獎金，算是我們貧窮年代賺到的一筆大錢。

寫劇本，但同時也得面對生活，劇本是自己想寫要寫的，寫了也沒人要，賣不到錢，而生活是需要錢的。爲了生活，我們上清境農場打工，那是結婚三個月以後的事，記得是端午節過後上清境農場打工的。

妹妹妳大膽的往前走

TAKE 12

未來，一直來一直來……

都是在梨山經營果園那年的照片。那是我跟柯淑卿最快樂幸福的一年。現在看著照片裡的自己，好像失去了些甚麼。
失去的是當年我們那彼此壯膽，結伴同行的單純美好。如今回首記住溫熱這樣的美好，然後往前走出新的美好。

上清境

上清境打工，是那個瘦瘦小小女同學建議我們的，且陪著我們上清境農場。到達清境農場後，我們就沿著賣給觀光客的水果攤問，運氣好，問了幾家就問到了工作，採收加州李。老闆住埔里，我們因爲需要買點東西，當天就跟他下山，買了東西，在老闆埔里家過了一夜。

隔天一大清早，才又跟著老闆坐公路局上清境。那天霧很濃，車子繞在迷霧裡的山路，彎來繞去，有時穿出迷霧，頓時眼前山景豁然開朗。

經過霧峰，當車子繞過一個山路彎道時，居高臨下的看著整個霧峰水潭浸在茫茫迷霧裡，而潭邊遠山霧中飄渺。感覺到好像又回到小時候，這是在多年都市生活裡遺忘很久了的感覺。

抵達工寮時，霧更濃。站在工寮門前，往坡崖下看，是一片浸在霧裡的果園，霧濃，幾公尺外就只見樹影隱約，再來就白茫茫一片。往前看去，猜想著白霧茫茫裡的對面會是怎樣的風景，或許會是一片視野遼闊吧。轉身回屋裡聽老闆交代了些工作上的事，過沒多久再回身時，突然一陣錯愕，剎那間霧已漸散，而眼前浮出對面一座大山，很近，像貼在眼前般。剎那的令我無言，只能讚嘆。

接著就開始工作，我的工作除了摘加州李外，還要把摘好的加州李，一簍簍挑回工寮裡。而柯淑卿就除了摘外，還要包裝裝箱。工作雖然勞累，但大自然給我們的回饋，常讓我們忘記工作上的勞累。

多年後，每當回想起在清境農場打工那段日子，就覺得那是我們的蜜月。工作雖然辛苦，但老闆一家每天都回埔里，把整個工寮讓給我們兩個人住，所以在工寮裡生活的很自在。尤其當傍晚起霧時，老闆一家也收工走了，我們打開所有門窗，看著霧飄進來，慢慢沁滿整個屋子，且沁入我們身體裡，渾身包圍著我們。

傍晚霧起時分，有時我們會在清境農場亂繞，去看綿羊，去看牛群。記憶中有幾次經驗是印象特別深刻的。有一次是我們走在一片茫茫白霧裡，四野遠近啼叫著不知名鳥叫聲，眼前只見很近的樹影……突然間，遠遠傳來一個山地少女清亮的歌聲，遠遠的，愈唱愈近……而慢慢在茫茫白霧裡浮現走來那唱歌少女的身影，走近看到我們時，臉上露出些許羞澀笑容，而小聲唱歌的跟我們擦身而過，擦身而過後又漸漸大聲唱起歌來，回頭看她身影慢慢沒入茫茫白霧裡。

有一次是下雨過後，我們走在青青草原上，柯淑卿突然看到甚麼的訝異叫著我看，我轉頭看去也訝異看得呆了。原來是天邊一條顏色鮮艷彩虹，鮮艷的只見大紅大綠大藍，像是把其他顏色都給吃掉了。吃掉其他顏色，只見大紅大藍大綠的彩虹，顯得招搖而放肆。

「多麼美麗而空虛的彩虹啊！」多年後每當回憶起那條顏色鮮豔的彩虹時，心裡總浮現這句話。同時也浮現當年我們看著彩虹，那嘖嘖稱奇的樣子。

有時下雨，坐在窗口邊看著雨中的山野，邊聊天，聊的都是些身邊熟悉的人與事。二個個性極度不同的人，她一言我一語，像是揮舞著雕刻刀般，總要把人把事雕刻出立體的樣子，才罷休。柯淑卿甚麼都可以讓我，但只要談起事情來，就絕不相讓。因爲對她來說這是關乎眞理的事。而那時期的我，還沒自覺到有形成自己明確的眞理，而是像海綿般吸收著柯淑卿的眞理。更準確的說，其實那時期的我像是在生命再來過的重新走過兒童期，就連在感情上也是深深依賴著做我妻子的她。

意外發現果園裡有許多馬鈴薯，我挖了馬鈴薯，炸薯條、薯片，還有煮我小時候自己發明的馬鈴薯蛋花湯。有一次在暮色深濃近黑的天光裡，發現農場場本部附近一個水池裡好像有青蛙，我跟柯淑卿跳進水裡興奮的捉了一堆青蛙，回到工寮裡，燈光下一看，原來都是蟾蜍。兩人一陣爆笑後，只好都往果園裡放生。

岳父岳母照著我們寫回家信上的地址，找到埔里老闆家，老闆帶他們上山來到工寮。看到岳父岳母時，我一時傻眼，沒想到他們會跑來看我們。「……女兒跟著我這樣一個人，終究是不放心……」這是我當時的心虛。但岳父岳母始終沒說一句責備的話，還淡淡笑容的看著我挑著一擔水果走在果園陡坡裡，氣喘如牛的爬上陡坡，挑著走過他身邊時，岳父問我：「這麼陡的坡，行嗎？」我點著頭，挑進工寮裡。

傍晚，我下廚煮了幾道菜，算是招待岳父岳母。當晚岳父岳母跟我們睡在工寮裡。臨睡前，岳父跟我說：「咱做查埔人（男人）的，不要放查某人（女人）一個人回娘家，尤其是才剛結婚。」他一說我才想到前些日子，我因剛結紮完，柯淑卿體諒我，讓我在家休息，她自己一個人回家過端午節。岳父說的是這件事，我回答說知道了。在更早以前，當岳父確定要把女兒嫁給我時，有天早上他找我一起出門去廟裡拜拜，沿路上遇到鄰居熟人跟親戚時，他總是跟人介紹說：「這是卿仔伊頭家（丈夫）啦！」那天在岳父那樣的介紹裡，我感受到一種被接納的幸福。

「行嗎？過這樣的日子，他們心裡在想甚麼啊？」或許當年岳父岳母這樣想在心裡，擔心著跑到清境果園打工的我們。

清境果園打工，是我十六歲離家，在台北都市裡生活了十四年之後，又再次回到童年時那踩在土地裡討生活的感覺。男工六百，女工四百五，吃住都老闆供應，幾乎沒什麼開銷。打工了兩個月左右，存了一筆錢，回到台北，省吃儉用，這筆錢又可以讓我們過好一陣子了。

亡命之徒

結婚後，我們一直還是住在新店。之前住在船艙般屋子時認識的那些朋友們也大都住在新店附近。那時因爲常聚會，聚在一起喝酒聊天，也就開玩笑調侃說我們是新店幫。有個住安坑的朋友，叫黃翰荻。那時他常常從安坑獨自散步到新店。有時會到我們家坐坐，喝喝茶閒聊幾句。那時他常開玩笑叫我歐吉桑，或者叫做麵包的。記得剛到清境農場時，我曾寫封信給他，信裡描繪初到清境時的心情，及眼中所見的情景。後來，黃翰荻常開玩笑說，那個做麵包仔還會寫詩哦。

後來他也搬到新店住，住在半山邊一戶平房。於是成了我們隔壁巷子的鄰居，沒事就常去他那兒晃晃，坐在他那視野遼闊的庭院聊天，聊人生聊生活。記得有幾次聽他說到如果你要走藝術創作這條路，那其實你好比是個亡命之徒，不能想未來的人。如果你想著要繁華聲名，盤算著如何生活安穩，富裕人生。那就趁早別走藝術創作這條路。要走藝術創作這條路，唯一就只有老老實實的做，當下即是。

正巧那時我正深受廣欽老和尚一句：「老實唸佛。」這句話的影響。雖然我不唸佛，但老實二字，我已在生活裡奉行起來。也因此對黃翰荻那句老老實實的做，當下即是。聽了很有感受。

更鬼使神差的是，過不久看到一篇談論沈從文的文章，文章裡提到當初沈從文從湘西跑到北京，一心想往文學發展，但起初寫出來的文章沒人登，郁達夫去看他時，天冷，他縮著身子寫東西。後來郁達夫帶他去吃頓飯，臨走還留了點錢給沈從文。文章中還提到在沈從文最窮困時，他一個在北京當警察的表姊夫，跟他說如果你願意我幫你介紹，你也可以在北京當個警察，不用再挨餓受凍。可沈從文說，若我人生只是要當個警察，那就不用大老遠跑到北京，我在湘西也可以當警察。現在我到了北京長了見識，且想拿起筆來寫些過往我在太陽底下曾經活過的新鮮事。那我是回不了頭當警察，就只有繼續往前走，也許在哪個路邊溝邊倒下了，就算我人生了事了。

鬼使神差讓我看到沈從文這篇報導，也就更加深了我認同黃翰荻所說的「亡命之徒」這樣的想法。

就這樣更堅定了我在小津安二郎的《東京物語》這部電影裡所興起的電影熱情，跟信仰。許多年後，當我站在小津墓前時，我跟他說：「小津先生，你大約想不到吧，在你死後這麼久，在遙遠的台灣，有個年輕人因爲看了你的電影，而改變了人生態度，而懂得珍惜他父親，他的家人……」這就是我眼中電影最珍貴的價值，也是我心裡對電影最本質的信仰。

當年我對沈從文也投射了一份濃厚認同感。因爲我總認爲我生命背景裡有些是跟沈從文很像的，我們都在邊陲之地成長，都是鄉下長大的小孩。長大後，且還改不了一種鄉下人的拗脾氣，多少還帶著點傻氣。唯一不同是，沈從文小時候可沒像我對家人做過這麼多壞事。

「不要怕，現在這個時代餓不死人的，」那時我常這樣跟柯淑卿說。二個人就這樣傻呼呼，結伴壯膽同行，走向電影。

你能不能不要一直穿短褲啊？

從清境回來，寫了一陣子劇本後，剛好遇上金馬獎國際電影節正要開始。我們一個朋友老嘉華，她介紹我去電影圖書館打工，做國際電影節賣票、清場、門口賣書的工作。

這個工作理所當然是看了很多免費電影。那年看過的電影裡，印象最深的是塔可夫斯基的《犧牲》和侯麥的《綠光》。《犧牲》我看了四、五遍，《綠光》看了二、三遍。看《犧牲》，每當結尾時，我總是淚水盈眶看著那小孩提水澆著枯樹，口中還問著：「爸爸，甚麼是太初之道……」無以言喻，只能感動。《綠光》的結尾，當海天邊際真的綠光一閃時，我跟著女主角一起感動落淚。

除了看免費電影以外，當然我們是來工作的。所以工作總是要擺在看電影之前，我算是分內工作做的還不錯，讓徐立功對我有個好印象。

那時，我跟柯淑卿過著簡單樸素的生活，每天中午要不是我自己帶便當來吃，就是柯淑卿幫我送便當來，當然她也就順便看場免費電影。吃便當，再加上我從編導班以來就養成穿短褲習慣。這讓徐立功對我有種複雜情緒，他看我工作算是認真，卻不習慣我穿短褲T恤的樣子。大約是忍耐了很久，有一天他終於忍不住地對我說：「林正盛，你真的很不錯啦，可是你就不能不要穿短褲，穿個長褲嘛！」我聽了只是傻笑，回去翻了翻我那些衣服，實在是沒有夏天穿的長褲。隔天，我仍然一身短褲T恤的去工作。之後徐立功又說了我一二次短褲T恤的事。但在打工結束後，他發給我一個工作獎金的紅包，所有工讀生裡只我領到他紅包。看來工作認真還是戰勝了短褲T恤。

很久很久以後，當我的第一部電影《春花夢露》要去坎城參展時，那時已成爲我電影投資老闆的徐立功，他擔心我坎城之行的穿著，拿了塊西裝布料給我，讓我去做一套西裝。同時還拿了一套西裝送我，讓我到坎城有二套西裝替換。

徐立功，就是這樣的人，像長者一樣。關心的不只是我把電影拍得好或壞，還關心著我的生活。

電影年那年，我拍《傳家寶》時，身邊的錢快用光，連生活費都快沒了。徐立功知道後就拿了十萬元借我，讓我順利拍完《傳家寶》。

上梨山

從報紙上，我們得知侯孝賢要籌拍《悲情城市》。侯孝賢是我跟柯淑卿都很喜歡，且崇拜的導演。於是柯淑卿就鼓起勇氣試著打電話給他，問他能不能讓我們去工作跟片，電話中，侯孝賢叫柯淑卿跟他副導黃建和連絡。跟黃建和連絡後，約在一家咖啡廳見面，大約說定了柯淑卿去當場記，而我看著辦，或許可以當個攝影小助理。跟黃建和碰完面後，想到不久我們就要開始拍電影，且是跟著侯孝賢導演拍電影。我們想著就很開心。

想不到《悲情城市》一波三折，籌備了很久一直沒開拍。等了半年多後，我們身上的錢快花光了，爲了生活必須工作，所以在朋友介紹下，我們上梨山打工。跟我們一起上山打工的還有那個把沈從文介紹給我的那個瘦瘦小小男同學。這男同學，這時已成了跟我們分租房子的室友。

上梨山，我們先找到朋友介紹我們找的阿海。阿海在國光營區站牌上方有個小果園。在那裡找到他，受他熱情招待，炒了野菜請我們，且幫我們介紹了工作。

我們第一個工作是幫梨子、蘋果套袋子。工作的地方剛好在阿海跟他哥哥家的斜對面山坡上，隔著德基水庫對望。有一天，午後下了一場雨，老闆說放假不工作。雨停後，我們三個人穿著雨鞋，手上拿著砍刀出發去對面阿海他們家。我們三人順著果園小路往下走，走到沒路就自己開路，一路下到德基水庫邊，找到一條吊橋，過吊橋走到對面。然後又沒路開路的一路走到果園裡，順著果園小路走到阿海他們家。

那天，阿海跟他哥哥桂成熱情招待我們，找來附近鄰居，不醉不歸的盡情喝著他們自釀的蘋果酒。這種自釀的蘋果酒是經過蒸餾過的白乾，酒精濃度甚至超過高粱酒，但很醇很香很好入口。身處大自然裡，人自然而然就心底生出一份豪情，酒一杯一杯接著喝。尤其是一個大家都叫他韓伯伯的老人，在他的豪性裡我們跟著他一杯又一杯。最後我們三人都醉的亂七八糟，倒在地上就睡，棉被還是他們幫我們蓋的。

第二天酒醒，完全沒有頭痛欲裂的感覺，照常回去上工套袋子。我想那是因爲我們喝的酒很純，不會有副作用的關係。

回想起來，那是我少有喝酒喝的這麼痛快的經驗。

上梨山打工後，因爲怕電影開拍時，黃建和連絡不到我們，所以每換一個工寮就跟黃建和連絡，留個新電話給他。可是有一天，我們卻在報紙上看到《悲情城市》開拍了，那時心裡有很深的挫敗感，心裡想著爲什麼沒連絡我們？直到很久以後，我自己拍了電影，才知道原來拍電影這件事是充滿變數的，還沒開拍前都是在空中飄呀飄，所有的決定隨時都在改變，沒有什麼是眞的。電影只有到開拍了，才眞的算數。

到自己拍了電影後，我才理解到當年《悲情城市》開拍時，爲什麼沒人通知我們。甚至在我拍了電影後，自己也這樣的辜負了幾個朋友。

懷著挫敗感，我們繼續留在梨山打工賺錢。一個果園工作做完後，就轉到下一個果園工作，那時果園裡的工作都是套袋子。當袋子都套完後，離採收期還有一段時間，我們就上福壽山農場，到菜區去工作。幫人家種蒜，種高麗菜。也到過華崗菜區幫人採收高麗菜，扛高麗菜。當然扛高麗菜是我想多賺點錢，而跟老闆自願要求做的。

柯淑卿從小雖住岡山鄉下，但從沒下過田工作過，我常玩笑說她是五穀不分的鄉下人。從沒下過田工作過的她，竟然能在梨山一直工作下去，眞是不容易。

到了梨子開始採收時，我們又回到果園工作。也是一家果園做過一家果園，直到採收期結束，我們工作完最後一家果園時，突然生出一種留在梨山的念頭。會想留在梨山，一來是因爲我們很喜歡最後工作那塊果園，不但視野開闊，而且果園裡有一棟瓦房，這在梨山果園裡是很少有的。二來由於一種對電影的挫敗，而心想大概我們跟電影是無緣的吧。所以我們決定租下這塊果園，留在梨山做果農。「……只要能養活我們，不一定要賺大錢，也許我們就在梨山過一輩子吧……」。那時我跟柯淑卿是懷著這樣的想法留在梨山經營起果園。

少年仔

租下了果園，梨山一個朋友開著小卡車跟我們下山，到新店幫我們搬家，搬到梨山。

當我們搬家完，且都安頓好一切，開始在果園裡生活起來。這時一隻小狗加入了我們的生活。以前我們在福壽山農場打工時的一個老闆，他們家母狗生了一窩小狗。這老闆知道我們留在梨山做果園，就問我們要不要養狗，我們一聽很好啊，在山上養隻狗作伴。

於是開著搬運車從我們果園所在的老部落出發，一路開上福壽山農場，去那老闆家抱一隻小狗養。到了一看傻眼了，所有的小狗都跟著他們媽媽躲在日本式房子，木板釘成的地板下面的縫隙裡。我只好蹲著不斷逗著小狗們，逗了一會兒，才慢慢爬過來一隻小狗，有點害怕的靠近……伸出小舌頭輕輕舔我手指頭。這隻狗後來我們叫他少年仔，我覺得是他選擇了我們，而不是我們選擇他。

那天把他放在一個紙箱裡，搬上搬運車，載他回老部落。一路上他跟柯淑卿坐後面，生平第一趟遠行，讓他在搬運車上不安嚇得尿濕了紙箱。那時他還不到一個月大，開始要面對新環境。

會叫少年仔這個名字，完全是一個意外。剛抱回來時，一時也不知道該給他取個什麼樣的名字。他很小還要用奶瓶餵他吃奶，整天就繞在我們的腳邊跑，在他眼中我們的腳像四根大柱子，他喜歡繞著這四根大柱子走，邊走還要邊玩，實在是擔心會踩到他。有時就忍不住對他說：「喂！少年仔！閃開一點好不好。」叫了一陣子後，有一天突然覺得，乾脆就叫他少年仔好了。就這樣從此叫他少年仔，至今他已活過十三個年頭，照人的年紀算應該是七、八十歲的老人了，但他還是叫少年仔。這是當初給牠取名字時，沒想到的事。

少年仔是隻絕頂聰明的狗，很多事只要教他一遍就會了。

他從小跟我們很近，我們去果園工作，他跟著去果園。我們坐的沙發他也可以坐，榻榻米他也可以上去。唯一只有我們睡覺的床不讓他上去。

有一天，我們在果園工作，突然沒看到他，但也沒太在意，以為他自己跑去玩了。直到我們收工回到屋子裡，看到他雙腳趴著，姿勢優雅的臥睡在床上，眼睛發亮的看著我們，好像在問：「可以哦？這樣……」當然不可以，他被我們罵下床，還打了他幾下。隔了幾天後，有一天我們在果園工作，他又消失了。這次當我們收工回到工寮時，他已站在門口搖著尾巴迎接我們。但後來我們看到他留在床上的腳印，於是他又難逃被我罵被打。從此以後，他再也沒上那個床了。

還有一件事，是關於他跟雞之間的事。他跟所有的狗一樣，當然會去追雞、咬雞。雞是隔壁果園人家養的，少年仔咬死人家的雞，人家當然會來告狀。爲了人的和睦相處，我就只好處罰少年仔。我把他抓靠近被他咬死的雞，然後打他嘴巴。記得對他做這樣的處罰，沒超過二次，從此他就離那些雞遠遠的，有時甚至還被公雞啄，跑給公雞追。直到有一次我大姊夫上來，帶了一堆滷味，連著雞頭的雞脖子要給少年仔吃，沒想到當這些連著雞頭的雞脖子倒在他面前時，他不但不吃還趕緊走開，像是那雞頭還會啄他似的。直到那時我才知道少年仔對雞懷有害怕情結。除了怕雞隻外，少年仔還怕水怕洗澡。說起他怕水這一件事，說起來是我對不起他，他的怕水是我造成的。起因是大約在他半歲時，有一次，黃翰荻跟幾個朋友到山上找我們玩。有天下午我們順著小山路走下德基水庫去玩，天氣很熱，我們就下水游泳。我一時興起就抱著少年仔往水裡衝，沒想到少年仔嚇得用他的狗爬式拚命往岸上游，可是我不放過他的重複把他抓回河中央，來回幾次他都拚命往岸邊游。從此以後牠對水懷著恐懼，非常害怕洗澡，一聽到洗澡二字，就往桌子底下或椅子底下鑽。直到前二年約是老了，因爲聽力不好，聽不清楚我們喊他洗澡。也就不再害怕聽到洗澡二個字。

養少年仔讓我們得到很多快樂，他跟所有狗一樣都有很野的習性。但因爲我們要跟他生活在一起，就難免要改變他一些習性，但有時又怕對他太凶他會離我們遠遠的，所以拿捏之間是很大的學習。

少年仔從他小時候，一直到現在他老了，在他身上有一種感覺一直沒變，就是他有一種憂鬱小生的感覺。

少年仔是在山上長大的狗，我們曾經看過他繞著果園滿山跑的樣子。看他站在山坡陵線上，陽光燦爛灑他滿身，一身光華雄赳赳氣昂昂。

我還記得他第一次交女朋友時的樣子。是在梨山街上，那時我們水蜜桃開始收成，擺在老汪肥料店前賣，隔壁是自強餐館。有一天，我看到少年仔咬著一根人家沒吃完的雞腿，咬著走過馬路，走到對街水溝邊空地上給一隻母狗，也就是他女朋友吃。那個樣子我至今記得，他就站在旁邊看著他女朋友吃。我跟柯淑卿開玩笑說，我們家兒子未免也太多情了一點，柯淑卿說，那好啊。

後來，當我們離開梨山時，他就跟著我們。剛下梨山，住回新店時，少年仔才一歲多。當時他在我們新店家附近可是稱王。

從此少年仔跟著我們在都市裡住，住過新店，景美仙跡巖，一直到住在深坑。如今，他已十三歲，眼睛已白內障，聽力也已減退。半年前，我們搬家，住到新的地方，他為了維護地盤，對一隻已經欺進我們家門口的大黑狗發出警告的低吠，然而那隻大黑狗卻兇狠的欺身而上，咬了我們家少年仔一大口，咬在屁股上，流了些血。流血事小，傷了自尊事大。那陣子少年仔懷著挫敗，夾著尾巴過日子。我們只好常輕輕拍著他的頭，告訴他說，老了啦！人家年輕嘛！

前一陣子，發現他有個地方掉毛，像是皮膚病。去給醫生檢查，醫生還說他老了，肝功能有些不好，排毒能力有些失調，減低。

在風景裡討生活的人

我們的果園大約將近二甲地，蘋果有一百多棵，梨子二百棵左右，水蜜桃大棵的有二十棵，小棵的才剛開始生，有三十棵左右。

這塊果園是面對著德基水庫上游的七家彎溪，果園是一個坡坎一個坡坎的山坡地，很陡。打起藥來從上到下眞夠讓人喘的。

梨山這一年，我跟柯淑卿幾乎不再談電影了。而看的書也不再是費里尼、柏格曼、小津安二郎，或任何電影書籍，看的是《農藥世界》、《土壤與肥料》，尤其是一本《土壤與肥料》，幾乎成了我經營果園的聖經。再加上認識老汪以及松茂的游先生，再經由他們認識了許多果農，比如老周、阿博仔、邱錦煌、老張、AKIGI……。最多的時候，是一群人聚在老汪肥料店裡，喝著老汪泡的茶，高談闊論著如何經營果園，施肥呀剪枝呀，如何打藥呀，提高著果率……。每個人說來都有一套，可臭屁的很，不輸我們聊電影時的臭屁樣子。我那時只有聽的份，我最信任的人是老汪。

一群人聚在一起，除了談論農業技術以外，再來就是緬懷梨山過去曾經有過的黃金時代。經歷過那黃金時代的果農們，一說起那時代就眼睛發亮，可說完後就感傷埋怨起目前身處的困境。聽他們說，在黃金時代時，光一個蘋果的價錢，就可以發一個人二天的工資，但現在二箱蘋果還不夠發一個人一天的工資。在他們身上看到時代改變的無情，但曾經經歷過的繁華，總是難以忘懷的。

在梨山做果園那一年，感覺上好像是在風景裡討生活般。梨山一年四季變化分明，每個季節有每個季節的風景，且同時有每個季節各自不同的工作。

冬天。當樹葉掉光後，整個果園光禿禿的。而一片果園連過一片果園，就整座山光禿禿的。看起來蕭瑟蒼涼，甚至帶著肅殺之氣。天冷，晨間溫度都大約在攝氏四度左右，有時甚至到達零度。晨間大約是一天最冷的時候。由於天冷，早上打開水龍頭是沒水的，因爲水管裡的水結冰了，要等到太陽出來，把水管裡的冰曬融了，約是八九點時才有水來。水龍頭的水並不是自來水，是從山裡接來的泉水，要常去巡水源頭，去清。

通常深冬後，早上醒來會看到草面上結著一層薄薄的白霜。遠看草地上白成一片，近看草葉上白晶晶的。由於夠冷，蓋大棉被的溫暖，那一年冬天最有感受。白天工作時，身體在運動會發熱，所以還好。但當閒下聊天時，冷意就從腳底，從脖子滲進身體裡。所以從頭到腳幾乎都包的緊緊的。

冬天果園裡的工作，大約分成兩部分。首先是繞著樹頭把地挖開，挖開後把基肥埋進去。遇到樹根有病的樹，那就有得挖了，挖開後讓太陽曬個二、三天，殺菌。接著還要下有殺菌效果的黑肥。埋完基肥，做完樹根有病的治療工作後，休息一陣子，接著開始剪枝工作。那年經由老汪介紹，我們請教了一個梨山的剪枝老師父AKIGI，在AKIGI指導下，我們懞懞懂懂的粗略學會剪枝，很勇敢的自己就做完剪枝的工作。完成剪枝工作，冬天的工作告一段落。接著就等春天來，果樹開花發新芽。

春天。當春天一到，看到果樹花苞膨脹就快開花時，這時就趕緊打殺菌的農藥，幫果樹殺菌作好開花前的準備。梨子、蘋果、水蜜桃都是先開花再長出葉芽來。所以梨山春天的風景是從花開始的。光禿禿的山，慢慢開出一片片的桃花紅梨花白，慢慢又發出新芽，長出葉子而才又綠成一片。春天開花期，我們一顆心隨著天氣好壞七上八下，這時最怕遇到久雨不停。久雨不停，花就很難受粉，沒有受粉就不會著果，沒著果就等於那一年的收成沒了。

我們第一年做果農，所有資金成本都是柯淑卿的家人在支持我們。所以壓力特別大，偏偏開花期還連著下了幾天雨，一直到天晴時，我們才鬆了一口氣。

那年我們果園著果率還不錯，接著開始疏果，把果形不好的，或晚花著果的，或著果在位置不好地方的幼果給剪掉，儘量留住看起來就是會長很大的果子去成長。一棵果樹上平均留四百顆左右的果子，當然還要看果樹大小。在疏果的同時，開始要請工人來套小袋子，疏果跟套小袋子，約要在半個月左右完成。

爲了保護幼果不讓病菌感染而果皮變粗，所以大約一個星期要打一次農藥。對我來說，打農藥是所有事情裡最辛苦的。拉著管子滿山遍野的跑，喘得上氣不接下氣，還要帶著口罩穿著雨衣，全身密不通風，流汗流的雨衣裡的衣服都濕了，那種感覺好像被強迫洗了一個三溫暖。我們那塊果園每次打農藥都必須半天以上才打得完。而打農藥這件事，一定得我自己來做，不放心讓工人來做。除了打農藥以外，還要灑肥料，扛著肥料走在果園的陡坡上，幾棵樹就要放一包肥料。我們果園灑一次肥料，我大約要扛一百包左右的肥料。最厲害時，三、四十公斤裝的肥料，我一次可以扛二包。其實我這還不算甚麼，我曾經看過一個婦人一次扛三包。做果園就是這樣硬碰硬，直接花力氣在土地裡討生活。

套完小袋，看著果子漸漸長大，接著就是套大袋子。套大袋子時，有朋友介紹了二個二十歲左右的台北女孩來工作。一個叫美麗，一個叫逸莉，她們從套大袋子開始做起，一直做到水果採收完畢。她們是那年跟我們工作最久的工人。

那時美麗剛從輔大退學，心裡一堆亂七八糟想法。她是在戲院售票亭工作而認識逸莉的。二人剛好遇上金馬國際影展在她們工作的戲院放映，因此而認識了電影圖書館的人。當二人不想再做賣票工作時，電影圖書館的人就問她們，想不想上梨山打工，有對夫妻叫林正盛跟柯淑卿，在那邊種果樹。就這樣她們到了梨山跟我們一起工作。

當蘋果梨子套完大袋之後，夏天已悄悄來到。而滿山的果園早已綠成一片了，只可惜都套了袋子，有灰有黃有白，殺了夏天風景。

夏天剛到不久，端午節過後，水蜜桃就開始成熟了。水蜜桃價錢好，尤其是在梨山街上賣給觀光客，不只價錢好還立刻有現金收入。於是我們跟老汪商量，讓我在他肥料店前擺水蜜桃賣。剛開始，我跟柯淑卿都不好意思開口招呼客人，一副很像我們的水蜜桃就是好吃，客人們應該要自動上門。賣了一兩天生意不好，客人們並沒有自動上門。於是我只好鼓起勇氣像別的攤子般吆喝招呼客人，慢慢的客人上門，也就愈來愈有信心，愈吆喝愈大聲。但是同一棵果樹上長出的水果，本來就多少總會有些是不甜的。所以就難免會有客人買到不甜的水蜜桃，而來興師問罪。當然我們是抱著理虧可以挨罵，但有一次柯淑卿被罵急了，客人走後，傷心哭著的說，說我幹嘛種出不甜的水蜜桃讓她賣……。

那一年，我們家水蜜桃都是這樣的在梨山街上賣給觀光客。眞正大棵產量高的水蜜桃樹，總共也才不到二十棵。但那年我們水蜜桃賣了二十八萬左右，對我們是一種鼓舞，而對接著而來的梨子採收充滿信心。

但事情的發展，總跟人想的不一樣，甚至常是相反的。

終於到了梨子採收，那年梨子價錢奇差，所以將近二百棵的梨子，賣到的錢比水蜜桃多沒多少。再加上蘋果本來就價錢不好，所以，整個果園的收成總共在六十萬左右。到後來我們蘋果連寄都不寄，因爲一箱蘋果寄出去賣到的錢，連付紙箱包裝費及運費都不夠，所以我們就不寄了。我們把蘋果留下來，剁成一塊一塊做酒，大約做了十幾缸酒。

採收水蜜桃時，只有柯淑卿跟我就完成了。採收梨子、蘋果時，從台北來了許多年輕男女，沸沸騰騰的進行梨子、蘋果採收工作。

妹妹妳大膽的往前走

十六歲以前，最怕的就是放假時要到田裡工作。那時一心一意的要逃離農村，夢想著要到繁華都市裡，以爲到了那裡人生就美好了，就有一輩子好日子過。沒想到三十一歲時，我離開了那個我十六歲逃家時一心夢想的繁華都市，而跑到梨山這個地方，又回到像小時候時，過起一份兩隻腳踩在土裡工作的生活來。唯一的不同是，小時候是被大人逼著做的，而三十一歲上梨山做果園可是自己心甘情願的選擇。

至今回想起來，那一年可是雙腳緊緊踩在土地裡過著一份結結實實的生活。農忙時，從早到晚忙在果園裡，扛肥料，打農藥，拉著管子滿山跑，汗水溼透，氣喘如牛。但都是心甘情願。遇有不懂的問題就趕緊去請教老汪，去請教AKIGI。

山裡的生活很安靜，每個果園之間都隔了一段距離。在果園裡工作，觸目所及，除了柯淑卿跟少年仔之外，剩下的就是大自然。一片連過一片的果園，錯落著幾棟鐵皮屋工寮。遠遠的果園裡，偶見樹枝葉縫間閃動著小點般的隱約人影，忙碌著，都成了風景裡的一部分。

不看連成一片果園，回個頭看向對面大山。冬天時它會白了頭，山頭覆蓋著一層白雪，若連著幾天夠冷，雪越積越多，而滑掛在山谷間。順著山麓看往山腳下，山腳下是七家彎溪一路流來的溪水，積淹成了德基水庫上游。由於梨山過度開發的優養化，讓湖水深綠近黑，看起來厚厚重重，像似個深沉哀傷的老人。但到了多風季節，當湖面在陣陣微風吹拂下，泛動著一波波細細水紋，卻也在陽光下波光粼粼。

我們夫妻倆帶著狗兒子少年仔，日子大約就這樣安靜的過著。我跟柯淑卿從在一起後，就幾乎二十四小時在一起。在梨山時更是如此，且更純粹的倆人獨處，或在果園裡忙碌，或在工寮門口發呆，或閒聊，永遠都是兩個人，加上一隻狗。生活變的很單純，很單純的活在大自然裡呑吐著每個當時此刻的心情。

安靜單純的生活，有時不免有分寂寞，但生活在大自然裡，連寂寞都常是幸福的。寂寞時夫妻隨口聊二句，也就打發了。那時期我們聊最多的，除了果園工作外，就只剩下沈從文了。在當時那樣安靜單純的生活裡聊沈從文，看沈從文的書，是再舒服也不過的事了。

那一年，電影在我腦海中很慢很慢的淡了下去，遠了。偶爾想起也就只是偶爾，隨著時間過去書架上那幾本電影書籍，漸漸蒙上一層灰塵。唯一是當山下朋友來訪時，不免就騷動起一份對電影心情，總會忍不住又高談闊論起來，又意氣風發一番曾經有過的電影理想。

但朋友來了，給我們安靜的山上生活帶來了熱鬧。那一年來來去去的幾波朋友來訪，都恰如其分的在每個階段帶來熱鬧。剛拿果園沒多久，瘦瘦小小的男同學，跟那個藝專畢業的男同學來住了幾天。過不久柯淑卿實踐的同學，一行七、八人來住了二、三天，秋末夜空裡斗大的星星，讓她們留下深刻的記憶。柯淑卿這幾個同學是她讀實踐時的死黨。當時我剛跟柯淑卿在一起時，有一次還被柯淑卿帶去給她這些死黨們評鑑一下，記得除了口試之外，我還下廚煮了一桌簡單的便菜飯。

冬天是黃翰荻上來，遇到我們剛好在埋基肥，所以也就跟著忙了幾天。印象深刻的是，黃翰荻挖到一棵石頭特別多的果樹，挖了半天才挖好。他還自我調侃說，他就是命硬嘛，命硬到連挖樹都挖到最難挖的。後來春天時，黃翰荻又有上來住幾天，且帶來三個他搬到淡水後新認識的朋友。

寒假時，那個當老師的同學，帶著一個朋友上來住了一陣子。這個同學，後來暑假時又上來住了一陣子，還幫我設計了裝水果大紙箱上面的Mark。還在梨山街上跟著我們賣了一陣子水蜜桃。

一路上還有我的家人，及柯淑卿的家人，陸陸續續上來探望我們。直到進入套袋子的農忙期之後，隨著工人愈來愈多，也就熱鬧了起來。

其實最安靜的日子是冬天，且冬天的工作也沒有時間壓力的急迫性，只要順順的從容做下去就行了。那時果園剛拿，滿懷著希望的憧憬著隔年的豐收。同時也正開始適應學習當個果農，所以對認識的人都有一種親切感。且在舉目所見都是開闊的大自然，人跟人之間有了舒服的距離來互相觀看，碰個面點個頭，打個招呼寒暄幾句，生活裡的寂寞就都打發了。再寂寞，就開著搬運車往梨山街上去，往老汪肥料店一坐，喝著老汪泡的好茶，聽著果農們交換著果園管理的經驗。更多時候是聽老汪滔滔不絕的說著管理果園的種種，愈聽心裡就愈有分踏實感，愈敢去憧憬明年美好豐收的日子。

聽著聽著……天黑了，汪大嫂飯也煮好了，招呼著我們吃晚飯。吃過晚飯，老汪茶一泡，又繼續聊，聊到夜深，趴在腳邊的少年仔已經是頭一頓一頓的打著瞌睡，該回家了。

回家的路上，我開著搬運車，柯淑卿和少年仔坐後座，一路碰碰碰的碰在山裡產業道路上彎來繞去。或許是自己心裡一股豪情的發洩，或許是想到坐在我身後那個五穀不分的我妻子，如今卻因嫁了我而在這深山裡過起一份農人生活。在這樣心情裡我忍不住隨口引吭放聲高歌，歌聲響繞在四野漆黑的山野裡，唯有車頭車燈兀自亮著，照著前行的道路，歌聲混合搬運車碰碰聲，一路回家。

至今想起來，在我那破銅爛鐵般的歌聲裡，其實是在為我自己，也為我妻子壯膽。那時總是唱著，妹妹妳大膽的往前走啊……

……妹妹妳大膽的往前走啊……往前走，莫回頭，通天的大道啊，九千九百九……

一個陽光明亮的午後

TAKE 13

未 來 ， 一 直 來 一 直 來 ……

書寫是為了治療，是為了走出陰霾，走到陽光下伸伸懶腰，呼吸呼吸新鮮空氣。寫完這本書，我有了病歷表，有了病歷表，治療才正要開始，也就才要開始修行，直往現實裡面對，直往生活裡修去。書裡是為了讓心中一隻蝴蝶飛過……翩翩飛舞，人生盎然。

陳文發攝影

父親過世

就在我們水果剛採收完沒幾天，有天早上，我接到大姊跟大哥連著打來的電話，告訴我父親出車禍，在台大醫院急救，很像是沒希望了。

掛下電話，趕緊把果園交代給一個上山來幫我們工作的朋友，交代他幫我們顧著。這朋友工作結束後，留下來多住幾天，也因此我們聊了許多個人的人生境遇跟感觸。所以他知道我跟我父親之間的糾葛往事，當我跟柯淑卿臨出門時，他跟我說了一段話：「如果你父親醫不好，沒救了，你要平平靜靜，好好的送他走。千萬不要用對不起，或悔恨的心情送他走，悔恨跟對不起都太晚了，對你父親，跟對你都不好……」這個朋友的話，幫助我面對我父親的過世。

父親有上梨山來看過我們一次，是跟二姊夫來的。那時想留他在山裡住一陣子，但晚年父親非常怕冷，而梨山夜晚又非常冷，再加上工寮縫隙很多，冷風不斷灌進來，所以父親待不下去。想不到那次是我最後一次看到父親。

大約在下午三、四點時，趕到台大醫院，我兄姊們都已在醫院裡。

父親鼻子插著呼吸管，閉著眼睛一動也不動，我摸他的臉，他的手，他的大腿，他一點反應也沒有。輕輕在他耳邊叫他，他依然沒反應。

「或許父親還有意識，知道我來了，只是他無法表達，或許……」那時我心裡期待著父親清醒過來。

而過了兩天，醫生卻告訴我們，父親已經腦死。醫生說我們有兩個選擇，一個是就這樣插著呼吸管，慢慢等他心臟衰竭而死去，或許是一個星期，或許是半個月一個月。另外一個選擇，就是只要我跟我大哥簽字，醫生就可以立刻拔掉父親的呼吸管，他就過世離開了。

我們兄弟姊妹商量過後，決定我跟我大哥簽字，讓父親的靈魂能脫離被這樣困住。當時我也贊成，認為這樣做是對的，但沒想到當我拿起筆來要簽名時，我的手拚命發抖，完全不能控制。手拿著筆，發著抖的歪歪斜斜簽了我的名字。

我跟我大哥簽完名字後，醫生就拔掉了我父親鼻孔裡的呼吸管。呼吸管一拔掉，很快的，父親臉孔面容蠟黃黯然下來，接著身上肌膚跟著蠟黃黯然……。看著這樣的父親，我突然不能控制的痛哭起來，兄姊們一直叫我不能哭，讓父親安心的離去。因為照一份習俗，人剛死時，靈魂才剛要脫離身軀，當靈魂要離開時，如果看到親人哭，他會捨不得離開，或離開得很痛苦。為了讓父親平靜安心的離開，我是不能哭的，可是我無法控制。……沒想到被我折磨半生，和我生命糾葛纏繞的父親，竟這樣說走就走。

一個陽光明亮的午後

跟父親關係的改善，是我看了小津安二郎的《東京物語》這部電影之後的事。在《東京物語》這部電影裡，我重新回頭看我跟家庭的關係，也因此漸漸理解到父親的一份寂寞心情，也意識到自己的一份自私。

我跟柯淑卿結婚後，父親偶爾到新店看我們，聊聊天，吃頓飯。要走時從我那邊帶幾本書回去看，有時我會拿小津安二郎或黑澤明的電影錄影帶讓他帶回去看。會拿黑澤明、小津安二郎的電影讓他看，是想說受日本教育的父親，很久以來都沒機會看到他語言熟悉，感情親切的電影。還記得《戀戀風塵》上演時，我打電話叫他去看，看完後他來找我，聊的很開心。父親最津津樂道的是那段阿遠當兵，阿雲愛上郵差的情節。父親說當他看到阿雲寫信給阿遠，信裡還附帶寄上她買的黛安芬胸罩商標時，父親就知道他們注定要分開了。父親說，阿雲正青春，而且花花世界好玩的事情一大堆，她當然等不及阿遠退伍回來，再陪她去玩。「青春是不等人的。」當時父親這麼說。

父親因為已好久沒看過完全台語發音的電影，加上他看了喜歡，有好一陣子跟我見面時，都要談一下《戀戀風塵》。

父親每次從我這裡拿書回去看，再來時就多少要跟我討論一下他的看書心得。在我的書裡面，他最喜歡沈從文自傳。父親說，你別看他寫起來好像沒甚麼事情，讓你感覺說，沒甚麼啦！我們都這樣生活。但是你若認眞看，其實有一種悲哀……一個時代的無情就在那，隨便一個清鄉，一殺就是幾千個人，人捉太多，根本沒時間審判，就一個個站到神明前，自己擲筊來決定有罪沒罪……。

有一天，父親來看我們，照例拿書來還，也同時挑幾本書帶回去看。

午後，吃過了午飯，跟父親坐在天井的庭院聊天，陽光從天井灑下來，白花花的。我坐著面向的木條窗格外也是陽光白花花。父親突然說起當初他反對我上編導班的事。當時他想我已經那麼壞了，再進入五光十色虛榮浮華的電影圈，肯定會更壞更無藥可救。後來我還是上了編導班，父親說他那時很擔心。但想不到……「從來也想不到電影會救我兒子一條命，讓他活的像個人……」那天父親最後是這樣說的。當時我心裡一陣酸楚想哭，我沒哭，但也說不出話來。只是覺得那天的午後陽光特別明亮，而父親臉上那寬容諒解的神情像窗外陽光一樣明亮。

父親出生在日據時代，受日本教育讀到高等科畢業。當初雖在他父親反對下不能再繼續受教育，但卻已養成一輩子喜歡看書的習慣。同時也因爲他這份習慣下，而才有了那些我小時候亂翻亂看的書，海明威、歌德、尼采、莫泊桑、羅曼羅蘭……等等我那時搞不清楚誰是誰的人的書。即使到現在我還是不大搞的清楚他們是誰。但卻在那時亂翻亂看，懵懵懂懂的有些我永遠不會知道的甚麼東西跑進我心裡，累積成了我未來成長的因子。至少我知道我喜歡看書這個習慣是這樣養成的，就算在我當學徒，揮霍青春那段時間，我還是多少看了些書，最喜歡的是王尚義的蒼白灰色，一本《野鴿子的黃昏》陪我無病呻吟了好長一陣子。

其實父親花了半輩子力氣要我這個兒子安於過平凡日子，然而在他那些書裡卻意外的一點一滴累積了他的這個兒子擁有一顆不甘寂寞的心。

在那個陽光明亮的午後，父親已對我有了些諒解了。他看到我跟柯淑卿過著貧窮日子，但畢竟他看到他兒子是窮得起的，不再是需要靠一身名牌打扮著的那個虛浮自卑的兒子。他心裡多少是放心了的。

父親過世時六十八歲。當時他已離開泰源山裡，住到都市裡來，寂寞的住了十四個年頭了。最終他終究逃不過都市街道帶給他的恐懼夢魘，在他習慣性的快跑衝過街道時，突然冒出一輛機車，他被機車嚇到，機車騎士也被他嚇到，而來不及閃避的撞上我父親……。

父親過世後，在基督教追思儀式後，火葬。燒成骨灰裝進甕子裡帶回台東鹿野，葬在風光明媚的隆田公墓。照著我們子女們的意思，把他和我前媽媽合葬在同一個墓，而隔壁就是我祖父、祖母我媽媽合葬的墓。

我常常這樣想，他們死後又一家人團圓了。但父親跟祖父是不是還在清晨五點多醒來，二個人說啊說又吵起架來，而我祖母聽到受不了又要大聲罵著：「瘋子，這一家人都是瘋子……」

或許過世往生後，你們都已不計生前恩怨，能好好相處，彼此寬容理解。如果還是不行，還計較著生前恩怨，那該吵的時候還是吵吧，可別誰也不理誰，而各自寂寞著。

至少在你們那些吵架聲裡，你們多少分享了彼此的寂寞。

當我寂寞時，我會想起清晨五點多吵架聲裡的你們……

走向電影

辦完父親的喪事，我跟柯淑卿決定結束梨山果農生活。因爲虧了將近六十萬，無力再經營下去。

下山後，又住回上山以前新店住的地方。

於是日子又回到上山以前，只是多了狗兒子少年仔，還多了六十萬的債務。

回到台北，在我還沒想清楚接下來怎麼走時，柯淑卿提議買一台電子攝影機，我想也好。於是柯淑卿得到他家人的諒解，不用把當時我們手上一些賣水果的錢還給我岳父、我小舅子。拿著這筆錢，我們買了一台 SUPER VHS 電子攝影機。

有了攝影機就開始試著拍起東西來。剛好那時美麗、逸莉就住我們隔壁，於是就亂七八糟的拍起她們來，想拍她們的青春，她們的愛情……。

會拍梨山是因爲回梨山蒸酒。離開梨山時，我們做了十幾缸蘋果酒，冬天時，我們回梨山蒸酒，就帶著攝影機想把蒸酒的過程拍下來。拍著拍著很自然地就想說爲甚麼不拍梨山，住了一年，那麼熟悉的地方。拍個紀錄片，至少也可以弄清楚到底為什麼會在梨山虧了六十萬。

買攝影機，跟拍紀錄片的想法，最早都是柯淑卿提議的，但到後來卻都變成我在拍，而她成了出意見提醒我的人。會這樣，有一部分來自我拍攝時反應快，行動力強，甚至是不自覺的有一種創作上的自私。而柯淑卿是屬於做事有計畫，深思熟慮後才動手做的人。

回頭看我們一路走來的電影路，我總是搶在前頭走著，且又在一份不自覺的創作自私裡刺傷了她幾回。

我們吵過，我們對罵過，但始終結伴一路前行。

我凝視著我們那一路走來的樣子，傻呼呼的……笑著，鬧著，意氣風發的走著。

同時我們也吵著，罵著……擾攘不休的走著。

所幸我們快樂徹底了，連痛苦都是徹底的。

未來，它就一直來一直來，不管好與壞……

後記
寫給未來

《未來，一直來一直來》決定再版，初版至今已經十七年多了。想了想，忍不住想為再版寫篇續文，舒懷一下二〇〇一年秋天《未來，一直來一直來》出版之後那接著不斷迎面而來的未來，還真是一直來一直來，不管你喜不喜歡，它就一直來一直來，像哈巴狗一樣，趕也趕不走。

容我寫寫這本書出版一年多過後，我在巴黎的一小段生活，來說說那時期我遭遇一些人生際遇變化的心境。

取名為「寫給未來」。因為我人生未來，還一直來一直來。

二〇〇三年，巴黎初春，一個人的巴黎時光。那是一種縱情於高談闊論，眾聲喧譁裡深感孤寂的一個人的巴黎時光。

當時受邀到巴黎參加《愛你愛我》歐洲ＤＶＤ發行的宣傳活動。宣傳活動只有一個多星期，但由於離婚的心底破碎感，有一種很想遠走他鄉的感覺，也就順從心裡這種感覺留下來，住了將近二個月，在巴黎度過了初春冷冽。

住在十三區一間小飯店，房間有小廚房，可以煮煮簡單東西吃，多少可省點錢，畢竟當時手邊沒接案子做，存款也所剩不多。

有小廚房，可以煮早餐吃，也就不會太晚起床，大約八、九點之間起床，煮個豐盛早餐，正確地說是早午餐。煮好，慢慢吃，吃很久，吃到大約中午，所以是真正的早午餐。

會慢慢吃，大部分原因是靜靜看著臥室窗外一對鳥夫妻的相親相愛生活。窗外有棵冬日葉子落盡，枯枝蕭瑟的大樹，有一對鳥夫妻從來去忙碌啣枝築巢開始，築好巢，母鳥生蛋，公鳥覓食回來，接著開始孵蛋，孵出雛鳥，一整個初春二月、三月我就在這對鳥夫妻陪伴下吃早午餐。

午後，巴黎街頭路邊咖啡座，不會法文，也不會英文的我，不想比手畫腳點太複雜的飲料，總是一句「Beer」或「Café」點一杯坐下來喝著一個人的下午茶，靜靜地消磨午後時光。

喜歡看周遭巴黎人聊天，因為聽不懂，不知道他們聊什麼，所以是看，看得更專注於他們臉上神情流轉變化，大部分是歡喜快樂，當然不免有時會看到一張焦慮不安的臉，一張憂鬱的臉，悲傷的臉。但就僅止於一張張神情流轉變化的面容，聽不懂法文的我，是不會知道他們正在面對著的，是什麼樣的人生歡喜，或者憂愁悲傷。

然而，卻也因而讓我對那些面容投以更多想像，且在這些想像裡回觀自己，一個坐在巴黎街頭的異鄉遊人，到底有著怎樣的一張臉！應該是面無表情一張臉的自己吧！

大約坐到四點左右，要不我打電話約人，要不有人來電話約我。巴黎的夜色很寂寞，需要朋友陪伴，最好的陪伴就是來巴黎讀書的台灣年輕人。酒吧、夜店喝酒聊天，高談闊論電影、歡言青春愛情，歡聚在年輕的話語裡，假裝忘卻自己所正身處的離婚後感情破敗之中。

假裝忘卻，卻在一個人獨處的時候，心頭又襲上這份破敗感，而不禁心中流淌起陳淑樺悲傷歌聲地唱著：「……莫非我早該知道我將要孤獨，在我們相識的最初，你走你的路，直到我們無法接觸，我也許將獨自跳舞，也許獨自在街頭漫步……」

沒錯，我已是在獨自跳舞了，獨自漫步在巴黎街頭了。「獨自漫步巴黎街頭」說起來好像很浪漫，其實是像灰姑娘一樣，一切的歡愉都必須在趕上最後一班地鐵前結束。匆匆地趕搭上地鐵，回到位處十三區小飯店的小房間裡，回到一個人的孤獨寂靜裡，還好窗口外大樹的枯枝樹幹間，一直有對鳥夫妻陪伴著我，以牠們鶼鰈情深的樣子陪伴我。

二〇〇三年的巴黎初春，如今回望那段時光裡的自己，才清楚地感受到那時的我，正處於通向未來的轉彎路口。

冷夜

初春三月，某個春寒料峭的深夜，記憶中是和一些在巴黎讀書的台灣青年男女，在酒吧夜店菸酒迷濛廝混聊聚之後，一個人搭地鐵回到位於十三區的小飯店。因著一份習慣，我總在一個叫做「義大利廣場」的地鐵站下車，可以走個十幾分鐘。在春寒冷冽的街頭上漫步，讓酒後微醺的心在冷夜中溢散著方才菸酒迷濛聊聚的闊論喧譁聲，如在冷冽中所呼出的白色霧氣般，將殘留心中那些高談闊論、意氣風發喧譁聲慢慢吐出，直至餘波蕩漾在異鄉冷夜，隱遁而去地回到一個人存在的孤寂感。

那夜，如往常般走出地鐵站，靜靜地漫步著：總有幾聲黑人街友的吶喊劃破寧靜深夜；往前走個幾分鐘，有個街友會跟抽著菸的我要根菸抽，有時會多要個二、三根，有時我主動多給幾根。忘了那夜有沒多給他幾根菸，但記憶中就如往常般那麼自然，並無特別的事物或景象牽動心底的情緒變化。我抽著菸，吞吐煙霧地慢慢一直往前，一直走到轉向下坡街道岔路口。回望一路走來長長寬寬的冷清深夜街道，那跟我要了菸的街友，靠著大樓牆壁坐著，靜靜地抽菸，一張臉隱沒在他吞雲吐霧的煙裡，而遠處成了小小人影的黑人街友，沒有吶喊，微仰著頭矗立街邊，像尊雕像。好安靜、好冷清的夜，只有兩個街友，和我，靜靜地從心底冒出一句話：「死在這裡也好。」

當時也許有些蒼涼心境吧！不記得有太多悲傷。其實這是離婚後日子空虛，給自己找點事做，打發時間，也打發心情地寫了一個故事發生在台灣高山，和亞馬遜河流域的電影劇本《雨林盡頭》劇本裡的一句話。

「死在這裡也好。」是故事男主角——一個擁有跨國企業集團，必須洗腎的初老男人，幾次在面對死亡，生命就要走到盡頭時，心頭浮現的最後一句話。那晚，我回望在寒冷深夜街頭上的兩個街友：一個一張臉隱沒在吞雲吐霧裡，一個微仰著頭像尊雕像般矗立，突然心中蒼涼，彷彿看到了自己人生盡頭的景象！

生活他鄉

巴黎街頭，我的「鯊魚機」手機響起，接通後傳來陌生的聲音，自我介紹一句是週刊記者，沒等我回應就接著問：「林導演，聽說你離婚了？」我一聽愣著，一時不知怎麼回應，隨即又傳來：「你是不是外面有女人？」我又愣住，但不知哪裡來的機智，衝出口一句：「女人沒有，有男人。」就把電話掛了。

這一天接到幾通台灣報社記者打來的電話，誠懇問話的，我就好好說，但簡短，畢竟手機漫遊很貴；帶著八卦語氣的，我就很快掛掉電話。離婚半年後才爆出新聞，且我人遠在巴黎，讓我少了很多麻煩。至少不會被追著問，而二、三天就結束了新聞，算是好的了。然而，被記者們這麼一問，當然就又翻騰起心中那份想在異鄉暫時忘卻，或假裝忘卻的離婚後的情感破敗感覺。

生活在異鄉巴黎，脫出了慣性生活的常軌，雖然打破了離婚後空空蕩蕩的感覺，卻在失去慣常生活和慣常軌道後，任性地任由感傷情緒蔓延，而在異鄉巴黎過著更徹底虛無空洞的生活。

於是，我的心虛無地穿梭在異鄉生活的縫隙裡，有時幾近自我放逐地恣情放懷在眾人歡聚喧譁，有時沉鬱幽懷在自我孤獨寂靜，在這兩個極端之間擺盪來回。歡聚喧譁暫忘離婚後的情感破敗，孤獨寂靜時又回頭低迴情感破敗。如此來回著喧譁與寂靜，更多的時間其實是處在大哉問死亡課題的狀態裡自己胡亂想，想多了，有一天突然想到也喜歡巴黎的海明威，他為什麼會自殺，也許是無法面對身體的敗壞，實在無法忍受要以已然敗壞的身體活在這個他以無盡生命熱情相待的世界。就如我在《雨林盡頭》劇本裡寫下一個打滾商場，拚搏一生的富豪，卻在初老之齡成為需要洗腎的尿毒症患者，他執意一路走向雨林盡頭回望生命最初，他所面對著的不也正是身體的敗壞啊！巧合的是這個我筆下的男主角，跟海明威自殺時的年歲相仿，一樣都開始進入初老的歲月。

想著想著，想起我心愛的榮格，於是死亡並不是那麼可怕，死掉的只是那個延續一季風霜雨露的枝葉花朵，便凋謝了短命鬼，而存在真正生命的根莖仍然還在，不是嗎？就這樣胡亂繞想地纏繞走在一個大迷宮裡，想多了還真以為劇本裡初老男人那句「死在這裡也好」，不就是我這個心懷情感破敗感的人，此刻身處異鄉冷夜的一份蒼涼心境嗎？

還好，慾望心很重的我，很難自殺了結生命，對這個世界還有太多迷戀。不會自殺，不會死，但，異鄉冷夜心境蒼涼，繼續胡亂想，想多了，還帶回台灣繼續想，想到最後將死亡在心中浪漫化了。有一段不算短的時間，將近二年有吧！經常容易感傷，朋友相聚聊文談藝，不免觸及生死命題，我總以「死在這裡也好」的心情，放懷地說：「等我過了六十歲，不管身邊有多少錢，就帶著這些錢去環遊世界，同時我會給自己準備好一種吞下去就立刻死掉的藥丸子，玩到哪裡，身體不行了，錢用光了，就找個看了喜歡的美好風景的所在，將藥丸子一吞就告別這個世界。」尤其當酒酣耳熱，微醺酒意的豪情話語裡，死亡成了我口中極其浪漫的情懷。

想來，那真是一段不負責任的放肆年歲，那段時間真是辛苦了身邊的朋友，同時感謝你們的關照陪伴。

那時四十五、六歲，尚未五十歲，一直要到將近五十歲，大約四十八、九歲才意識到必須真實面對，重新收拾生命山河，也就是重新找到生命的出口。

十三區小旅館房間窗外，那一對鳥夫妻，牠們一起銜枝築起的鳥巢內，已經敷出了幼兒雛鳥。而且開始築巢時的乾枯枝條，已經冒芽長出滿樹淡淡的嫩綠了。這時繁華的春天已經悄悄到來，而我一個人的巴黎時光該結束，該要收拾行李回台灣了。

台北初夏——回到台北第一天

飛機盤旋準備降落，底下山丘、河川、高樓綿延的城市，一眼望去所有的生活感覺都湧進心頭，強烈現實感告訴我，無可迴避的終究是要回來面對啊！

將近二個月異鄉巴黎的生活結束，感覺上一路風塵僕僕歸來，迎面走進原本的日常生活裡，又將一路風塵僕僕地走向風塵滾滾的未來。

西斜陽光裡下飛機，四月的台灣已經熱了，進入初夏季節了。

傍晚，回到木柵萬芳社區住處。擺放好行李，身上剩沒多少錢的我，就出門去提款機提款，一提發現戶頭剩不到五千元。當然知道自己存款剩不多，但總以為還有一萬多、二萬的，沒想到會這麼少，就要見底了。領了一千，再以提款卡繳了巴黎期間消費刷卡的信用卡帳單的最低繳款額度，帳戶所剩金額不到一千。當下立刻面對沒錢，又當了卡奴的處境。

不知是沒錢，還當了卡奴的擔憂煩惱，還是剛回來的時差問題，一直到十二點還沒睡意，躺在床上翻來覆去睡不著。於是打了通電話給一個猜他可能還沒睡的朋友，電話接了（果然沒睡），那朋友爽朗一句：「來啊！我在工作室，有個學生在剪接。」掛了電話就去找這個朋友，找他聊聊，排遣一下心情。

這朋友在社區大學教紀錄片拍攝，一踏進他的工作室，跟朋友隨口打著招呼，就被正在剪接電腦螢幕上的面容清麗小女孩給吸引，走過去靜靜看著，螢幕裡下課時間，學生們玩鬧著，小女孩沒跟同學玩，自己一個人晃走在教室內外。她面容清秀，目光明亮，很可愛的樣子，可是當她一開口說話，竟口語含混，有些語意怪怪的，有些難以聽懂她的語意，覺得她的言語邏輯有些奇怪。看了會，忍不住開口問坐在電腦前剪接的女子，一個看來約三十歲左右，綁著馬尾的女子。我問：「小女孩怎麼了？」

女子回答，開口就說：「我們的孩子很獨特，跟一般孩子不太一樣，從外表看不太出來，因為他們男的帥女的美，看起來跟一般人沒有太大差別，要經過相處才會知道我們孩子的差異獨特，知道他們跟我們一般人不一樣的地方……」我聽得一頭霧水，不懂她所說的「我們的孩子」是什麼意思！聽起來好像是存在著一群生命狀態獨特的「我們的孩子」。直到她說出：「……他們就是一般社會上稱為自閉症的孩子，因為我們和許多孩子的父母都不喜歡自閉症這個稱呼，所以我們之間就用『我們的孩子』稱呼這些特別的孩子。」

聽完我恍然懂了，原來電腦螢幕裡這個面容清麗，目光明亮的小女孩，就是傳說中可能懷有特殊能力的自閉兒。

為什麼是傳說，因為真實生活中，我從沒接觸過這樣的孩子，只在電影《雨人》中看到達斯汀霍夫曼演出的自閉症者，他是個對數字有天份，以及有特殊記憶能力的人。他被弟弟帶到賭場，靠著特殊記憶能力，記住發過的撲克牌花色與數字，算出莊家手中的牌，而大贏其錢。

因為《雨人》這部電影，所以長期以為自閉症者，就如電影中的達斯汀霍夫曼一樣具有特殊能力。這一晚我在電腦螢幕裡看到一個真實紀錄的自閉症孩子，且聽這位正在剪接紀錄片的拍攝者說，這些孩子的父母，帶這些孩子的老師們，大多不喜歡自閉症這個用詞，他們之間以「我們的孩子」稱喚這些孩子。

沒想到許多年後，我在當時這個剪接小女孩紀錄片的女子介紹下，接觸認識，且理解許多這些生命獨特的孩子，也同樣不喜歡「自閉症」這個詞句，而一樣以「我們的孩子」來稱喚這些孩子。

那晚，在朋友工作室裡認識的這位剪接紀錄片的女子，她是一個帶著一些天生不懂，也難以學會我們多數一般人感情溝通，及人際互動行為模式的獨特生命狀態孩子，玩顏色、玩線條，啟發他們，讓他們將心中難以用言語表達的情感，透過畫畫流動起來的畫畫老師。

一直要到很多年，很多年過去，我才知道這一晚認識這個畫畫老師，是我的生命，我人生再次轉彎的開始。

她姓韓，名字淑華，因為她我接觸認識，進而理解、接納、欣賞這些生命狀態獨特的孩子，在他們身上重新學習新的生命瞭解，新的體悟。終而見識到徘徊在主流價值之外，相異於多數一般人生命狀態的那些「我們的孩子」的生命差異之美麗樣貌。

二〇一〇年，在韓淑華協助下，完成拍攝記錄這些獨特孩子的紀錄片《一閃一閃亮晶晶》。影片剪接完成時，在剪接室裡深深感受到更深刻、更寬闊的生命體悟，而決定在片尾打上字幕：「生命有多麼地差異，世界就多麼地美麗。」

我深信著，且奉此為人生後半輩子努力的生命願景。

韓淑華，這個帶著「我們的孩子」玩線條、玩顏色的畫畫老師，這個讓我的人生再次轉彎的人，現在已成為我的妻子，我們一起為我們深信：「生命有多麼地差異，世界就多麼地美麗」的生命願景一直努力下去。

此刻，已然面對初老之歲，更深刻體悟明白「生命是拿來做什麼的」這件事。

寫於二〇一八年歲初，寫給未來，寫給我一直來一直來，一刻都不遲疑一直來的未來人生備忘錄。

附錄

林正盛簡介

一九五九年　出生於台東山地部落，家中務農。

一九七四年　國中畢業，離開台東，到台北學做麵包。從當學徒到學成當師父後，總共做了十一年麵包工作。

一九八四年　意外進入電影編導班，被第三世界電影，及當時的台灣電影感動，鼓舞起對電影的熱情。

一九八六年　完成生平第一部電影，《樂觀的人》，八釐米短片。

一九八七年　結婚，和編導班同學柯淑卿結婚。上梨山打工，等待電影工作機會。

一九八八年　等沒電影工作機會，有些灰心，就在梨山租了塊果園經營，經營一年，虧了六十萬，下山回台北。

一九八九年　和妻帶著簡單機器（S-VHS）回梨山拍紀錄片。

一九九〇年　經過一年拍攝，完成的紀錄片。
片名：《老周、老汪、阿海和他的四個工人》
片長：一百二十分鐘

導演林正盛　　企劃、製片人：柯淑卿

得到當年《中時晚報》電影獎，非商業類首獎。利用獎金繼續拍紀錄片，開始了拍電影生活。作品如下：

一九九一年

《美麗在唱歌》VIDEO

片長：一百一十分鐘

導演林正盛　　企劃、製片人：柯淑卿

《中時晚報》電影獎，非商業類佳作獎。

一九九二年

《阿豐阿燕的孔雀地》

片長：七十分鐘

導演林正盛　　企劃、製片人：柯淑卿

《中時晚報》電影獎，非商業類佳作獎。

一九九四年

《傳家寶》十六釐米短片（電影年輔導）

片長六十六分鐘　　編劇、導演林正盛　　企劃、製片人：柯淑卿

一九九六年

《春花夢露》三十五釐米

導演林正盛　　編劇：柯淑卿、林正盛

片長：一百二十分鐘

坎城影展「基督教國際評審團人文精神獎」

一九九七年

東京影展「青年導演銀櫻花獎」
瑞士，佛利堡影展「評審團獎」
《美麗在唱歌》三十五釐米
導演林正盛　編劇：柯淑卿、林正盛
片長：一百一十三分鐘
坎城影展，法國媒體評論界頒給「金棕櫚樹獎」
東京影展「最佳女演員」，二個女主角同得。
比利時影展「黃金時代獎」
亞洲福岡「評審團獎」

一九九八年

《放浪》三十五釐米
編劇、導演 林正盛
片長：一百一十六分鐘
入圍柏林影展國際競賽、多倫多影展、芝加哥影展……

一九九九年

《天馬茶房》三十五釐米
導演林正盛　編劇：柯淑卿
入圍坎城影展「一種注目」、釜山影展、福岡影展……
亞太影展「最佳配樂」

二〇〇一年

金馬獎最佳電影主題曲〈幸福進行曲〉

《愛你愛我》三十五釐米

編劇、導演：林正盛

柏林影展「最佳導演銀熊獎」、「最佳女演員新人獎」。

二〇〇二年

《魯賓遜漂流記》

片長：一百一十六分鐘

參展坎城影展「一種注目」單元

二〇〇五年

《月光下我記得》

片長：一百一十分鐘

金馬獎「最佳改編劇本」、「最佳女主角」（楊貴媚）

亞太影展「最佳編劇」、「評審團特別獎」（楊貴媚）

中國南方城市報電影傳媒大獎最佳女配角（林家宇）

二〇一〇年

《一閃一閃亮晶晶》（紀錄片）

片長：一百四十二分鐘

參展台北電影節

參展台灣紀錄片雙年展

參展釜山國際電影節

二〇一三年 《世界第一麥方》
片長：九十八分鐘
參展東京影展
參展亞太影展

二〇一五年 《有任務的旅行》（紀錄片）
片長：九十分鐘

二〇一八年 展開新片籌備
新片改編自《未來，一直來一直來》，片名暫定《未來，一直來一直來之告別孤寂年代》

電視作品

一九九七年 《春成的賠命錢》單元劇 民視「台灣作家劇場」

一九九八年 《清水嬸回家》單元劇 民視「台灣作家劇場」
編劇、導演：柯淑卿 製作：林正盛

一九九九年 電視版《天馬茶房》民視「二二八特別單元劇」
導演：林正盛 編劇：柯淑卿

二〇〇一年
《一個住飯店的男人》 公視「人生劇展」
導演：林正盛　編劇：林智祥、林正盛
雨龍三景影視製作有限公司 製作

擔任演員作品

一九九五年
《熱帶魚》 三十五釐米
導演：陳玉勳

一九九七年
《太平天國》 三十五釐米
導演：吳念真

一九九八年
《我的神經病》 三十五釐米
導演：王小棣

文學著作

二〇〇一　《未來，一直來一直來》
二〇〇二年金鼎獎文學類最佳出版品
二〇〇三　《魯賓遜漂流記》
二〇〇五　《青春正盛》
二〇一〇　《一閃一閃亮晶晶》
二〇一三　《世界第一麥方》
二〇一八　《轉彎的人生更美麗》

國家圖書館出版品預行編目資料

未來，一直來一直來 / 林正盛著. -- 二版. --
臺北市：聯合文學, 2018.03
面； 公分. --（聯合文叢；237）
ISBN 978-986-323-251-3(平裝)
1. 林正盛 2. 臺灣傳記

783.3886　　107002082

聯合文叢 237

未來，一直來一直來

作　　者／林正盛
發 行 人／張寶琴
總 編 輯／周昭翡
主　　編／蕭仁豪
資深編輯／尹蓓芳
資深美編／戴榮芝
業務部總經理／李文吉
行銷企畫／許家瑋
發行助理／簡聖峰
財 務 部／趙玉瑩　韋秀英
人事行政組／李懷瑩
版權管理／蕭仁豪
法律顧問／理律法律事務所
陳長文律師、蔣大中律師
出 版 者／聯合文學出版社股份有限公司
地　　址／(110)臺北市基隆路一段178號10樓
電　　話／(02)27666759轉5107
傳　　真／(02)27567914
郵撥帳號／17623526 聯合文學出版社股份有限公司
登 記 證／行政院新聞局局版臺業字第6109號
網　　址／http://unitas.udngroup.com.tw
E-mail:unitas@udngroup.com.tw
印 刷 廠／禾耕彩色印刷事業股份有限公司
總 經 銷／聯合發行股份有限公司
地　　址／(231)新北市新店區寶橋路235巷6弄6號2樓
電　　話／(02)29178022

出版日期／2018年3月　初版
2018年3月15日　二版一刷
定　　價／380元

ISBN 978-986-323-251-3（平裝）